常识教的

直面孩子成长的 88 个问题

[英] 苏珊·伊莎克丝（Susan Isaacs）著

李江艳 译

中国出版集团有限公司

世界图书出版公司
北京 广州 上海 西安

图书在版编目（CIP）数据

管教的常识：直面孩子成长的88个问题/（英）苏珊·伊莎克丝（Susan Isaacs）著；李江艳译. — 北京：世界图书出版有限公司北京分公司, 2024.2
ISBN 978-7-5232-0867-0

Ⅰ.①管… Ⅱ.①苏…②李… Ⅲ.①家庭教育 Ⅳ.①G78

中国国家版本馆 CIP 数据核字（2023）第 192392 号

书　　名	管教的常识：直面孩子成长的88个问题 GUANJIAO DE CHANGSHI
著　　者	［英］苏珊·伊莎克丝（Susan Isaacs）
译　　者	李江艳
策划编辑	张　坤
责任编辑	梁沁宁
装帧设计	季晨设计工作室
出版发行	世界图书出版有限公司北京分公司
地　　址	北京市东城区朝内大街 137 号
邮　　编	100010
电　　话	010-64038355（发行）　64037380（客服）　64033507（总编室）
网　　址	http://www.wpcbj.com.cn
邮　　箱	wpcbjst@vip.163.com
销　　售	各地新华书店
印　　刷	天津旭丰源印刷有限公司
开　　本	710 mm × 1010 mm　1/32
印　　张	11.5
字　　数	243 千字
版　　次	2024 年 2 月第 1 版
印　　次	2024 年 2 月第 1 次印刷
国际书号	ISBN 978-7-5232-0867-0
定　　价	68.00 元

版权所有　翻印必究
（如发现印装质量问题，请与本公司联系调换）

很多父母对孩子的教育往往求助于经验，求助于传统，却不甚求助于科学。这导致中国很多父母对孩子的管教，容易走向两个极端：要么过于严厉，过于包办；要么过于放任，导致难以管束。

殊不知，孩子虽然是孩子，但仍然是一个独立的个体，他们需要父母的理解和平等的沟通。如果孩子跟父母之间有一个健康的互动渠道，双方的诉求都能得到充分的表达和适当的满足，达到一种平衡，这样，孩子往往不会跑偏。虽然中国的父母望子成龙之心极切，但孩子拥有健康的人格才是教育的真正意义。

因此，出一本关于孩子在成长中出现的各种问题以及科学应对方法的作品，让父母真正了解孩子的诉求，了解孩子出现各种问题的根源，对管教孩子有一个科学的认识，对解决孩子出现的问题有一个科学的解决方案，可以说是一件有意义的事情。

英国著名儿童教育学家苏珊·伊莎克丝的《管教的常识：直面孩子成长的88个问题》，正是这样一部为世界各国的父母普及管教常识的佳作。书中选取的养育问题都是父母、保姆等平日遇到的儿童成长早期经常出现的社交、情绪问题，作者以书信的方式呈现，既有针对性和实用性，又具有天然的亲近感和生动性。本书针对家长最关心的管教问题，借助科学的育儿理念，给出实用性的建议，让父母从教养子女的焦虑中解脱出来。

本书作者苏珊·伊莎克丝（1885—1948），是英国著名儿童教育心理学家和心理分析家、英国精神分析学会会员。她毕业于剑桥大学，曾担任剑桥大学麦芽屋学院的院长，是伦敦大学教育学院儿童发展系的首位负责人。在伦敦大学教育学院，她为幼儿教师开设了一门儿童发展的高级课程，使她所在的系对教师职业产生了很大的影响。她一直坚信，玩耍就是孩子的工作。在玩耍中培养社交能力和独立性，释放孩子的情感需求，这对孩子的成长非常重要。她的观点成为英国儿童教育领域的核心部分。为了表彰她在儿童教育领域的突出贡献，英国皇室授予其"大英帝国司令勋章"。

作者的专业背景及其作品的针对性，让本书在科学性、可读性、普及性上都很有价值。作品首次出版于1948年，距今虽然已有70余年，但教育的普遍理念是共通的，也是古今如一的，所以其中的教育理念、孩子成长过程中出现的各种问题及其应对方法，现在看来仍不过时，对现在的父母仍然具有指导作用。例如，书中针对保姆带孩子出现的内容，对当今中国家庭中普遍存在的隔代育儿或育儿嫂带孩子的现状就很有参考意义。

孩子是人类的未来，教育孩子也是一个家庭最重要的工作和最有价值的投资，因此，管教好孩子，让父母与孩子建立一个良好的沟

前 言

通和互动渠道，正是本书的诉求和应有之意。"他山之石，可以攻玉"，希望这部剑桥教育专家的作品能对中国父母有所帮助，对中国孩子的成长有所裨益。

编者

为人父母总会遇到许多问题。本书讨论的问题主要是关于儿童成长过程中所产生的社交和情感上的困难。书中的素材是从大量真实信件中挑选出来的,我以"厄休拉·怀斯"的笔名回复了这些来自父母和保姆的信件。

在本书中,这些信件和回复的篇幅有所精简,但意思没有改变。我觉得这种原汁原味的专题内容真实地描绘出了孩子和父母之间的画面,并展示了他们之间实际的生活关系,对于育儿方面的问题来说,这些内容应该比任何人为的总结都要有用得多。

年复一年,每个有孩子的家庭都会出现类似的问题。这些问题中有许多都是暂时的,而且可以说是正常现象,无论父母有没有试图干预,通常都会随着孩子的进一步发展而消失。但是,年轻父母很少能意识到这一点,在这些问题上总是忧心忡忡。因此,让他们了解这些问题对于成长中的儿童来说都是十分常见和典型的现象,将大有裨益。只要认识到早期幼儿身上必然会出现这些波折和危机,父母的焦虑通常就会减轻不少,这将大大减少父母在教养孩子过程中的困难,

管教的常识：直面孩子成长的88个问题

从而也会减少孩子的困难。

一直以来，我都希望和那些写信来询问的焦虑的父母及保姆，以及读者们分享一些关于儿童正常成长的理解和心得，同时也希望人们能更好地认识孩子在各种关系中体会到的感受的真实性和强烈性——即使是一个婴儿，他身上也充满了人性和人之常情，这一点太重要了，如果我们希望理性地对待他，就必须认识到这一点。

人们遇到的教养孩子方面的困难，大都是这些年来儿童成长方面的典型问题。当我第一次得出这个尝试性的结论并把它公开发表时，一些心理学家认为我所描述的只是几个"不正常"的案例，"普通"的孩子不会用这些方式让父母苦恼不堪。然而，在我发表这个结论以后，各方面都积累了许多令人信服的证据，证明这种批评是不合理的，情感方面的困难是儿童早期发育正常现象的一部分。

写给我的信件中有不少是关于喂食困难、睡觉困难、说谎、玩具和游戏等问题的讨论，这本书中没有收录。但我们会注意到，这些问题并没有完全被忽略。关于孩子们的问题，最值得注意的一点是他们的共性问题。要想将这些咨询信件分类通常比较困难，因为在大多数情况下，他们都会提出好几个发生在同一个孩子身上的日常生活中的问题。事实上，通过观察我们可以发现，孩子潜在的冲突和焦虑状态通常会表现为各种症状，这些症状也许是由某些与明显问题有关的事件引起的，但母亲和保姆却未曾想到或者忽略了这些事件，这是一个对儿童精神病学家和儿童指导工作者来说再熟悉不过的结论，对父母来说也非常重要。我们会在本书引用的信件中多次看到这一结论，而

序言

且我发现这一点是我的回复中最有效的建议之一。同时，这也给了我进一步的理由使我相信，将这些实际信件尽可能完整地出版，真实展现孩子的情况和家庭的细节，一定比那种对一系列显然不相关的问题的概括性总结有用得多。

这些信件生动地描绘了真实的家庭场景，以及父母和保姆们的真实心态，对于研究家庭生活和家庭关系的研究者来说，不失为比较有用的原始资料。

苏珊·伊莎克丝

1948年2月

第一章 父母和孩子之间的关系

怎样告诉孩子不太好的真相？/ 002

礼貌训练 / 006

父亲的重要性 / 009

应该让孩子独自玩耍吗？/ 012

宠溺家里最小的孩子 / 017

孩子被"欺负"了该怎么办？/ 020

怎样跟孩子解释领养一个孩子？/ 024

过分依恋母亲 / 026

父母应该休假吗？/ 029

如何训练孩子们不逃避责任？/ 033

第二章 服从、纪律和惩罚

孩子们应该服从吗？/ 038

"意志坚定"的孩子 / 043

"打他的时候其实我比他更难过" / 048

管教的常识：直面孩子成长的88个问题

那个总是"丢三落四"的男孩 / 056

两个倔强的孩子 / 060

会挑拨离间的孩子 / 066

"艰难时光"对孩子有好处吗？ / 070

第三章 缺乏自制力和哭闹

因为一点儿小事就哭哭啼啼 / 076

一个八岁孩子歇斯底里的哭泣 / 079

喜欢哭闹的孩子 / 082

不能承受失望的孩子 / 088

第四章 暴躁和固执

一个易怒的三岁孩子 / 094

一个讨厌改变自己惯例的三岁男孩 / 100

一个具有逆反精神的四岁男孩 / 104

一个具有易怒遗传基因的孩子 / 107

一个暴躁、固执的三岁男孩 / 110

讨厌穿衣服和脱衣服 / 113

一个爱吵闹、行动迟缓的九岁孩子 / 116

病后耍性子 / 119

抵触外出 / 123

目 录

第五章 害羞

害怕陌生人 / 128

一个害羞的两岁孩子 / 132

害怕与其他孩子在一起 / 136

不愿意说"早上好"的孩子 / 140

不合群的男孩 / 143

敏感的女孩 / 147

九个月大的婴儿对陌生房子的恐惧 / 150

克服害羞后却"爱出风头" / 153

第六章 忌妒

五岁女孩的公开忌妒 / 158

因为忌妒，睡眠受到影响的孩子 / 163

与忌妒有关的对陌生人的恐惧 / 166

与竞争有关的突然性破坏 / 170

无法忍受阻挠 / 175

九岁的家中小霸王 / 179

忌妒兄弟和依赖保姆 / 182

怎样阻止哥哥伤害弟弟？ / 185

与吃饭和怕黑有关的忌妒 / 188

哥哥对弟弟的严重忌妒 / 194

忌妒和焦虑的行为 / 202

管教的常识：直面孩子成长的88个问题

第七章 恐惧和焦虑

对想象的咬人动物的恐惧 / 210

五岁孩子夜间的恐惧 / 215

对陌生地方的严重恐惧 / 219

对吸尘器和黑暗的恐惧 / 222

对药的恐惧 / 227

对噪声的恐惧 / 231

对洗头恐惧的孩子 / 235

对火车的恐惧 / 240

对马的恐惧 / 243

对气球和爆竹的恐惧 / 246

失眠和兴奋 / 248

如何应对不愉快经历引发的恐惧 / 253

九个月大的婴儿对陌生人的恐惧 / 258

对医生或牙医的恐惧 / 264

第八章 破坏性和侵略性

对人的突然攻击 / 270

破坏玩具 / 274

撕破墙纸和剪掉姐妹的头发 / 277

两岁孩子对狗的残忍行为 / 280

目 录

把珠子扔到地上 / 283

突然扔东西 / 287

咬伤更小的孩子 / 291

第九章 各种问题的症状

夜晚在床上蹦跳 / 296

一岁半的孩子咬指甲 / 300

撞击身体 / 303

夜晚撞床 / 305

夜晚用头撞枕头 / 308

紧张性抽鼻子 / 311

如何改掉一个九岁男孩吸吮拇指的习惯 / 313

读者对吮吸拇指和咬指甲问题的咨询与反驳 / 315

掏鼻孔与吸嘴唇的问题 / 319

吮吸毯子 / 321

拿到东西就放进嘴里 / 324

吮吸舌头 / 326

五岁的孩子扯断自己的指甲 / 328

管教的常识：直面孩子成长的88个问题

第十章 性教育和"婴儿是从哪里来的？"

如何向孩子解释新生婴儿的到来？ / 330

如何让一个一岁半的孩子准备好接受即将出生的弟弟或妹妹？ / 336

给一个七岁孩子读一本解释婴儿从哪儿来的书有用吗？ / 341

应当提前多久告诉孩子家里即将迎来一名新生儿？ / 344

该如何告诉较大的孩子"生命的真相"？ / 348

第一章

**父母和孩子之间
的关系**

管教的常识：直面孩子成长的88个问题

怎样告诉孩子不太好的真相？

> **问题**

我的女儿现在四岁四个月，有一个十个月大的弟弟，她全身心地爱着这个弟弟。刚开始的时候，她也经历了各种困难的阶段，我们把这归因于忌妒。

两个月前，我们不得不换了一位保姆，我预料到会有很多麻烦，因为女儿非常喜爱之前那位全心全意照料她的保姆。我告诉女儿，保姆必须休一个长假，令我备感吃惊的是，女儿对我们要换保姆这件事表现得相当镇静，虽然她还是偶尔会问保姆什么时候结束休假。她看起来也很喜欢新来的保姆，但我自己还是尽量去关爱她，以免她会感到很"失落"。

大约一个月以前，她变得非常黏我，每次在她必须和新保姆出门，或者新保姆带着她回卧室睡觉和吃饭的时候，她都会不让我离开。我不得不一再答应她，一回来或者一吃完饭就过去看她。她为此

第一章 父母和孩子之间的关系

使自己完全陷入了一种恐慌和暴怒的状态：她必须确定什么时候能见到我，以及我会在哪里。她似乎完全无法控制自己的情绪，看起来十分可怜；她会大声哭泣，恳求我和她在一起。

面对这样的场景，我的态度很坚决，我坚持让她和保姆出门，和保姆一起吃饭，不过有时候也会让她一个人待着，直到她的情绪平复下来。我从来没有撒谎骗她，我会和她讲道理，耐心解释为什么我不能总是陪在她身边。但是只要在要和我分开的时候，她似乎总是会情绪失控。而当我出远门或者一整天都不在家的时候，她几乎总是表现得十分乖巧，而且也很开心。

我认为您女儿的主要问题是您在保姆离开这件事情上没有对她完全说实话。她害怕让您离开她的视线，是因为她不确定您会及时回来，即使您承诺过，她还是会心怀忐忑。

四岁多的孩子一般都很清楚假期是不可能有这么长时间的，保姆不在肯定不是因为她去休假了。应该可以肯定，每次您和她说保姆去休假了的时候，她从您说话的方式和态度就能看出这不是真的。聪明的孩子能非常迅速地察觉到大人逃避事实的迹象。此外，更有可能的是她从别人那里听到了某些说法，例如新来的保姆说的一些话让她意识到或者模糊地意识到原来的保姆真的离开了，新来的保姆接替了她的位置。

我强烈建议您和女儿坦率地说清楚整件事情，告诉她之前的保姆不会再回来了。您之所以没有将真相全部告诉女儿，是因为您害怕她会很不高兴，但是现在您应该知道，告诉她真相将是对她最好的帮助，而且您也应该完全理解，当她要和您分开时，如此焦虑痛苦的原因是她害怕您会离开很长时间，就像之前的保姆一样，并且她对您做出的承诺感到没有十足的把握。

孩子们其实乐于接受真正的坦率和事实的真相，这是一个令人惊奇的事实，而且坦率地讲，真话对孩子的成长来说比闪烁其词和半真半假的谎言要有用得多。关于这一点，有一位非常值得尊敬的母亲最近告诉我，她的小儿子就是一个十分典型的例子。

大约在这个小男孩两岁半的时候，一直照料他的优秀的保姆出了车祸，被汽车撞成重伤。父母都非常害怕把这件事的真相告诉小男孩，这是很自然的事情，所以当他问保姆去了哪里的时候，他们就告诉他保姆去休长假了。父母确信他没有从别人那里听到任何关于这件事的真相，但是好几个月之后——差不多过了一年——他们得出了这样的结论：尽管他们非常小心，但小男孩还是感觉到他们没有讲真话。他从父母的态度和语气中察觉到了一种微妙的表情，意识到一定发生了什么严重的事情，父母说保姆去度假是在逃避事实。

小男孩对生活情感态度的变化使父母明白了这一点。他原本是一个快乐、稳重的孩子，但现在不仅变得很难相处，而且表现出特别调皮和过分轻松放纵的性格，这些暗示着他内心中强烈的焦虑和不信任。母亲见到孩子性情大变，也明白了孩子的内心显然非常紧张焦

第一章 父母和孩子之间的关系

虑，于是希望尽快改变这种状况。当孩子再次问起他的保姆的时候，母亲便将保姆发生意外的事实和盘托出，并向他解释说，之前没有说真话是因为父母担心他知道以后会太难过。母亲告诉了他基本的事实，只是没有提及一些不必要的细节，母亲讲述时的态度是严肃认真的。

经过这次谈话后，小男孩不再感到过度紧张和焦虑，也完全改掉了特别调皮和过分轻松放纵的性格。他恢复了正常的自信的状态，重新开始完全信任周围的成年人。

我和这位母亲一样，都不建议把类似这种悲剧的所有细节都告诉孩子，但这个案例明显指出，在孩子面前选择回避事情的基本真相毫无用处，当悲剧发生的时候对孩子隐瞒真相是不恰当的。

您女儿以前的保姆离开的事情不像这个小男孩所经历的悲剧那么不幸，但无论如何，站在孩子的角度来看，这也是很严重的事情。可以肯定，您现在也明白她已经知道您没有说实话，并且您低估了她内心真实的失落感。如果您能坦率地告诉她，您完全能体会到她内心的失落感并且对此深感同情，这对她来说会好得多，同时也能证明您是一个完全诚实、值得她信赖的人。您应该会发现，当孩子对您会及时回到她身边的承诺很有信心时，她对您的依赖就会减少。当然，从您的来信中可以清楚地看出，孩子对这种情况特别敏感，因此更需要您充分的理解和帮助。如果她的情绪再爆发时，我建议您坚定而平静地处理。事实上父母不在身边的时候孩子也能开开心心，尽管她觉得和您分开很难，对这一点您可以放心。

管教的常识：直面孩子成长的88个问题

礼貌训练

> 问题

　　我的女儿三岁八个月，是一个非常漂亮的孩子，性格开朗又可爱，我觉得就她的年龄来说她相当聪明。

　　只有一件事让我担心，那就是当别人和她说话时，她几乎总是假装没听见，然后接下来的第一个字就是："嗯？"我已经一再证明她肯定听懂了别人说的话，但她自己就是有这种习惯。我也纠正过她的错误，告诉她如果一定要问别人说了什么，那就说："请您再说一遍，好吗？"或者说："请问您说了什么？"但是她还是不太明白。现在，当她说"嗯？"的时候，我就不理她，然后她就会马上说："请您再说一遍，好吗？"请问您认为这是让她改掉这个坏习惯最好的办法吗？

　　我已经用了这个办法一个多星期了，但她依然故我。另外，她也经常忘记说"请"。当这种情况出现时，我会对她说"这是问话的方

第一章 父母和孩子之间的关系

式吗？"或者"应该说'请'"，然后她马上会改正。不过她会说"不好意思"和"对不起"，而且在其他方面都非常有礼貌，不需要大人提醒。她的坏习惯没有任何改进，这令我备感沮丧。需要说明的是，她是我的独生女儿，没有其他同伴。

所有关于礼貌训练的问题都是很微妙的。如果我们只关心获得形式上的礼貌，例如说"请""谢谢""对不起"等这种明确的礼貌用语，那么我们可以通过严格的要求和惩罚来让孩子遵守这种规则。然而，我们大多数人都会觉得用这种方式实现的礼貌其实毫无价值。

毫无疑问，这种传统的说话方式的全部意义都在于表明一种取悦他人的真实愿望，以及一种体贴友好的真实感觉。如果一个人能确保存有礼貌的心态，那么他完全可以自行处理是否使用传统的礼貌用语，不必对此太过在意。这种发自内心的礼貌的心态，如果是真实的，将伴随孩子一生，无论他走到哪里，都会确保他能赢得愉快的社会关系。除非是源于发自内心的友好，否则形式上的礼貌用语只有在我们强制干预的情况下才能持续。

作为孩子，他们不可能在我们觉得需要的时候就拥有这种礼貌的心态。这是一个成长的问题，会随着我们的友好和关怀而成长，会自然而然地从孩子在周围的成年人身上感受到的友好和关怀的实际生活经验中产生。如果我们始终保持礼貌和体贴，把孩子当作拥有独立人格的人来对待，给予他和成年人一样的所有个人尊重，孩子就会以同样的礼貌予以回应。

  我从您的来信中感觉到，您的女儿似乎已经具备了您所希望的那种可爱和友好的性格特征，但出于某种原因，她养成了一个让您觉得很着急的习惯。我认为您不理会她说"嗯？"的做法是最好的。这比责备和训斥更能使她改掉这个习惯。但无论如何，如果一个三岁八个月的小女孩任何时候都保持彬彬有礼，那人们肯定会怀疑这不是一个孩子，而是一个会说话的机器娃娃！这并非人之常情，真的很不自然。我建议您不必太担心她有时候会忘记说礼貌用语，但是我们自己应该非常认真地对她说礼貌用语。我当然不会同意她以任何盛气凌人或者专横跋扈的语气提出的任何要求。我认为偶尔友好地要求她说一声"请"不会有什么害处，但您不必因为她忘记说礼貌用语而感到难过，也不必过分强调这件事。如果您对这件事情太过大惊小怪，就有可能破坏她和您的整个关系。

第一章　父母和孩子之间的关系

父亲的重要性

> 问题

关于母亲在孩子最初几年里的重要性我们已经听过太多了，但是在我们家，对于我们三岁的儿子来说，最重要的那个角色往往由父亲扮演，请问这样会有什么差别吗？

他是一个极为活跃的孩子，以他的年龄来说他已经非常能干了，但是他无法忍受独处，哪怕半分钟也不行，不仅是因为害怕，也因为他一定要有人在身边分享他正在做的事情并表现出浓厚的兴趣，而且他似乎觉得必须把自己所有的想法大声告诉身边的人。我们家里没有别的孩子，附近也没有，甚至也没有幼儿园。出于经济和其他原因，我们完全自己照顾他。

有时候我们确实觉得时刻陪着他令人精疲力竭。我丈夫比我更能适应这种节奏，孩子和他一起拾掇花园的时候非常开心，他们在其他男性活动中也相处得很好。我丈夫是那种可以大包大揽的人，什么事都能做，给孩子洗澡或者任何需要他做的事情都不在话下，他很强壮，而且也很温柔。如果这样没有害处的话，我想把孩子更多地留给父亲照顾，让他主要负责照料孩子的事情（尤其是我希望不久之后再要一个孩子），然后我自己尽量退居二线，那么我们的家庭生活将会非常愉快。

目前看来，尽管我们在做这样的尝试，但孩子的内心似乎有时候会为到底希望父亲还是我来照料陪伴他而有点冲突。我自己应该是那种容易感觉到生活压力的人，与在配合丈夫一起照料儿子中变得精疲力竭相比，我更希望能有足够的时间来思考自己的想法，我觉得杜绝孩子内心冲突的原因应该是明智之举。

孩子现在总是让我感到头痛不已，尽管我不知道如果把孩子更多地留给他父亲会不会依然如此，但我有一种感觉，孩子倾向于把注意力集中在我和我丈夫两人中的一个人身上，而且他应该会发现父亲是最佳人选。请问这样做会有什么问题吗？

毫无疑问，父亲在幼儿的生活中始终是一个十分重要的人，至少在孩子一岁之后是这样。我们当然不能怀疑，对于一岁以前的孩子来说母亲是最重要的，但许多孩子在两岁或者三岁的时候都会开始把父亲看作一个他们可以崇拜并获得安全感的人。如果父亲善解人意，喜欢孩子，对孩子充满慈爱，也拥有孩子所崇拜的成年人的一切品质，那么他将对幼儿的成长带来意义非凡的帮助。把您的孩子更多地留给他的父亲照料，对您来说当然不会有丝毫害处，但我不建议在这个方向上走得太远，因为过犹不及。

我并不能理解为什么要让孩子单独在父母某一方的手中，父母为什么不能一起分享对孩子的抚育和陪伴？事实上，如果父母双方都能至少在某种程度上一起分享对孩子的养育和日常陪伴，那么大多数孩子都会形成最好的情绪稳定性。单亲或者父母某一方养育的比重过重都容易导致孩子的片面成长。孩子需要的是和谐的父母。确实，父母可以做的事情是不一样的，但是这些事情都应该去做，两个人可以自由地为孩子分别提供特殊的陪伴，并赋予孩子特殊的品质。

许多孩子在某个阶段会更需要父母中的某一人，我认为您的儿子可能处于非常崇拜父亲的阶段，他喜欢父亲所做的事情，并希望成为父亲那样的人，因此目前您在他的感情和兴趣上扮演的角色暂时逊色于父亲。父子俩喜欢一起在花园里干活，孩子的父亲能给他洗澡，照料他，这当然是件好事。我认为您在这一点上完全没有必要担心。孩子以后可能会更喜欢您的陪伴，但在目前这个阶段他更想要父亲的陪伴，这也是完全正常的事情。您不妨让孩子看到，您并不介意他花许多时间和父亲在一起，但您仍然会始终保持对他的慈爱和友善，也会一如既往地帮助他。这样可以减少孩子心中的冲突。

应该让孩子独自玩耍吗？

> 问题

您关于孩子们独自玩耍的评论让我备感惊奇，我十分希望能听听您这些观点的依据。

对一个孩子来说，没有友谊和陪伴是非常糟糕的，但是在我看来，如果孩子大部分时间有人陪伴而只有短时间独处，其实是有益无害的。尤其是在一个相对富裕的家庭里，母亲和保姆几乎会把所有的关心和精力都倾注在孩子身上，从而为孩子提供了大量的精神刺激。

一个两岁的孩子一天大约有九到十个小时醒着。在这段时间里，陪伴孩子的人会在他身边有意无意地不断灌输各种印象，教授各种技能。换句话说，除了睡觉，他的思维始终处于被不断刺激的状态。即使是成年人，也没有谁能承受如此之多的精神刺激；那些真正动脑筋的人总是会需要一段安静的独处时间，而那些一直有人陪伴的人通常都不会用他们的头脑再去做有用的事了。

第一章 父母和孩子之间的关系

当然,这种情况在孩子们身上也一样。给孩子一个小时左右的时间,让他自己试一试他的新想法和新技能,这会培养他集中注意力和思考的习惯,并使他的知识牢牢地扎根在头脑之中。

您也说过,大多数喜欢独自玩耍的孩子通常都有点儿迟钝、不够聪明。在这个问题上我有不同的看法,当然我个人的经验仅限于我自己的孩子。首先,他身上最让人印象深刻的品质似乎就是他的忙碌和专注。他总是会完全沉浸在某件事情中,试图弄明白到底是怎么回事,或者试图改进他掌握的技能。其次,他有强烈的幽默感,假如他觉得一个玩笑或者笑话很好笑,就会坚持认为身边每个人都觉得它很有趣。在大多数方面,他似乎达到了正常标准,而在某些方面,他甚至可以说超过了正常标准。

虽然他很乐意独自玩耍,但如果有人和他一起,他总是会很高兴,并急于展示他所做的一切。因此,我觉得尽管他学说话比较慢,但不等于他比大多数孩子更不善交际。

我当然不是说小孩子永远都不应该独自玩耍。孩子们时不时有机会安静地独处一下肯定有好处,对此我完全同意。无论是成年人还是孩子,不完全依赖他人的存在来获得满足或者乐趣,这本身就是一件好事。所以我不会想要剥夺孩子们独自玩耍的机会,而且总的来说,如果孩子们偶尔能这样做,我会感到很高兴。

但这与每个学步期的孩子在每天的某个时间段，无论他愿意与否，都应该独处一会儿的说法是完全不同的。这种死板僵化的观念完全没有理由。

首先，孩子性格各异，甚至在襁褓中就是如此。同样一件事情对有些孩子来说很容易，也很自然就能做到，但是对另一些孩子来说恐怕不一定有益，甚至不可能做到。任何一种所谓适用于所有孩子并建立在刻板模式上的道德观念和训练方法都是得不偿失的，肯定会造成更多的困难。

同时，我所说的也不违背我一直强调的规律作息的价值。有规律的日常生活对孩子是绝对必要的，当然，关于进餐、睡觉、洗澡和清洁方面的训练比这个问题更重要。这里所谓的规律并不意味着刻板。孩子某一天可能一个人玩会很开心，而第二天可能就不会这样了。我总是给孩子独处的机会，如果他在某一段时间喜欢和妈妈、保姆待在一起，甚至他的性情就是喜欢一直有人陪伴，我也绝不会认为这样就是淘气顽皮。

其次，对某些孩子来说，这甚至不是一个"性情"方面的问题，而是一种对独处的真实恐惧。我收到的不少信件都表明，有许多孩子如果被单独留在家里，他们真的会感到害怕，或者至少强烈地感觉到需要有人陪伴，被迫独处使他们不可能对自己所做的事情提起兴趣，也不可能使他们的玩耍变得快乐和有价值。因此，我认为强迫这样的孩子独自玩耍是最不可取的，而且也不应该以任何方式暗示孩子如果不愿这样做就是"顽皮"。我的选择是尽可能早地安排孩子和其他小

第一章 父母和孩子之间的关系

孩一起玩，这样孩子就能更加独立，而不是纠缠着大人们了。

从我个人的总体印象来看，多数一岁到四岁的孩子会更喜欢和别人或成年人一起玩，而不是一个人玩。当然，也有相当一部分孩子一个人也会玩得很开心。如果他们愿意独处，那也不错，但这既不是这个年龄段孩子的普遍特征，也不是一种应该严格执行的纪律。

再次，我们有时候会听到应该训练婴儿即使不睡觉也要在较长时间里单独安静地躺着的建议。当然，我同意这对婴儿的健康和成长很有价值，我所说的不要强迫学步期也就是一岁到四岁的孩子独处，并不针对六个月以内的婴儿。

但是对于那些已经唤醒了社会兴趣、会走路会说话、对他人产生积极兴趣、对世界的好奇心正在迅速发展的孩子来说，他们的问题和六个月以内的婴儿是完全不同的。正如他们的饮食和各种需要都在发生很大的变化一样，他们的心理发展需求也在改变。我认识几个成长发育受到严重阻碍的孩子，他们的问题明显就是他们被强迫独处所导致的。

当然，另一方面，我也认为通过不停地与孩子交谈、讲故事、说服他们玩各种游戏或者教导来不断刺激他们肯定是错误的做法，但是孩子身边有一个成年人陪伴并不一定等于过度刺激。当然，这要取决于大人本身及其行为方式。在我收到的来信中，有许多孩子似乎只需要一个大人在身边就可以了，大人可以忙自己的工作，在一旁缝纫或者读书都行，而孩子则忙于自己的事情。如果我们保持安静，只是回应孩子对我们说的话或者对我们提出的要求，就不会存在过度刺激的

015

风险。但是，如果我们不顾孩子的真实需求或者天性而强迫他独自待着，那他肯定会被自己想象出来的恐惧或者不喜欢独处的性情过度刺激。成年人的陪伴不仅可以很好地帮助孩子抵抗这些恐惧和幻想，抚慰他们的心灵，而且也能鼓励孩子独立，帮助他们发展语言和各种技能。

第一章　父母和孩子之间的关系

宠溺家里最小的孩子

问题

我是一个有十一个孩子的大家庭的保姆。我负责照顾四个孩子，一个六岁，一个四岁半，一个三岁，还有一个上星期刚满两岁。

这个两岁的孩子是个非常健康强壮的小女孩，但是她最近两个月来变得非常难以相处。在玩耍的时候，她想要一个人占据所有的玩具，如果有别的孩子想拿走，她就大哭好几个小时。我试着转移她的注意力，给她看一些其他有趣的东西，或者讲讲她特别喜欢的泰迪熊，然而这些都无济于事。

当她想要一个玩具的时候，如果没有被满足，她会非常不高兴，并冲着别人大喊大叫，这是常有的事。我认为这样对她自己和其他孩子都很不好。我也试过惩罚她，让她待在角落里，但是她在那里尖叫了三个小时，最后我只得把她抱到床上。

这个孩子的情绪太容易激动了，我担心这不是一件好事。

对我照顾的几个孩子，我尽量教导他们慷慨无私，但我不得不承认，所有的孩子都非常宠爱他们的这个小妹妹。在这种情况下，小女孩很难明白其他孩子到底想不想要玩具。另外，孩子们都还很小，并不能理解过分溺爱小妹妹其实对她有害，因为家里最大的孩子也不过十四岁。

回复

即使四个小孩都很满足，都很快乐，我想您一定也会忙得不可开交。在这种情况下如何对待最小的这个女孩，尤其是她又相当任性，实在不是一个容易解决的问题。

这个小女孩知道自己拥有专横霸道的权利，对此她再清楚不过了；可是另一方面，她的内心又会因为看到周围的孩子而起了忌妒心，因此要赢得她的好感和满足很不容易。然而很明显，如果她养成了用大喊大叫的习惯来欺压您和身边大一些的孩子，如果其他孩子以这种方式来惯坏她，满足她的所有要求，这对她来说是十分糟糕的事情。您必须非常坚定，同时也要保持耐心和开朗，绝不能让她因为尖叫而得到任何好处或者特权。

我认为在她发脾气大声尖叫的时候，把她放在床上不会对她造成任何伤害，因为这样会让她有机会冷静下来；但我不建议严厉地责备她。我会试着轻松愉快地和她交谈，向她积极建议去友好地接受别人，以此来赢得她的心。

倘若您能让其他孩子与您合作，这对理智地对待这个小女孩将是一个很大的帮助。六岁的孩子应该能够理解既不溺爱也不戏弄弟弟妹妹是很有必要的。许多孩子，甚至是四岁或六岁的孩子，对更年幼的弟弟妹妹都会怀有强烈的保护冲动，您可以唤起他们心中的这种冲动，并转化成对您的帮助。

当然，他们也都应该被要求尊重小女孩的物品所有权。您可以允许小妹妹拥有一些只属于自己的玩具，只有在她真正同意的情况下，别人才能玩这些玩具。不过，我敢说即使她拥有了一些只属于自己的玩具，她还是会继续想要别人的玩具。您需要判断她在既没有遭遇挫败感也没有被宠坏的情况下，是否得到了公平的份额，是否获得了合理的关心。

但所有这些都需要时间。即使用世界上最好的方法，也不可能在几天或几个星期之内帮助一个任性的孩子训练出理智和满足感。我们必须明白时间和成长是最好的帮手，只有这样才能在正确的方向上稳步前进。

管教的常识：直面孩子成长的88个问题

孩子被"欺负"了该怎么办？

> 问题

请问怎样才能让孩子和其他孩子建立愉快的关系，同时又不会养成太多自私和使人不悦的习惯？您能给我一些建议吗？

我的女儿帕特十九个月大，是一个快乐、健康、正常的孩子。尽管年龄很小，但她格外聪明，能说会道，像"电话"（telephone）和"大象"（elephant）这样的词语她都会说，而且语速非常快。一直以来，她都很渴望和别人分享，她会把自己的饼干分享给小狗，也会把玩具分享给别的小朋友。

但是，帕特最近遭遇了几次不幸的经历，这些糟糕的经历正在开始对她产生影响。有一次，帕特正在很开心地和一个比她大几个月的小男孩一起玩耍，小男孩突然骑着三轮车用力撞她，结果她摔了一跤，被吓坏了。后来小男孩又把一个大橡皮球扔到她脸上，使她又向后摔了一跤。

第一章 父母和孩子之间的关系

又有一次，我们在海滩上玩得很开心，然后有一个看上去很可爱的小女孩加入了我们。玩了几分钟后，这个小女孩抓起帕特的木铲和水桶想要抢走，当帕特想去伸手拿回来时，小女孩用木铲狠狠地敲了一下她的头。

还有一次，我们第一次带着帕特去参加聚会。帕特太小了，还不适合玩游戏，所以她在一段有六级石阶的小楼梯上爬上爬下来取乐。另一个小孩正坐在最上面的台阶上用蜡笔画画，突然，他飞快地站起来，把帕特向后推下了台阶。所幸我接住了帕特，但她的头已经被狠狠地撞了一下。

这些事情听起来好像是因为我是个粗心大意的母亲，但其实我每一次都在现场保护着帕特，不过我不会太过干涉。孩子们的动作总是那么快，然后处理涉及别人孩子的事情有时候会让人非常尴尬。我们可能不会再生育孩子，帕特可能不会有兄弟姐妹，所以我觉得她和小伙伴们一起愉快玩耍是很有必要的事情。

我明白孩子们总是会随着年龄的增长来调整自己适应周围的环境，但我很希望能够做些什么来防止帕特养成"推人""抢东西"或者其他使人不悦的习惯，同时又能让她坚持自己的立场，丝毫不感到自卑，如果您能在这方面给我一些指导，那就太好了。

您的女儿遇到了这些糟糕的经历，真是太令人遗憾了。实际上，

孩子们在一起玩的时候经常会发生类似的事情，只是这种事情的突然性会让孩子感到害怕。但只要孩子身上不发生太多这样的事情，他们一般都会很快意识到这些事情也没什么大不了的。

当然，像您女儿这个年龄的孩子在石阶上爬上爬下时必须非常小心地加以保护。如果我身边有一个这么小的孩子在爬石阶，我会站在非常近的地方保护他的安全。您能够在她摔倒的时候接住她，说明您已经很靠近了，不过要是我的话，我会站在更近一些的地方。您女儿被别的孩子用木铲敲脑袋和这件事不一样。被木铲敲一下不会太疼，也不会像被推下台阶摔倒那么可怕。

如果您女儿也开始偶尔做一些敲打别的孩子之类的事情，我想我不会感到很担心。要是她正在健康地成长，那她就一定会这样做。凯瑟琳·布里奇斯教授曾非常细致地研究过幼儿相互之间的行为并得出了明确结论，孩子身上存在这种试探性的敌意是幼儿从以自我为中心到欣赏他人并获得真正合作感的发展过程中的一个正常阶段。如果一个孩子总是害怕去做类似于推搡、拉扯其他孩子的事情，那这个孩子在成长过程中真的会出问题。当这些小动作发生的时候，如果您自己能保持平静，和颜悦色地去对待，不当成什么大不了的事情，您就会发现孩子自己其实完全能够承受，最多也就是感到很短暂的不快而已。

在您女儿被别的孩子用橡皮球扔在脸上的时候，我会帮她站起来，捡起橡皮球，然后扔回去，并心平气和地告诉她"那个小男孩不知道这样砸到你会让你摔倒"。也许她扔回去以后那个小男孩还会再扔过来，但她这次应该不会再被球砸中摔倒了。对于这个年龄的您女儿来说，她自然还不能很好地用球玩耍，但是您处理事情的态度可以帮她意识到，那个把球扔过来的小男孩可能是希望和她交朋友，而不是故意吓唬和伤害她。

  帕特这个年龄的孩子通常都会做出一些推搡、拉拽的动作，这是很正常的行为，试图阻止她这么做是错误的。愉快地坚持自我是一种非常可取的品质，随着之后一两年的继续成长，孩子们会发现和别人一起做有益的事情时，也能获得和坚持自我同样的乐趣。同时，我也要强调对真正严重的情况保持高度警惕，例如在坚硬的石头台阶上玩耍时。

管教的常识：直面孩子成长的88个问题

怎样跟孩子解释领养一个孩子？

> 问题

我有一个四岁的女儿，现在我想领养一个女婴，越小越好，例如四个月大的婴儿。我应该如何告诉我女儿并向她解释清楚这件事，请您给我一些建议。

有一个情况我必须先向您说明，去年五月我生下了一个男婴，但不幸的是十天之后他就夭折了。在他出生前好几个月，我女儿就完全知道了这件事，尽管她有时候会明显表现出忌妒，但也非常感兴趣，并且很兴奋。弟弟夭折的时候她非常失望和伤心——从那以后，她总是时不时地谈起他，还希望我再生一个孩子。有一次她哭得非常伤心，因为她没有妹妹，而她认识的一些孩子就有。所以我想如果我收养一个女婴她应该会很高兴，我希望恰当地向她解释这件事情，但又不想让她以后会说出一些事情使被收养的女婴感到她们并不一样。

第一章　父母和孩子之间的关系

　　根据您所说的情况，找到对您女儿来说最适宜的说法可不是一件容易的事情。我的建议是简单地告诉她您打算照顾一个失去母亲的婴儿，这样做既是因为您自己的意愿，也是因为您知道您的女儿希望有一个妹妹，这似乎是最明智的说法。

　　对您女儿假称这个孩子是您自己生的，恐怕并非明智之举。这对她来说是不公平的，因为她以后肯定会知道事实并非如此，而且对被收养的婴儿来说也没有好处，反而会使您女儿对这个妹妹的感情发生动摇。实话实说对她更好，以后对收养的婴儿来说也会更好。您自己的态度会帮助您女儿欢迎这个小宝宝走进你们的家庭生活，避免产生您所说的"不一样"的感觉。

　　对于这个被领养的婴儿来说，最重要的是她所得到的关心和爱，以及从她姐姐那里得到的友好的手足之情。仅靠假装肯定无法真正抚慰她的心灵，而且这样做只会诱使您女儿取笑甚至欺负她。但如果妹妹能感受到真实的爱，我相信她可以接受被领养的事实。

　　我的意思不是建议您应该在被领养的孩子很小的时候就告诉她，她不是您的亲生孩子，而是当您面对关于这个问题的任何提问和评论的时候，都不应该撒谎或者假装。

管教的常识：直面孩子成长的88个问题

过分依恋母亲

> 问题

我的儿子布莱恩现在两岁九个月，他现在有个问题，除了我以外，他强烈反对任何人为他做任何事。

布莱恩两岁之前，完全由我来照顾，但是今年我们请了一位保姆玛丽。我仍然继续为布莱恩做所有重要的事情，不过我希望玛丽能在下午带他出去散步，这样我就可以获得些许自由。他们每星期都会出去散步三次，但他几乎每次都要大吵大闹地反对，哭喊着："妈妈！我不想和玛丽一起去散步！"要想让他接受和玛丽一起去散步，必须编造许多理由才行。我发现如果我去和他商量，他不但不会平静下来，反而会变得更糟糕。

假期之后我做出了改变，三个星期以来，我把所有注意力都集中在了布莱恩身上。我们现在面临严重的冲突。和玛丽在一起玩的时候，他的状态还不错，但他就是不让玛丽给他穿衣服，也不让玛丽

第一章 父母和孩子之间的关系

带他去洗手间。所以我不得不让步，继续为他做这些事情。至于下午的散步——到目前为止，我们都是一起散步的，然后当他的注意力分散时，我就溜走。我这样做是为了让他习惯一个人和玛丽在一起，而他也没有再大吵大闹，只是不停地问我在哪里，我什么时候回来，等等。

我非常苦恼，无论什么时候，无论我身在何处，我都在想布莱恩是不是一切都好，或者他是不是正在因为我不在身边而感到焦虑。我很想知道解决这个问题的正确方法，希望您能给我建议。

您所说的问题有一部分原因是您儿子的年龄。两到三岁的孩子，无论男孩还是女孩，通常都会对一个成年人产生强烈的依恋，当然通常是母亲，但如果保姆为孩子做得更多的话，有时孩子也会把保姆作为依恋的对象。通常孩子在三岁时有机会和其他孩子一起玩耍之后，这种态度都会发生很大变化，但在三岁以前，孩子对失去自己最心爱的母亲或者保姆的服务而感到不满是很正常的事情，甚至偶尔还会心生怨恨。虽然不是所有的孩子都会表现出这种情绪，但大多数孩子会有所表露。

然而，在这方面纵容孩子专横跋扈并非明智之举。如果您有与您的工作或者社交生活有关的充分理由，必须离开孩子，那么您最好选择离开而不必感到内疚。事实是您自己对他的状况感到非常焦虑，而这一定会影响他的行为。孩子对大人的态度格外敏感，您的孩子知道您对离开他备感不安，我相信您十分清楚这一点，而且我觉得您甚至有可能从孩子因为您离开所导致的焦虑中获得一些安慰。

　　我认为现在您对保姆陪伴您孩子的方式有足够的信心，而且您也知道您离开他的理由都是正当的，如果真是这样，那您就应该在离开他的时候不再为他过分担心，而是过后高高兴兴地回到他的身边，这样对他来说最有帮助。如果您这么做，就能帮助他变得更加独立。要是他知道您离开他的时候如此焦虑，那他更有可能会大吵大闹起来。如果您平静而坚定地处理这件事，给他足够的陪伴，但不让他干涉您生活中其他的正当事情，那么您将发现，他会随着年龄的增长在情感方面变得成熟起来，并走出目前他这个年龄特有的困境。

父母应该休假吗？

问题

🅐 我有一个女儿，现在五个月大。她身体健康，完全靠母乳喂养，睡得很好，体重正常。我和她爸结婚十一个月后生下了她，去年一年我们都很忙碌，没有一起度过假。今年我们准备一起度一个一周到两周的假期，我们选定的日期大约在孩子十个月或十一个月大的时候。

我已经请我妹妹来照顾她了，我妹妹从事婴幼儿工作，与孩子们相处得非常好。我女儿之前完全由我照顾，我们家有一位女仆，有需要的时候她也会帮我照看女儿。

我想暂时离开，请我妹妹和女仆一起在家帮我照顾女儿。请问您觉得这样会有什么麻烦吗？我读过一篇文章，讲到有个孩子因为母亲只是一个周末不在身边就心烦意乱。我非常犹豫，不想冒险让孩子痛苦焦虑。

B 对那些平时自己照顾孩子的父母来说，把孩子们留在家里，出去度假两周，请问您觉得这样做合适吗？这会对孩子的情绪造成什么不良影响吗？

我和我丈夫希望今年夏天出去度假，到那时，我的两个女儿将分别是三岁和一岁。孩子们的祖母可能会提前几天来家里与她们熟悉熟悉，然后女仆会帮祖母一起照顾孩子们。我的女儿非常喜欢这个女仆，我对她照顾孩子的方式也都很满意。我们出去度假的时候，她们的日常生活应该和往常一样。

我应该可以向大女儿解释这件事情，我会对她说爸爸妈妈要出去度假，过些天就会回来。之前有一次女仆去度假了，当爸爸回来的时候，她坚定地而不是哭着说："爸爸不要再去度假了啊！"大女儿是个很懂事的孩子，我们总是信守对她的承诺，她也完全信任我们。至于小女儿，我想她适应几天之后应该不会受到什么影响。

对上面的问题给出建议恐怕不太容易，因为确实有一些孩子对母亲离开的反应非常糟糕，尤其是父母都离开的时候。不过这在很大程度上也取决于父母安排的方式，而且不管怎么说，父母和孩子一样，也有自己的需要和权利。不仅如此，如果母亲总是为自己年幼的孩子牺牲太多，势必会影响自己的健康，进而影响自己的性格和脾气，于是更难处理那些在所有孩子身上都会不可避免地出现的困难。

因此，我不赞同母亲不应该离开孩子去度假的说法，但我们应该可以采取一切可能的措施，帮助孩子更好地面对这种处境，这自然是明智的做法。我从两位读者的来信中看到，她们在这两件事情上似乎都能做出这样的安排，从而大大减少孩子的失落感。

问题A中的孩子比较小，很可能不太会注意到身边的变化。

问题B中的孩子更大一些了，而且即使是一岁大的孩子也能意识到诸如父母离开这样的重要事情。然而，由于女仆和祖母都可能以母亲的方式去照顾孩子们，所以对父母来说，出去度过一个非常有必要的假期可以说是合情合理的事情。

当然，我们也不能期待孩子们面对这件事的时候毫无困难。父母有自己的生活，有自己的需要和兴趣，这个事实对一些年幼的孩子来说是非常困难的一堂课，因为他们确实希望感受到父母只为满足他们的需求和愿望而生活。因此，我觉得大一点的孩子可能会伤心哭泣并焦躁不安，但她肯定会好起来的，因为她很信任自己的母亲。

最好把父母都要离开的事情在提前一两天的时候告诉三岁的孩子，如果她能够感觉到一些迫在眉睫的变化，那就更早一些告诉她。我建议在祖母来家里之前不要告诉她度假的事情，最好让她和祖母熟悉两三天，再告诉孩子你们要离开两个星期去度假。您可以告诉她具体去哪里度假，如果可能的话，给她看一看这个地方的照片，到那里之后每天都给她寄明信片，让她也一起分享一下这个假期。

对小孩子来说，父母不在身边与父母死亡所造成的境况几乎没有区别，这一事实正是孩子在面对这些情况时感到非常困难的根源所在。孩子不能真正确信离开的父母还在这个世界上，因为一个陌生的地名对他们来说不太真实。但是每一个能让她感觉到真实的安排，以及父母持续与她保持联系，都可以帮她克服最严重的焦虑。

  您以后会带孩子一起去度假吗？如果是这样的话，您在告诉她爸爸妈妈要离开她出去度假的时候，不妨预先也告诉她，以后会带她一起去度假。如果您不方便安排与她一起去海边游玩这种长途旅行，您也可以在度假结束回来之后专门为她安排一些活动，用一个星期的时间陪她去做一些她喜欢的事情，例如远足、参观、野餐等。有了这些预防措施，我想父母完全可以安心享受一下属于自己的假期。

第一章　父母和孩子之间的关系

如何训练孩子们不逃避责任？

问题

一位父亲很想知道有没有什么好办法，能确保自己的孩子们长大以后不会逃避责任。

提出这个问题的人一定拥有为孩子展望未来的智慧，同时也提醒我们，幼儿世界也是社会生活这个更大的世界的一部分。在我们帮助孩子成长的过程中，我们必须牢记更大的世界对他们的要求是什么。即使孩子还在幼儿期，我们也要考虑孩子将来会成为什么样的人，以及他们现在是什么样的人。

例如，我们现在不是生活在一个一切都建立在权威之上的社会里。如果社会是这样，那对父母来说就简单多了。但事实上，我们必须让孩子们为一种很大程度上基于个人责任和相互服务的社会生活做好准备。所以，这个问题非常接近我们作为教育者所面临的核心问题。

但必须指出的是，没有特定的方法可以确保某个孩子成为一个领导者而不是一个追随者，就像没有特定的方法可以确保他成为一个画家或者音乐家一样。这种事情最终取决于他天生的才智和自身的倾向。但毫无疑问，我们可以做很多事情来鼓励孩子们发展各种社会能力，同样也能审视和抑制某些方面的发展。

首先，只要我们稍加思考就会明白，孩子只有通过承担某种责任才能学会行使责任。孩子通过尝试行走来学会走路，通过在水里扑腾来学会游泳，通过摇摆身体来学会舞蹈。他不能只靠言语的教导来学习，也不能只靠我们的愿望来成长，他只能靠自己的努力，用自己的经验来修正自己的行为。例如学习写字、打板球或者说法语，即使有最好的教学手段和资源，他也必须通过自己的努力与实际进行联系才能学会。社会行为同样如此。

我们常常会语重心长地说："要有责任感，要做一个领导者，而不是一个追随者。"如果我们只是用嘴巴去说，那是没有用的，除非我们把这些话转化成实实在在的机会，所以我们需要让孩子真正为一些事情负责。即使是年龄很小的孩子，我们也可以让他负责整理自己的玩具柜，让他管理自己的零花钱（哪怕是很少一点儿钱），让他在游戏时间自己选择玩什么，让他邀请自己的玩伴来喝下午茶，让他打理花园里属于他自己的那一小块地方，让他自己决定下午去哪里散步。如果我们想让他学会自己选择，那就需要为他提供尽可能多的真实场合的选择机会。当我们给他这样的选择机会时，才是真正的自由选择，而不是自命的自由选择。

例如，当我们告诉他可以自己选择邀请谁来喝茶的时候，我们常常会努力说服他邀请某个我们自己出于某种原因希望邀请的孩子，而这个孩子并不是他希望邀请的对象，这样的安排绝不是给他真正的自由选择，父母最好不要做这种自命的事情。其实有太多的方式可以让孩子接受我们的观点和安排，所以当我们给他选择和责任时，应该让他做真正自主的选择。让孩子承担实际的责任是一种最有价值的训练。

还有一点也很明显。如果我们希望让孩子具备社会责任感，那我们应该从他很小的时候就让他有足够多的时间和别的孩子在一起相处，这一点至关重要。一个孤独的孩子，或者一个只有在茶会上才能偶尔和别的小朋友见面的孩子，既学不会领导，也学不会追随。有的孩子可能会试图通过争吵和打斗来达到自己的目的，然而，只有通过理解他人并学会与他人合作，孩子才能成长为一个真正的领导者。要想让孩子学会理解他人以及与他人合作，只有通过在日常集体生活中与其他孩子一起相处才能实现。

从婴儿期到学龄期的孩子，每天都应该有一段时间可以和其他孩子一起自由玩耍，如果可能的话，他的玩伴最好和他年龄相仿。在玩耍的时候，大人应该尽可能减少对他们的干扰。在保证孩子人身安全的情况下，大人应该让他们随心所欲地玩耍。通过这种方式，他们会非常生动地互相了解，真切地感受到别人和自己一样，都有各自的愿望，也会明白有领导者就必有追随者。他们会在社会生活时的给予和索取中获得真实具体的经验，并从中学会许多东西，而这些都是我们用语言传授所不能及的。

孩子对友谊的需要就像他对庇护和安慰的需要一样强烈。没有这种真实的社会经验，他在任何年龄都不可能成长为一个具备社会责任感的人。

第二章
服从、纪律和惩罚

管教的常识：直面孩子成长的88个问题

孩子们应该服从吗？

问题

我冒昧地向您请教，孩子应该到了一定的年龄才能理解大人提出的要求背后的原则，请问在此之前让孩子养成"立即服从"的习惯合适吗？如果合适，请问有什么办法可以做到呢？

我的女儿快两岁了，她非常固执己见，在做自己感兴趣的事情时非常专注。如果我要她过来，或者要她把手头的东西放下，她要么置若罔闻，要么反复坚决地说"不"，或者干脆跑开。亲戚们对我说，孩子太小了，不要指望她能乖乖听话，并建议我用一些方法来分散她的注意力，但这些方法在我看来都是偷懒而且无用的手段。

我个人的观点是：当她感到疲倦，或者出于一些特殊的原因需要避开某个场景的时候，通过分散她的注意力来使她服从可以说是一种有用的方法，但这并不能教会她任何东西。我应该经常寻找合适的机会来训练她有意识地服从。

第二章　服从、纪律和惩罚

对于有些孩子来说，必须事先提供一些有趣的东西来分散他的注意力，否则他就不会立即服从，然而这样的孩子在生活中确实会面临十分危险的境地。例如我的女儿，如果我要求她不能触摸电器插座，而她没有立即服从，在这个过程中她就有可能会触电。

父母是否应该等到孩子长大到可以讨论的年龄之后再试图教他顺从，关于这个问题，我很想听听您的意见。

如果您同意一旦孩子能明白无误地理解大人对他说的话，就可以开始教他服从，那么除了限制他"该做什么"和"不该做什么"这种明显的方法之外，请问您建议采取怎样的步骤来确保孩子服从呢？如果孩子坚持要去碰被禁止触摸的东西时，轻轻地打他一巴掌会是一种非常错误的方法吗？如果不严厉禁止，孩子会有"妈妈叫我别碰，但是就算我碰了，好像也不会发生什么事情"这样的想法吗？除了轻轻打她一下，有时候我实在想不出别的办法来阻止她这种想法。

有人说两岁的孩子可能会在短短几秒钟内忘记大人重复强调的命令，请问这是一个心理学事实吗？我的女儿总是要去花园里摘花（尽管我只要看出她有哪怕一点点想要花的意思，我就一定会给她一些），是因为这个说法吗？有时候我在想，是不是因为摘花对她的吸引力实在太大了，所以尽管她知道大人不允许她摘花，但她依然无法停止这种行为。如果确实如此，我应该如何处理呢？帮她去摘花，或者允许她在一个固定区域摘花都不能解决这个问题。我并不是对自己的花园被破坏的反应太强烈，而是觉得这个问题很可能是我们将来必须面对的代表性问题。

有一点或许和这些事情有所关联,那就是当我离开一小会儿的时候,孩子会比我在身边时更听话一些。如果我告诉她我要离开一会儿,要求她在我回来之前不能离开椅子,她就会一直坐在椅子上等我回来。当然我不会经常这样,也不会离开太久。

还有一件小事,我总是会对她较好的行为大加赞扬,现在她听到表扬的时候会以一种十分有趣的方式拍拍自己的后背,就像大人表扬她时轻轻拍她一样。我觉得这种行为以后会变得让人难以忍受。"凯蒂是个好女孩,拿着那朵花给妈妈看","好孩子不会把包裹弄到地上","凯蒂最勇敢了,不哭不哭",她有时候会以一种装腔作势又沾沾自喜的口吻反复说着这些话,请问您是不是觉得就算这是假装,也比那种以为大人只会对他的行为指手画脚以及批评指责的孩子紧绷着脸抵触要好一些呢?我不知道自己对孩子的鼓励和赞扬是否有些过头,所以很想听听您的意见。

孩子只有在信任的基础上才会对父母立即服从,这是由经验建立起来的。当然,我们也能通过恐惧来强迫孩子立即服从。也就是说,大人可以在孩子们身上激起如此多的恐惧,以至于只要这个使他们害怕的大人在场,他们就会服从,而不管他们所做的事情有没有被发现的风险。然而,这样的服从显然不是您所希望的。

立即服从的基础是爱和信任,不可能仅凭我们的意愿就能获得,

第二章　服从、纪律和惩罚

而且许多孩子在两三岁的时候根本做不到。四五岁的孩子如果已经知道父母的要求肯定有其充分的理由，因此可以对父母立即服从。两岁的孩子很少能完全服从大人的要求。或许偶尔会有个别孩子因为天性温顺，在任何年龄都会服从，但这绝不常见；而且对孩子来说，这也不见得是最理想的心态。长大后独立又聪明的孩子在两三岁的时候一定会表现出固执和逆反心理。

当您打断您女儿正在做的事情时，她拒绝了您的要求，这种表现对于两岁的小女孩来说再正常不过了。我们不应该指望在两岁的幼儿身上培养出可能在四五岁的时候才能实现的一些优点，如果我们试图这么做，只会浪费时间，使我们和孩子都陷入愤怒，并使我们的亲子关系恶化。

要完全保证两岁甚至三四岁孩子的人身安全，需要大人认真地监护并妥善安排环境。幻想可以通过孩子机械性的服从来保证安全肯定是行不通的。但是我觉得您所说的触电恐怕有点儿夸大其词，一般情况下，您肯定不会让一个两岁的孩子出现在有触电风险的环境里。假如您带着孩子去乘坐地铁，您显然不会指望以所谓立即服从的习惯来保证孩子不会跑到轨道上，而是会很小心地拉着她或者抱着她，您肯定会用自己的行动和警惕来保护她，而不是让她自己承担自身安全的重大责任。同样的道理也适用于过马路，以及大人在家里因为粗心大意而让孩子面临危险的情况，例如触碰锋利的刀子、火柴等。这些都不是训练孩子服从的理由。

很显然，服从的价值是一种社会价值，而具有社会价值的服从必须建立在对提出服从要求的权威的信心、信任和爱上，这种信心、信任和爱又必须来自实际的生活经验。

至于禁止触摸的物品，我们根本不应该把那些对孩子真正有危险的东西放在他们触手可及的地方。如果一个房间里放着我不希望被弄坏的贵重物品，那我肯定不会把一个两岁的孩子带进这个房间。

我们可以指望一个四五岁的孩子不会随意去碰别人的东西，但两岁的孩子大都做不到。就我自己来说，肯定不会期望一个两岁或者还不到两岁的孩子能够抗拒花园里花朵的魅力和吸引力。我想，到了三岁半或四岁的时候，她应该就能清楚地明白，有些东西是属于自己的，而有些则是属于别人的，然而，即使到了那个时候，我们也不应该对她抵制诱惑的能力期望太高。但要让两岁的孩子不做她看到妈妈在做的事——伸手去摘那些可爱的花朵，这实在是不可能的。她还无法理解大人不让她摘花的要求，而且她自己也无法抑制自己的冲动。这种能力是一个缓慢发展的过程，在发展成熟之前期望过高或者揠苗助长都是毫无益处的。

关于对孩子的赞扬，我觉得您确实有点儿过头了。不管从哪个角度来看，把孩子的良好行为视为生活中理所当然的普通事情都要更好一些，而且我感觉到您在更多事情上的态度似乎正是如此。不过您不必担心她对自己的赞扬。对两岁的孩子来说，所谓装腔作势和沾沾自喜都是非常自然的事情，而且她只是在表达自己的一些真实感受。但我还是建议您适当减少一些赞扬，对孩子来说，一个微笑和一句"谢谢"通常就够了。

第二章 服从、纪律和惩罚

"意志坚定"的孩子

问题

我的女儿卡萝尔三岁九个月了，一直是个性格坚强的孩子，而且意志格外坚定。她精力旺盛，并且非常渴望独立。她十一个月大的时候就能独立行走，刚学会拿勺子就能自己吃东西。她已经独自使用马桶以及自己穿脱衣服一年多了，并拒绝别人帮她做任何她自己可以做的事情，加上她的个头比较大，所以常常被认为是五岁的孩子。

我们现在面临的困难是如何才能让她服从，这是一个棘手的问题。因为我最近生病了，便搬到我母亲家暂住了一个多月，在这期间我不得不卧床休息，这导致卡萝尔不听话的情况更严重了。虽然她熟悉姥爷姥姥，也很爱他们，但我觉得她还是很想念她的幼儿园，想念她的玩具和沙坑，想念她在自己家里的自由以及我倾注在她身上的关心。

当然，卡萝尔在自己家里也会有不听话的时候，有时候完全不会按照我的吩咐去做，但我不太担心这些，因为我认为这种情况会随着时间的推移而有好转，但现在，当我们在姥爷姥姥家里的时候，冲突似乎变得连续不断了。

例如，当我给您写这封信的时候，姥姥正要哄她上床睡觉，但在此之前，姥姥要去找些面霜帮她涂在脸上，便让她稍等一会儿。结果卡萝尔大声说道："不！不！"然后自己朝楼上走去。因为她够不着灯的开关，楼梯又很黑，所以姥姥只好跟在她后面一起上楼。而卡萝尔却又问道："我的面霜呢？"当姥姥告诉她，因为她刚才不听话，一定要自己先上楼，所以姥姥只得跟着上楼而没有拿到面霜的时候，她就大吵大闹起来。

有一天下午，卡萝尔出门的时候，姥姥叫她拉着自己的手，卡萝尔却不肯，自己跑到马路对面去了。这是我一直告诫她禁止做的事情，结果她掉进了一个水坑里，外套也被弄脏了。然后姥姥拒绝再继续散步，直接把她带回家了。我想卡萝尔有点儿后悔，或者至少后悔错过了这次散步的机会，她是个不轻易哭的孩子，这次却痛哭了好一阵子。我建议道，因为她不听话，又给姥姥带来了那么多麻烦，我们应该把她小时候用过的安全绳拿出来，但她听到出门的时候要用安全绳拴住她，就非常不高兴。

她非常渴望别人把她当成一个大孩子。我母亲自然对这些事情感到非常烦恼。她认为最重要的是不能向卡萝尔让步，必须让她学会服从，如果她不听话，就得挨打。当然，我从来没有打过（或者极少打过）卡萝尔。我从不介意向她解释为什么她必须按我的要求去做，我

第二章 服从、纪律和惩罚

也从来没有期望过人们所说的"立即服从"。

当卡萝尔很小的时候,她是一个非常顺从的孩子,很听我的话——或者更确切地说,是一个容易受影响、容易接受建议的孩子,但现在她似乎下定决心要坚持自己的想法。

对一个三四岁的孩子到底应该抱有怎样的期望呢?我认为很多麻烦都是由于对孩子期望过高造成的。请问我这样不去坚持孩子立即服从是不是太好说话了呢?如果孩子不听话我应该立刻惩罚她吗?

如果您仅仅从服从的角度来看待您女儿的成长,那肯定是错误的。在我看来,她如此独立,能够为自己做这么多事情,尤其是她的独立具有这样一种积极的形式,而不仅仅是反抗,这真是了不起的事情。

卡萝尔和那种只会躺在地上尖叫着说"不!"的孩子完全不一样。她对学习技能、实践和社交能力有一种积极的推动力,这显然会使她在以后的生活中成为一个出色的人。低估孩子身上这些积极特征的巨大价值是很遗憾的事情,而且很明显,如果您真的倾向于这么做,对孩子产生的影响肯定是令人无法接受的。这会让您的女儿认为您不重视她身上所有的优点,不希望她变得熟练和独立。

孩子的姥姥对孩子这种程度的独立感到紧张,这完全可以理解。如果孩子把更多的事情留给姥姥来做,而不是自己去做,姥姥就会感到更快乐一些，但是这样的安排对卡萝尔这种孩子恐怕没有什么帮助。

关于您是否应该对孩子让步，我认为完全取决于当时的具体情况。有时候让孩子来主导其实会更好。例如，当卡萝尔不愿意等姥姥去拿面霜，要独自摸黑先上楼的时候，我不太理解为什么姥姥必须跟着她一起上去，为什么不能让她自己上楼呢？如果她能做到独自摸黑上楼，不仅不会对她造成任何伤害，而且还是一个培养勇气和技能的绝佳机会。我们的阻止其实是在暗示她还太小，不能独自摸黑上楼，而孩子很可能非常讨厌这种感觉，因为她觉得自己是一个勇敢又聪明的人。设想一下，假如您女儿不愿意一个人摸黑到任何地方去的话，您很可能会写信告诉我："我的女儿非常怕黑，请问我应该怎么办呢？"在上楼这件事情上，让她独立自主肯定比让她觉得不耐烦更有价值，我建议最好让姥姥去拿面霜，让孩子自己上楼。

过马路的事情则是一个更困难的问题了，因为涉及真正的危险。但如果姥姥不那么过于追求孩子的服从，只是在客观需要的情况下让孩子服从，那么孩子更有可能欣然接受，因为这样她就会知道自己在精神上的独立自主并没有受到威胁，不过姥姥确实有一个理由，一个真正为了孩子好的理由，要求她做出这种代表信任和服从的特定行为。

既然卡萝尔很希望别人把她当成一个大孩子，我建议您对她说，大孩子很懂事，过马路的时候会等着大人跟他们一起走。我不建议用安全绳拴住她，因为这不仅是对孩子的侮辱，而且会增加她反抗的冲

第二章 服从、纪律和惩罚

动。我会对她说:"你这么大了,又这么懂事,我想让你和姥姥一起过马路,让大家看看你有多聪明。如果你不想牵姥姥的手走路,那就抓住她的外套或者裙子吧。"我甚至还会说,如果姥姥有人陪着一起过马路,她也会更开心的。或许姥姥可以和她这样商量过马路的事情:"路上没有汽车,我觉得我们现在应该过马路了,你说呢?"以一种明智而且友好的方式来处理这种事情,而不是把它当成权威和服从的问题来对待,孩子会感到安全百倍。

卡萝尔的总体发展听起来非常好,如果抑制她建设性的冲动,把现在的困难看作关于权威和服从的问题,从而让她觉得自己要独立去做的事情都没有价值,那将是令人十分遗憾的事情。

管教的常识：直面孩子成长的88个问题

"打他的时候其实我比他更难过"

> 问题

A 我的大儿子三岁两个月，昨天晚上发烧了，不过今天早上好了许多。我让他待在小床上，给了他一大堆玩具，让他在床上玩，他很高兴。后来他玩腻了这些玩具，我就给了他一把剪刀，让他剪纸玩。等我再进来的时候，发现他把一件新衣服剪成了一块一块的。

他和我一样都知道这样做是错的，而且我也给了他许多纸让他剪。假如您建议我把他抱到腿上，和他好好谈一谈，那根本不会有什么帮助，也不会让他记住下次决不能再这样做，拿走他心爱的玩具作为惩罚也没用，这些我都试过了。要是我和他好好说，他要么心不在焉根本不听，要么左耳朵进右耳朵出。他对玩具也没有依赖，拿走了他也不会想念。

因此，这次我的做法是把他的裤子脱下来，在他适合挨揍的地方，也就是他的屁股上，狠狠揍了他一顿（相信我，打他的时候其实

第二章 服从、纪律和惩罚

我比他更难过），并让他自己待一会儿。然后我把剪刀放在他的房间，并告诉他可以把剪刀放在那里，但不许碰。

我相信像他这个年龄的孩子肯定应该明白有些东西是不能碰的。毕竟您也经常建议大人应该赋予小孩子一些他们通常都很喜欢的责任，我想您的这个建议肯定也适用于禁令形式的责任，例如不允许碰剪刀，对吗？如果他现在未经允许又碰了剪刀，我知道我只需要说"亲爱的，你还记得上次发生的事情，对吗？"，他就会把剪刀放回去。如果不是用这样的体罚，而是用别的惩罚形式，以我对他的了解，他肯定不会服从。

这并不是因为我情绪失控（虽然我有时真的非常生气），而且我确实认为这样的体罚对他这种类型的孩子不会造成太大的压力。请问您的意见是什么呢？他们知道只有妈妈才会揍他们，其他人都不会，他们在干了坏事之后立刻就会被妈妈揍一顿，不会陷入对未知惩罚的恐惧之中；而且打完他之后，我们又开心地在一起了，如果没有必要，谁都不会再提起这件事。

我的小儿子一岁八个月，我对他的管教也是一样的，当然，我对他的要求要少得多。希望您看到这里不会误以为我在家经常体罚孩子，实际上已经连续好几个星期都没有这样做了，只是涉及原则性问题的时候才会选择体罚。所以我觉得"打是亲，骂是爱"是有道理的。

🅑 我想向您请教的是关于服从这个棘手的问题！我的女儿艾莉森只有两岁，我希望从现在开始教导她服从。其实我很早之前就开始这么做了，但她现在越来越像一个有主见的小女孩。就在我写信的时候，艾莉森正在一边很自然地摸着自己的小脚，一边看看她能对我做些什么，当然，以前那种仅仅对她说"不，宝贝"的老办法再也不管用了！

人们读的那些关于"现代儿童"的书越多，就越会发现那些老式的管教方式都已经完全过时了，但我恐怕要承认我自己还是一个由衷相信一些老式育儿方法的人，当然，不是说老式方法就都是好的，例如，我认为不要去纠正孩子斜着眼睛看人这类说法完全是无稽之谈。我不愿意做一个唠叨的母亲，或者总是说"不要这样""不要那样"，但孩子不听话的时候，即使纯粹是孩子气的调皮，我们又能有什么好办法呢？

艾莉森非常淘气，尽管她下周才满两周岁，但她很聪明，动作敏捷，说话也很流利，我非常担心因为自己的失误而让她变成一个不听话、目中无人的孩子。她通常都很快乐，脾气也很好，但是毫无疑问，她也有非常坚定的自我意志。我不想破坏她的自立，但也不想让她"压我一头"。

我也知道，不应该总是对孩子说"不要"，应该引导她把注意力转移到一些有建设性的事情上，然而不是每次都能做到。另外，也不是每次都是说"不要"的情况，有时候的情况是"要去做"。举个例子，当艾莉森很清楚地知道我们不允许她站在爸爸办公的靠椅（那种带脚轮的高背靠椅，容易向后翻倒，很危险）上，但又要故意站上去时，我应该怎么做？我觉得她可能是出于恶作剧，故意一遍又一遍地爬上去并且站起来。我猜想书上可能会说，"让她去做，让她摔一次她就

第二章 服从、纪律和惩罚

知道到底是什么感觉了"。但我不能为了教育她而让她伤到自己,我知道她肯定会摔倒的。我还是反复地说"不要这样,艾莉森!",并且把她的注意力转移了十几次,但是她一转身就又爬到椅子上站了起来,动作十分迅速,然后一边咯咯笑一边看着我。于是我马上把她抱了下来,打了她的屁股!她伤心地哭了,我心里也非常难受。

当我要求她做一些事情的时候,例如"过来把外套穿上,我们去散步",尽管她很喜欢"穿上外套去散步"的主意,但还是会跑开或者待在一个角落里就是不过来。我知道这只是这个年龄孩子淘气的表现,但是这时候她当然应该听话,而我要是走过去把她拽过来肯定对她学会服从毫无帮助。以前,我假装哭的时候她就会马上按我说的做,但是这个办法现在行不通了。

我真心希望她在成长的过程中能够明白,我说"是"就代表"是",我说"不行"就代表"不行",我的态度是很认真的,毋庸置疑。但现在正是最困难的时期,孩子开始感觉到自己的力量,同时他们又还太小,没办法向他们解释清楚大人为什么希望他们去做某一件事。性格训练当然很困难,但我觉得一旦走上正确的轨道,就会是一件非常愉快的事情。关于"体罚还是不体罚"等几个问题,请您给我一些建议。

首先,我想说我不能理解为什么会有人非常严肃地说,体罚孩子

对他自己的伤害比对孩子的伤害更大。坦白来讲，我觉得这完全是谎话。我对自己小时候挨揍的经历记忆犹新，我把这种感受与我自己作为一个成年人打孩子时的感受做过比较，在我看来，说什么打孩子对我自己的伤害比我小时候挨打时受到的伤害更大简直是无稽之谈。

还说孩子的屁股是"合适"的体罚部位，有什么根据？合理还是不合理？臀部在站着和坐着的时候发挥着平衡身体的功能，我完全不明白为什么这个部位被认为是"合适"的体罚部位。我只能这样猜测，那些将孩子的屁股视为"合适"的体罚部位的人下意识地认为，与打孩子的手相比，打屁股会增加孩子的屈辱感和无助感，同时也会更疼一些。当然，有的孩子可能会从被打屁股中获得某种确切的快乐，尽管这种快乐完全不可取。如果孩子知道"只有妈妈才会打我的屁股"，就很有可能出现这种情况。

我的意思并不是想夸大体罚以及体罚对一个小孩子的意义，但如果有人要提出体罚的理由，他就必须意识到体罚的所有含义，并且真正能够理解孩子的感受是什么。我对孩子受到体罚时的感受的描述绝不仅仅是猜想和推测，而是基于一个人的真实记忆。另外，我完全同意问题A中对孩子体罚的情况，没有大吵大闹，并且只是偶尔体罚孩子，这样做无疑比没完没了的唠叨、没有具体惩罚的口头威胁，以及前后不一又让人困惑的行为标准对孩子的伤害更小。孩子至少能知道到底是怎么回事。他们知道母亲有可能实施的最严厉的惩罚是什么，也知道母亲在什么情况下会这么做。

然而，从我自己的个人经验以及我对他人经验的研究来看，这并

第二章 服从、纪律和惩罚

不是最好的方法。或许这种方法比很多方法都要好，但肯定不是最好的方法。另外，从某种程度上来说，这也取决于孩子。体罚对某些孩子造成的影响会比对另一些孩子的糟糕得多。我可以绝对肯定地说，就我自己的情况而言，打我没有给我带来丝毫好处，只是造成了很大的伤害，我还知道事实上还有许多人也和我一样。即使对那些正常、开朗、健康，甚至从来不会怨恨的孩子来说，体罚的教育方式也是没有必要的，而且远远不是最理想的方式。

关于问题A，这位母亲狠狠地揍了孩子一顿，并认为孩子因此就不会再次把衣服剪碎了，如果他是一个正常、快乐、健康的孩子，那他无论如何都不会再这么做了。他当时一定是很想知道用剪刀剪布料的感觉，并怀着实验的心情剪破了衣服。如果这位母亲理解了这一点，并对他说，"请不要剪衣服，这太不好了，我这里有一块布料，你可以用剪刀剪剪看"，这样一来，孩子肯定不会再剪衣服了。要是这样做之后孩子仍然要继续剪衣服，那只能说明孩子有些神经质或者精神方面有问题，他就不是一个普通的正常孩子了。

这位母亲还说，"他和我一样都知道这样做是错的"。这种想法在我看来又是无稽之谈。尽管一个三岁的孩子可以从母亲愤怒的表情和声调中迅速领会到，母亲认为这个错误有多么严重而且为此有多么生气，但这并不等于他可以像成年人那样明白这个错误有多么严重。

那些提倡体罚孩子的人完全没有意识到，通过体罚解决问题只会让孩子的反应变得麻木，让他们对其他更正常和更柔和的管教方式变得不敏感。关于体罚的影响，我们应该从一开始就做最坏的假设，而不是做最好的假设。做什么或者不做什么的动机一般来说无外乎是为了取悦别人，或者为了满足其他人的需要，又或者因为一个人希望与别人合作并从相互的社会关系中获得快乐，然而体罚会从一开始就将这些动机全部扼杀，因为这些动机根本无法在体罚带来的气氛里产生和发展。这就像一匹马一开始就被套上坚硬的马嚼，从此以后，除了马刺和鞭子，这匹马对别的事情永远都麻木了。

关于问题B中的小艾莉森，我无法想象有哪本书会说，"让孩子从椅子上掉下来，看看是什么感觉"。谁也不想让孩子伤到自己，这是肯定的事情。但我觉得有替代的方法，我们可以用一个洋娃娃来演示一下，帮助孩子理解为什么禁止她站在椅子上，我们所能做的事情应该比艾莉森的妈妈做的要多得多。

孩子特别喜欢这张椅子，因为这是爸爸的靠椅，难道我们不能把椅背靠着墙让它不会朝后翻倒，然后让孩子享受爬上爬下的乐趣吗？我不明白为什么要剥夺孩子的这种快乐。在这种情况下，孩子的想法很简单——大人就是要拒绝给予这种快乐，因为孩子还无法理解禁止她站在椅子上其实是父母真正的关心。

我想知道您在"过来把外套穿上，我们去散步"这个命令的发出方式上是不是存在什么问题，会不会激起孩子心中的抵触情绪。当然，艾莉森这个年龄的孩子或多或少都会有一些抵触情绪，这是他们正常成长过程的一部分。正如您描述的那个微妙场景，"就在我写信的时候，艾莉森正在一边很自然地摸着自己的小脚，一边看看她能对我做些什么"。她应该享有一定的自由，一般来说，父母必须设法让她合作，而不是让她服从。这需要您表现出完全不同的态度。例如让她穿外套时，您最好这么说，"我们要出去散步了，这是你的外套。如果你不能自己穿好它，我可以来帮你"。我建议让她自己试着穿上。艾莉森是一个具有相当高的独立性和积极性的孩子，最好是帮助她学会自己做事情，类似穿衣服这些事情其实是一个相互合作的问题，也是一个母亲帮助孩子学习必要技能的问题，不应该处于一种命令和服从的状态。

您说希望艾莉森能明白，您说行就是行，您说不行就是不行，她必须听您的。我实在无法理解您的意思。相信您肯定希望她长大以后独立自主，能够作为一个独立的有道德的人在社会上占有一席之地，而不是成为一个事事都对母亲唯命是从的人，对吗？服从绝不是目的，只是在孩子成长过程中的某些情况下我们使用的一种手段。

那个总是"丢三落四"的男孩

> 问题

之前我曾给您写信咨询过关于我的独生子约翰的事情,在您的建议下,我让他四岁的时候去了幼儿园,对此我从未后悔过。六岁半的时候,约翰上了学前班,他非常喜欢那里。再过几个月他就满七周岁了,我现在很头疼的是他不爱整洁,而且总是丢三落四。

他在第一个学期的表现非常好,还被老师当作最令人满意的学生。约翰肯定不是那种心不在焉的孩子,而且非常细心,所以我怀疑他不爱整洁是我的过失造成的。如果我知道应该怎么做,我想我能帮到他。现在我好像总是在唠叨他,我不明白,好端端的一个聪明又细心的孩子,怎么会总是不记得戴帽子,不记得关门,不记得把鞋放在鞋架上,不记得把外套挂起来。

您可能会觉得我说的情形有点儿夸张,但其实一点儿都不夸

第二章 服从、纪律和惩罚

张——他总是不记得,而我每次都会尽可能柔和地提醒他,"约翰,把你的外套挂好"。忘记挂外套是最典型的例子,这一类的事情不胜枚举。他放学后从学校跑回家里,急匆匆地把外套、帽子和手套随便一扔,大门也不关就冲进自己的房间,眼泪汪汪地大喊:"我的剪刀呢?我的剪刀呢?"然后他会找到剪刀把一张报纸剪成碎片,碎片在地毯上散落得到处都是。接着,他又把剪刀随手一扔,一边大叫一边把碎纸片塞进一辆玩具卡车里,还扯着嗓子用最大的声音唱歌。

而我要么在绝望中收拾这一片狼藉,要么就是和他进行令人崩溃的对话。"约翰,把你的外套和帽子挂好。""哦,好的。""约翰,请把门关上。""哦,好的。""你把剪刀放哪了?""不知道。""约翰,请找个盒子把碎纸片装起来。""哦,好的。"毫不夸张地说,一整天都是这样。他并不讨厌我不断地提醒他,而且我确实觉得不断地提醒应该也有一些好处。

至于他在写字和餐桌礼仪方面的表现,我说了您也肯定不会相信的!我想我还是不说这些吧。我很乐意安静地跟在他后面收拾一切,不再唠唠叨叨,但这样他会有所改变吗?毫无疑问,在他邀请来家里喝茶的朋友中,谁也没有他那么糟糕的餐桌礼仪,我觉得邻居们一定认为我们在家里的举止就像猪猡一样,我看这么说他倒也不过分。他总是很匆忙,做什么事情都慌慌张张。您认为我应该跟在他后面帮他收拾吗?而且他不洗澡!这也是常有的事。

管教的常识：直面孩子成长的88个问题

  我认为您的孩子可能不是真的忘记做这些事情，这更有可能是一种反抗，一种真正的反抗。他可能会说他忘记了，但即使他真的忘记了，这种忘记本身就是抵触和固执的表现。

  这个年龄的男孩通常都会经历一段这种"充耳不闻"的时期，尤其是对家里的人。六岁到七岁半是孩子抵触和固执最典型的年龄之一，当然，两岁也是。但两岁的孩子是变得暴躁易怒，六七岁的孩子反对权威的表现方式则是对大人的要求视而不见。

  我觉得您的儿子约翰需要的是在家里受到更严格的对待。您对他太温和了，这让他感到您瞧不起他。约翰想要一种更强有力的对待方式。他不是一个脆弱的小孩子，而是一个大男孩，我敢肯定他在学校里就认为自己是一个真正的大男孩，如果您的要求更明确、更坚定，他应该会表现得更好，建议您把他当成一个大男孩对待，而不是那种必须柔和委婉对待的小孩子。

  如果您看过我给其他人的回信，您一定知道，我常常建议不要过于委婉和理性，但过犹不及，太直率或者太委婉恐怕都不是最好的选择，在我看来，您对孩子提出的要求的确是过于胆怯和委婉了。我建议让他自己去感受一下，不爱整洁会有怎样的后果，如果他自己不把地上收拾干净，就绝不允许他把报纸剪成碎片。我不会唠叨他说，"把你的外套挂起来"，但会警告他："我不会帮你做这些事，你是一个上了学的大孩子了，如果你有责任感，就会自己做这些事，要是

第二章 服从、纪律和惩罚

不把你的东西收好,它们就会损坏。"

至于餐桌礼仪的问题,我认为不能忽视。如果他的行为真的很不讨人喜欢,我建议您明确地告诉他,要是不能在餐桌上安静一些,更有秩序一些,以便让餐桌上的其他人能愉快用餐的话,那就得自己去旁边单独用餐。一起用餐是合作的事情,任何人都没有权利弄得别人不愉快。我不会以吹毛求疵或者令人不悦的方式来做这些事,而是以一种平静愉快但又非常坚定的态度,要让孩子意识到这就是最后通牒。与不停地追在他后面恳求他讲究整洁并且帮他做这做那相比,您用这种方法应该会使他感觉到您更加尊重他。

管教的常识：直面孩子成长的88个问题

两个倔强的孩子

> 问题

🅐 我的女儿四岁半了，非常健康活泼，性格也很开朗。作为家里的独生女儿，她获得了大人的许多赞美和陪伴，但和其他小朋友在一起的时间就很少了，因为我们住的地方附近孩子很少，所以孩子只有在每周一次的舞蹈课以及偶尔参加的茶会上才能遇到别的小朋友。

我对她一向都很严格，只要是我提出的要求，她都必须做到。最近她变得十分倔强，我真不知道该拿她怎么办。有时候，不管我让她做什么，她宁愿接受惩罚也不愿意去做。事实上，我发现很难找到什么方法能够惩罚她，因为她精力非常旺盛，根本不担心任何事情。

或许是我对她一直这么严格对她造成了一些伤害，但我不认为我是在伤害她的心灵，而且如果我不能让她明白她必须服从我，她肯定会变得令人难以接受。例如，有一次吃早餐的时候，我让她喝一杯热巧克力，她平时很喜欢喝这个，但那天她左顾右盼玩了很久也没喝。

第二章 服从、纪律和惩罚

最后，我告诉她必须把热巧克力喝了。她一直没喝，坐在那里盯着杯子看了一个小时，她知道不喝完肯定不能下楼去花园玩的。我把她放在床上，把那杯热巧克力也放在旁边，她哭了起来，但是过了一会儿就不哭了，然后满不在乎地唱起歌来。最后她说她同意喝完热巧克力，我想她是闹够了。她开始喝，然后洒了一些到床上并告诉我说："我是故意的。"

我从来没有宠坏过她，我的原则一直是告诉她必须言而有信，如果她告诉我什么事情，或者有什么承诺，就一定要言出必行。其他各方面的事情可以说都和我向您描述的这个喝热巧克力的例子一样。她是一个很有个性的孩子，我觉得她在其他方面都没什么问题，只是缺少一种亲切开朗的性情。

B 我之前曾给您写信咨询过，您的建议对我非常有帮助。我这次写信是想向您寻求进一步的帮助。

我的儿子现在四岁了，非常不遵守纪律。当他心情好的时候还比较听话，不过在家里的时候他不会立即服从。出去散步的时候，他会很开心，我有什么要求他都会很快服从，但是在家里的时候，他会对我的命令很厌烦，总是会拖延时间并追问为什么。

任何形式的惩罚都会导致他的反抗——"你要是惩罚我，我就再也不会做任何事情了"，这是他今天说的话。我从不会向他让步，我要求他必须按照我说的去做，不过我也会告诉他为什么。直到最近，我都觉得他没什么问题。但身边许多人都觉得他不够听话，也对我的处理方式不太满意，认为我应该用惩罚来让他服从。我觉得这样会让

管教的常识：直面孩子成长的88个问题

事情变得更加糟糕。您觉得我应该怎样对待他才好呢？

如果我保持之前的做法，告诉他我提出要求的原因并满足于他很有限的服从，这个阶段会很快过去吗？他会逐渐变得立即服从吗？只有当我坚持要他立即服从的时候，他才会表现出抵触和厌烦。尽管他有点儿容易激动，但还是一个讲道理的好孩子，也很容易相处。

这两个问题有许多共同之处，尽管在细节上很不一样。

这两个孩子似乎都对他们身边的环境形成了一种防御态度，这说明我们需要反思和他们相处时的一些普遍因素。首先我们必须承认，这个年龄段的孩子对周围的环境怀有一定程度的固执和自我保护是完全正常的现象。孩子在一岁到四岁的时候，只要不是因为太害怕或者太压抑而不能正常成长，都会出现一个非常固执的阶段。我经常引用一些来信，信中描述有的孩子在两三岁的时候会固执到极点。有的孩子可能早一些，有的孩子则可能晚一些。这个固执阶段的程度和持续时间在每个孩子身上都会存在很大的不同。

如果是较温和的程度，可以说是普通孩子适应社会并发现自己成长为一个具有独立人格的人的过程的一部分。毕竟，如果一个孩子在小时候不反抗大人，在以后的生活中又怎么能培养出勇气和独立呢？孩子可以发现与家庭生活相适应的真正的自我意识，开辟出学会新技能、找到新乐趣的途径，也会明白不需要为了防止自己被大人的命令

第二章 服从、纪律和惩罚

压倒而反抗周围的一切，但这需要时间。从单纯的自我防御性质的固执，转变为一个快乐的孩子在四岁到六岁之间展现出的那种合乎情理的勇气和独立，这绝不是短时间就能实现的事情。这是一个成长、学习和体验的过程。

如果大人的行为方式、提出的要求和创造的环境不合适，一定会使孩子更难找到令人满意的方式来坚持作为一个独立个体的自我意识，也难以改掉在这方面会让大人陷入苦恼的坏习惯。

我们可以看到，信中描述的情形说明不同的环境和不同的模式都导致了孩子更难以克服一种矛盾心理，这种矛盾心理源于他们无论如何都要维护自我意识，并找到有益于合作、令人愉快的方式来坚持自己的独立。

关于问题A中的小女孩，我们首先要记住一点，母亲的坚定和果断很自然地会使孩子变得坚定和果断。我们经常谈论榜样的影响，但我们总是忽视了一个很关键的事情，那就是我们每时每刻都是孩子的榜样，不是只有当我们想做榜样的时候才是，当我们自己说"要这么做"的时候，当然是在为孩子设定行为标准，孩子自然也会说"要这么做"——然而是以孩子的方式，不是以我们的方式。我甚至感觉到在这种情况下，这个小女孩的固执在一定程度上反映了母亲略带冷漠的坚定。

不管怎么说，当一个孩子进入这样一种心态，即她宁愿接受任何惩罚也不愿意按照母亲的要求做事情时，那么母亲在日常的生活中一定有什么东西扩大了她自我防御的程度，这种程度超过了正常孩子的范围。从信中的描述来看，问题A中，母亲的问题似乎是她要求孩子无条件服从，即使是在不太合适的情况下也一样。

在某些情况和场合下，家长当然应该要求孩子服从，而且这样做是正确的，我完全同意这一点，但是，把命令和服从看作解决亲子之间所有问题的唯一关键，这不仅不可取，而且结果往往是灾难性的。问题A中的母亲似乎把每一种情况都当成了服从或者不服从的问题。例如，为什么喝一杯热巧克力应该被视为一个必须服从的问题呢？成年人的口味经常改变，孩子们的口味为什么就不能改变，而要纯粹被当成淘气和不听话呢？站在错误的角度上看问题总是让人备感遗憾。孩子要是不想喝热巧克力，那就随她好了，这样的处理会好得多，然后让她明白，如果她不喝，过一会儿热巧克力就会被拿走。当拿走热巧克力的时候，也不必把它视为一种惩罚，这只是一个很简单的事实，孩子不想喝，仅此而已。

在问题B中，孩子固执和抵触的根源似乎很不一样。正如信中所提到的那样，周围有许多人批评了这个孩子的不听话和母亲的处理方式，并提出了相反的要求。

这种情况确实很难处理。有迹象表明，这位母亲的要求非常严苛。大人说的话就是法律，这种态度肯定会造成一种不那么有助于孩子成长的氛围。一个人提出的要求应该有良好的客观理由，而不是因为他说的话就必须成为法律。

这位母亲感到特别困难的是孩子不能及时服从，关于这个问题，我认为让孩子按照命令去做，而且立即去做，丝毫不能表达他自己相

第二章 服从、纪律和惩罚

反的想法，这确实是非常高的要求。如果我们能允许孩子有片刻的不情愿，对他会有很大的帮助，当他抗拒的时候，我们甚至可以说"也许你会在两分钟之后做这件事"，或者说"我想你会稍晚些再做这件事"。

管教的常识：直面孩子成长的88个问题

会挑拨离间的孩子

> **问题**

我是一名保姆，我陪伴了一个可爱的小女孩两年半，现在她四岁了，我最近离开了她。

我们非常喜欢对方，除了两次假期，我几乎每天都和她在一起。她是个很固执的孩子，非常任性，对日常生活和习惯的一点点小变化都会特别反感。我离开几天之后，她的母亲写信告诉我，孩子非常想念我，在家里很不开心，也很不听话。孩子的母亲说，从孩子的言行举止中，她发现我把孩子完全宠坏了，总是不听大人的话，处处都要固执己见，她对此感到非常失望。

我离开之后，孩子似乎一直哭着喊着说她不喜欢新保姆，只要原来的保姆（我），原因是在我照顾她时，她想做什么就做什么。她甚至在吃饭的时候会不吃一些菜，并且说我允许她挑食；在其他一些日常琐事上也是如此。因此，她的母亲肯定地认为是我让她在家里为所

第二章 服从、纪律和惩罚

欲为。

我听到这样的说法当然很伤心,因为我知道我绝没有像她说的那样娇惯孩子。所以我很急切地想知道,孩子这种行为有没有可能是因为她突然失去了我而感到过度紧张所导致的?

我知道自从她记事开始,我就是她喜爱和依恋的人。我绝没有惯坏孩子,在这一点上我问心无愧。其实我一直都觉得她很听话,也很好相处,只有当她的父母或者亲戚在旁边的时候表现得差一些。家人都觉得她固执和不听话的问题很明显,但是当她单独和我在一起的时候,她的脾气真的很好,可爱又快乐,而且很好管教。因此在我看来,我离开的这个变化确实让她备感不安,于是她一直在母亲和新保姆面前惹麻烦,而且已经到了令人担忧的程度,甚至为了让我回去,假称我让她想做什么就做什么。

恐怕我暂时还不能让她的母亲相信我并没有惯坏她,但我很想听听您的意见,一个孩子是否会因为我说的原因而做出这样的行为呢?

我还要补充一点,之前在我的两次假期期间,孩子的母亲就说过我不在的时候太可怕了,孩子根本不听他们的话,但是她现在认为当时那种状况也是因为我把孩子惯坏了所导致的,这真的让我非常难受。

这实际上是一个非常普遍的心理学问题,可以帮我们了解幼儿的

幼稚行为，以及保姆和父母之间关系的一些问题。我敢肯定，您所说的问题绝不是个案，相信许多母亲和保姆都会对这种情况及其引发的问题很感兴趣。

我毫不怀疑，这个小女孩正在像您说的那样惹麻烦，她这样做的一部分原因是想让您回来，但这并不是唯一的原因。孩子的思维不会像您可能认为的那样深思熟虑和有条不紊。她失去了自己喜爱的保姆，日常生活被打乱了，这一定会在她心中激起强烈的怨气，您所说的她在您离开后固执任性的行为大部分都是由这种怨气直接导致的。

我们常常忽视了这一事实——孩子们确实会非常依恋保姆，他们对保姆的离开也会有十分强烈的失落感。这也是为什么从一开始就要找到一个令人满意的保姆是如此重要的原因之一。谁都不能随便玩弄小孩子的感情。如果必须更换保姆，母亲就应该明智地评估和处理那些仅仅是由更换保姆这一事实所导致的问题。当然，有时候更换保姆时必须考虑每个人的利益，而有时候保姆自己会有必须离开的理由。

小女孩在您离开以后的特别之处不在于她的任性，而在于她竟然对新保姆说您以前让她想做什么就做什么。关于这一点，我认为并不是她经过思虑后的狡诈或者她故意撒谎。她现在很可能真的觉得，以前您在身边的时候她有她自己的一套方式——因为她觉得和她喜爱的人在一起时很幸福。我完全相信当您和她单独相处的时候，她很满足，也很听话，她的记忆没有扭曲。即使是天生就很固执的孩子，也很容易对一个一直很坚定地对待她而又能赢得她喜爱的人顺从和满足。她应该还记得和您在一起的那些时光，那时候她总是很快乐，在

第二章 服从、纪律和惩罚

她的记忆里，那些快乐的日子其实就像是她所说的"想做什么就做什么"。

但我认为孩子内心的真实想法其实比这还要复杂得多。您提到过，即使在您还是她保姆的时候，如果有其他人在场，她就会变得很不听话，同样的情况我在许多来信里都读到过。她显然是那种总想利用几个大人在场的时候实现"各个击破"的孩子。她对新保姆和母亲说的关于您允许她想做什么就做什么的那些话，从某种程度上来说，只是在利用您作为武器向他们进攻。小孩子身上也有许多人之常情的因素，也一样有共同的人性！

在新保姆和她成为朋友，并对她实现严格控制之前，她肯定会遇到不少困难。

从不试图挑拨大人之间关系的孩子其实是很少见的，如果所有母亲和保姆都能认识到这一点，那么在处理相互关系以及理解孩子方面就会得到很大帮助。虽然您现在暂时没办法说服孩子的母亲不要听到孩子的话就认为您惯坏了孩子，但我觉得可以把孩子的话理解为她对失去您的一种下意识的抗议，或者理解为她试图在家人面前占得上风的一种方式，我这么说或许能让您心里好受一些。

"艰难时光"对孩子有好处吗？

> **问题**

关于孩子的教养，我有一个问题始终都拿不定主意，希望能听听您的意见。

事情是这样的，我有两个儿子，在他们还小的时候，我总是尽量保证他们周围至少有一种友好合作的气氛。我十分渴望孩子们能一直认为这个世界是一个令人愉快的世界，人们都是快乐的，每个人都会为一个小笑话而哈哈大笑，如果鞋子里掉进了一颗小石子，我们会微笑着拿出来，也不会为小病小痛而大惊小怪，等等。

我一直在努力这么做，因为我太忙了，所以我希望能以一种很随意的方式来实现这一点，让孩子们成为容易快乐的人。我已经获得了一些回报——孩子们非常健康，而且看起来都很不错；但是，关于服从、耐心、聚会上的礼仪，以及一些在家里必需的自律等方面，我的孩子们却不如那些在我看来根本没有被用心培养的孩子！

第二章 服从、纪律和惩罚

比如说，在我们住的这个地方有个很流行的做法，孩子出门的时候总是会有一个嘻嘻哈哈的乡下姑娘陪着，她纠正孩子的行为时要么是匆忙地抱着孩子摇几下，要么就是直接打一巴掌，而且她和密友的谈话从孩子的角度来听肯定是有问题的。孩子的需要不会有人在意，孩子的小问题会被无视，这简直让人伤心。然而，这样的孩子却表现得很听话，彬彬有礼，举止得体，遇事也很冷静。

有个小女孩到我们家的花园来玩，她有一个举止粗野、爱欺负人的姐姐，这个姐姐甚至把她的眼睛都打青了，还无情地戏弄她。她母亲也很有问题，算不上一个很慈爱的母亲，然而，这个女孩却温柔又可爱！这样的例子不胜枚举。

孩子在很小的时候就知道这个世界冷酷无情真的会更好吗？请问您怎么看呢？是我的态度显然不能帮助孩子们养成足够自律的习惯吗？请问您认为一个母亲应该用怎样的态度对待孩子以及孩子的问题呢？

必须承认，我两个儿子的性格都格外坚强和独立，他们的体格也非常健壮。我的小儿子现在四岁半，只要是喜欢孩子的人，没有不对他青睐有加的，他自己的表现和周围的环境都堪称完美。他会和别的小朋友一起快乐地玩耍，我在老远就能听见他那小男子汉一般、发自内心的爽朗笑声。他从来不和别人争吵，更不会打架，就算有矛盾，他也只是平静地坚持自己的立场。但是……

管教的常识：直面孩子成长的88个问题

  我对您的来信很感兴趣，但我认为，毫无疑问，您的观点基本上是根据一些相当偶然的经验来概括的。如果我们以更广泛、更普遍的经验为基础，例如各个儿童指导机构工作人员提供的材料，用不同方法研究儿童的生活，参考关于儿童普遍发展状况的出版作品，不考虑任何带有主观色彩的特定理论，只是单纯地评估记录下来的资料，那么所谓在童年度过了最艰难时光的孩子长大以后会成为最有责任感、最快乐的人的结论，显然是站不住脚的。

  一切都取决于我们对童年"艰难时光"的定义。例如，非婚生子女、父母总是争吵不休的孩子、家庭破裂的孩子、早年经受暴力或者物质匮乏的孩子、受到过于严厉惩罚的孩子，不仅不会变得快乐，而且许多都会有犯罪行为和反社会倾向，这是肯定的事情。同样可以肯定的是，那些大人包办所有事情的孩子、从未受过独立训练或者从未正视过生活现实的孩子，成年后的发展也同样不太如人意。

  然而，许多孩子在小时候经历了各种各样的教育上的错误，但最终还是能成为有用的、快乐的成年人，这同样也是事实！大多数人身上其实都有惊人的抗压能力，足以支撑他们渡过许多逆境。就在前不久，我听说了一个年轻女人的经历，她和她的家庭遭遇了一连串令人吃惊的不幸，但最后她成了一个心态正常而且很有魅力的女人。不过这只是一个很不寻常的个案，只能说明人和人之间是有区别的。

  还有一点也很关键，那就是在幼年时期就养成良好的餐桌礼仪和

第二章 服从、纪律和惩罚

自我控制能力的孩子，长大后不一定会成为最友善、最合作、最独立的人。有时候的确如此，但这绝不等于小时候表现好的孩子长大后一定会尽如人意。因此，就您举的例子而言，必须以更大范围的经验为基础，并经过大量修正之后才能代表全部事实。

至于您自己孩子的问题，我觉得您似乎带有一种极端的愿望，想让他们拥有愉快的人生，而且，您认为他们不应该认识到这个世界冷酷无情的一面。在我看来，这个想法同样也很极端。一个人要是认为这个世界完全冷酷无情，那这个想法未免太绝对了，而且并非事实，您说对吗？

确实，这个世界上有许多人冷酷无情，甚至更糟糕，充满仇恨、残忍和野蛮的行径每天都会上演；但世界上确实也有许多人怀有真诚的善意，他们古道热肠，乐于助人。如果我们让孩子不再相信自己会遇到这样善良的人，让他们认为世界上根本就没有这样善良的人，他们要么会陷入深深的绝望，要么会变成冷酷无情的人来作为自卫的唯一手段。

然而，每个孩子的日常生活中都会有大量的机会了解到生活中有苦有甜，每个人都会有艰难和痛苦的经历，必须忍受身体上的痛苦，必须接受有人不喜欢我们，必须为了某些有价值的东西完成自己的任务，例如做家务事中的脏活累活。试图让孩子完全不知道这些事情，试图充当保护伞让孩子免受任何打击，这显然是极不可取的。我虽然不会这样做，但我也会尽量不让这些事情在孩子还没有准备好应对之前就把他们压垮。

我想您可能是把孩子的生活安排得太舒适了。不过根据您的描述来看，我认为您孩子的成长很正常，就算他们有什么问题，也能够通过与其他孩子进行交往并理解他人来解决；如果都遵循公认的行为标准，事情就会进展得更顺利。总的来说，我觉得您的小儿子是个非常出色的孩子，如果您对他的成长还有什么不满意的地方，那只能说您过于追求完美了。

　　至于您说的一个小女孩被她的姐姐打青了眼睛的事情，听起来有点儿不合情理。一个人想要实现的目标当然应该符合独立和友好的合理标准。等您的孩子上学后，他必须沉下心来学习，并让自己适应周围都是大孩子的校园生活，那时候他肯定会发现必须接受许多不愉快的事情。

第三章
缺乏自制力和哭闹

管教的常识：直面孩子成长的88个问题

因为一点儿小事就哭哭啼啼

> 问题

我接到了一个新工作，照顾两个小男孩，一个三岁，一个五岁。他们都是非常可爱的小男孩，经过一个月的相处，我发现自己太喜欢他们了，然而就是他们俩，让我不得不向您寻求帮助。

大卫是哥哥，五岁，他总是高度紧张和敏感；克里斯是弟弟，三岁，性格不像他的哥哥那么紧张敏感，但是两个孩子都会为一点儿小事大哭大闹，也不能忍受别人用任何方式去纠正。只要我对他们说"亲爱的，不要这么做"或"不要那么做"，他们立刻就会哭喊起来。如果他们自己磕着碰着了，就会大哭，可以哼哼一两个小时，无论我说什么或者怎样安慰都没用。他们会一直哭，并伤心地对我说："我受伤了，太疼了，你要是亲一亲就不疼了。"

我不介意这样哄哄他们，但是我觉得大卫已经五岁了，不应该还像个婴儿一样，磕到哪里还要别人亲亲来安慰。大卫似乎很喜欢我这

第三章 缺乏自制力和哭闹

么做,但每当我说"差不多可以了",他就会大喊大叫。每当我说"好了,我不亲了",他就会一边生气一边跺脚,脸涨得通红。然后我会让他到房间里待着,并告诉他只要停止这种可怕的叫喊就能马上出来。接着他就会大喊:"这不是什么可怕的叫喊,你不能这么说!"

如果我对他们表示任何不满,他们就会哭闹。克里斯的表现和哥哥很相似,但他恢复平静的速度更快一些,不像哥哥那样经常要到卧室里单独待着才能冷静下来。

我同意您的看法,对于一个三岁或者五岁的男孩来说,受到一点点小伤害就这样大惊小怪,而且希望别人亲亲来安慰是不那么自然的。不过,我倒建议您减少在这方面对他们的关注,不要为此生气,而是对他们说:"没事,不用担心。这点儿小小的伤害很快就会没事的。来吧,我们来玩玩这个。"引导他们去做一些他们喜欢的活动。

我想再次强调,只要不是很有必要的情况,我认为我们不应该说"好了,现在不要这样做了",不要生硬地禁止孩子做这做那,而是应该在发出禁令的时候告诉他们不要这么做的原因。我会用一种平静、坚定、实事求是的方式来提出要求,而不是用讨好的言辞去求他们,这样自然就不会有什么大惊小怪的了。

如果您能坚持自己的态度,变得更加实事求是,更加轻松幽默,

用更积极的方式来对待他们，多引导他们进行有益的活动，而不是用"宝贝"和"亲爱的"这种昵称来表达对他们的讨好，您会发现明年他们就能摆脱这种大惊小怪的毛病。

第三章　缺乏自制力和哭闹

一个八岁孩子歇斯底里的哭泣

问题

首先我要再次感谢您的指导。我的女儿现在八岁了，她经常会发脾气和歇斯底里地大哭，我非常希望您能给我一些建议，帮助我处理这种情况。

一件很小的事情都会让她哭泣——大人拒绝了她的一个不合理的要求，例如她想不穿外套就去花园里玩，等等。她经常让自己陷入歇斯底里的状态，只要她这样，就真的很难平静下来。我很想知道在这种情况下我应该怎么办。

我确定我也有做得不对的地方。每次她为了一些微不足道的琐事开始哭闹时，我就对她非常不耐烦，除了时不时重复一下我的要求之外，我会尽量不去理会她。举例来说，我认为她是一个八岁的大孩子了，我不可能对她在餐桌上粗鲁无礼的表现心平气和地坐视不管，您说是吗？另一方面，我不理她也能防止她进入那种十分糟糕的状态，开始可怕地哭闹，除非过一会儿她又找到什么别的原因要哭。当她情绪失控的时候，我应该去安慰她吗？或者我应该尽快和她妥协？

我知道她经常这样哭闹有一部分原因是她的健康状况不佳。她在一个学期末的时候总是会非常疲惫。尽管她在学校里很快乐，但我知道，上学其实在某种程度上对她来说是一种负担。她的睡眠比较糟糕，但是食欲非常好。我明白，要是她得到很好的休息，这些症状的出现就不会那么频繁了，但我真的不知道应该用什么样的态度对待她的情绪失控。

我们睡觉之前总是会在床上聊会儿天，通常都会聊些开心的事情，我不知道我在她哭闹的时候和她说起这件事会不会有什么帮助。

孩子为了一些微不足道的理由如此频繁歇斯底里地哭闹，几乎都是在表达他们的内心正在经历一些情感冲突，但您在信中提到的一件事可能会使您女儿面临更大的困难。

您说孩子经常哭闹的原因有一部分是她的健康状况，而且您觉得上学对她来说是个负担。我想问您：您女儿的身体确实很虚弱吗？是不是学校在正式课程和学习成绩方面的要求对她来说太苛刻了呢？如果孩子过度劳累，那么这在很大程度上就可以解释您所描述的她的行为。如果她的身体确实很虚弱，那么她就需要一种宽松舒适的学校生活。您提供的信息还不足以让我判断您女儿的具体情况，但我建议您

第三章　缺乏自制力和哭闹

仔细考虑这个问题，如果您认为学校给她的压力太大了，那就应该尝试换一所快乐、轻松的学校。

对于确实有原因的哭闹，我会尽量防止这种事情的发生，但如果的确发生了，也要尽可能实事求是地对待。比如说，我不会因为她在餐桌上缺乏礼貌的举止而责怪她，我只会对此无动于衷，因为她这种表现很可能只是一时的抵触。如果餐桌上都是大人，而她是唯一的孩子，她很可能会觉得只有自己是个无足轻重的小孩，于是想通过粗鲁的做法来维护自己的地位。我希望在餐桌上一起吃饭能成为您和孩子之间愉快、自由、友好的谈话场合，而不是让孩子非得保持最合乎礼仪的举止的场合。

另外，我递给她东西的时候会非常有礼貌，就像对待一个成年人一样，并且在向她提出要求时始终保持礼貌。孩子的礼貌应该来自耳濡目染，来自孩子心中被别人当作深爱的人来礼貌对待的希望。如果只是"教"孩子要有礼貌，那很可能只是一种表面形式。您不妨按照我的建议去做，我相信您会发现孩子很快就能脱离这个不礼貌的阶段。

当您在睡前和孩子说话时，您可以用一种谨慎而委婉的方式，问问她有没有什么事情让她担心，并鼓励她和您谈一谈。孩子和大人不同，可能会有一些特别的担忧，但很可能孩子自己也不知道为什么要哭。我建议您深入了解一下她的生活以及在学校的情况，如果有什么令人不满意的地方，应该尝试去改善。如果外部环境似乎都很不错，那我相信随着孩子情感的进一步发展，肯定能够走出目前这个困难的阶段。

管教的常识：直面孩子成长的88个问题

喜欢哭闹的孩子

> **问题**

我有一个五岁半的儿子和一个三岁的女儿，现在儿子问题很大，希望您能给我一些建议。

他完全没有自制力，动不动就哭。我试过各种方法让他不要这么爱哭，但我还是时常对此感到绝望。

自从他每天早上去上学两个小时以来，我觉得他在这方面可能稍微好了一些。他现在正处于第二学期，但只要有什么小伤小痛，他还是会大喊大叫，我认为他若不变得更坚强勇敢一些，等他进入正规的男子学校时将会面临严重的困难。他身体强壮，也很健康，只是有一点儿受到酸中毒的影响——他两岁左右的时候曾得过很严重的酸中毒。从那次生病之后，他就成了一个让人非常头疼的孩子。

他总是非常不耐烦，在他还是一个小婴儿的时候就这样。在两岁到三岁的那一年，情况变得更加糟糕，他在睡梦中都会尖叫，总是脸色苍白，毫无食欲，而且极难相处。医生诊断他患了酸中毒，消化系统也有问题。后来他终于康复了，但一直都很怕黑，直到上学以后才好多了。

他在上学以前从来都不愿意对别人说"你好"，不管谁和他说话，他都会皱着眉头瞪着对方。如果有人试图牵着他的手，把他拉到身边，他一定会尖叫和哭闹，不过很庆幸，他现在已经好多了，但在不小心把自己弄疼的时候还是会尖叫和哭闹，而且一点儿也不觉得羞耻。这时候我觉得我自己比他羞愧得多，因为他不管在哪儿，不管周围有多少人，都会大喊大叫，哭闹不止。他的固执和任性甚至可以说达到了可怕的程度。

如果有人要求他去做他不愿意做的事情，他也会抱怨和哭闹，但我真的觉得他应该学会服从一些要求和命令，比如立即上床睡觉，而不是一听到这个要求便哭闹。他也不是一直哭闹，但要是有陌生人在旁边，他往往会大闹一场。

许多人对我说应该狠狠揍他一顿，但我觉得这不是正确的方法。我偶尔也体罚过他几次，但我认为这样做没有什么好的效果。我不怎么惩罚他，但我发现，对他最有效的惩罚便是把他送到他的房间里或者床上，让他一个人在那里尖叫直到恢复平静。

然而谁也说不准他的表现，某一天他可能会十分愉快地去做一些我要求他做的事情，而第二天又开始大喊大叫。我总认为，只要我要求他做某件事情，而他拒绝了，我就一定不能退让，不能由我来代劳，更不能任由他不听话而不实施任何惩罚。我承认，在他要发脾气的时候，最好不要让他去拿什么东西。当然话说回来，拿东西这些事情都由我来帮他做肯定不好，而且有时候他也会很听话地自己去拿。我也承认，当他没有立刻按我要求的去做，并且开始抱怨和找借口的时候，我也会暴跳如雷。

当他还很小的时候，如果他不小心伤到自己，他总是会跑过来让我亲吻他，只要我一吻他受伤的地方，他就会停止哭闹；但随着他不断长大，我觉得他不能再像婴儿那样幼稚。所以我不再像小时候那样可怜他了，并尝试用一种支持的态度来对待他，后来我几乎不会关注这些事情，甚至完全无视。我试着告诉他，不要让别人看见他在哭闹，大家会觉得这样很糟糕，而且我会为他感到非常羞愧；但这些话都没有用，似乎没有什么方法能改善这种状况。

他对妹妹的感情比较复杂，从某种程度上来说，他对妹妹心存忌妒。尽管兄妹俩经常吵架，但他还是很喜欢妹妹，经常会很高兴地和妹妹分享自己的任何东西；但是他不能忍受妹妹有什么东西而他没有，而且他如果觉得我在陪妹妹而没有陪他，就会非常生气。

他在很多方面其实也很懂事，例如独自过马路的时候，他会非常小心地查看周围的安全状况。他的身体也非常健壮，还自己学会了骑自行车和滑旱冰。

在我看来，他两岁到三岁之间之所以会出现严重的情绪问题并导

第三章 缺乏自制力和哭闹

致消化系统紊乱，一定是因为他对妹妹的出生感到非常矛盾和抵触。酸中毒反过来又会使他的情绪问题变得更加严重。这个男孩的行为谁也说不准，今天让人愉快，而明天又让人愤怒，很可能是在表达他内心激烈的冲突。

而且我觉得您从来没有考虑到这种生理机能上的紊乱对孩子情感方面造成的影响。对待患有这种消化系统疾病的孩子，我们需要拿出十分愉悦、耐心的态度，期望他们和健康的孩子有同样程度的自制力是完全不合理的。我之所以强调这一点，是因为也许还有不少母亲正在面对同样的问题，虽然我的建议对您的儿子来说已经有点儿晚了，但对其他正在经历同样困境的人应该会有些帮助。

我的感觉是，如果您能更明确地认识到一个患有酸中毒的孩子必然经常会表现得烦躁不安，因此更需要耐心地对待，那么您就不会像现在这样，为他哭闹的行为感到这么羞愧了。

我认为，在他当众哭闹时您自己感受到的强烈的羞愧，肯定也是他养成这种大吵大闹的坏习惯的因素之一。当孩子获得了这种能对大人产生很大影响的力量时，他们会非常快地意识到这一点，并很自然地乐于使用这种力量。但是说到底，有没有陌生人在场其实并不会对发脾气、固执和尖叫这些行为的可耻程度本身产生实际的影响，您说对吗？

当然，所有的父母都希望能够为自己孩子的行为感到骄傲而不是羞愧，这也是人之常情。但如果我们过于敏感，太在意别人对我们孩子的看法，就会让我们对孩子在别人面前表现出的不良行为过度担心和焦虑，而且其程度远远超过孩子和我们单独在一起时所表现出的。这确实会让事情变得更糟糕，因为这样一来，孩子很快就知道，如果在陌生人面前大吵大闹，父母很可能就会退让，而自己就能恣意妄为。有些父母甚至平时对孩子的某些行为毫不担心，但只要有陌生人在场的时候，却变得特别在意和焦虑，这样做会带来非常不好的影响。

我并不是说您对孩子也会这样前后不一，但您信中的内容给我的印象是，当别人看到您的儿子大吵大闹时，他总是能感觉到您表现出如此强烈的羞愧和敏感。大人应该避免这种错误，无论有没有陌生人在场，都要保持自己对待孩子的标准和方式始终一致，这对孩子来说是一个很大的帮助。

不用说，我肯定不会建议体罚孩子。如果我们希望激励孩子的自制力，那我们自己首先就要成为榜样，而在孩子眼里，体罚本身几乎就代表父母失去了自制力。其实您已经发现了，更好的办法就是把孩子送回他自己的房间，让他冷静冷静。

您觉得不应该仅仅为了避免孩子哭闹而去替孩子做这做那，替孩子拿所有东西，这当然是非常明智的看法。我认为，您在决定要求他做什么的时候，需要三思而行。就目前的状况来看，除非有很正当、充分的理由，否则我绝不会向他提出明知他会反对的要求。

当然，我也同意您所说的，一旦对他提出要求，就不能任由他不听话而不实施任何惩罚。但是，关于如何训练他学会自己的事情自己做这个问题，毫无疑问，主要还是要靠唤起他心中的独立和自豪，应该向他提出积极的建议而不是生硬的命令。如果他想要什么东西，但又拒绝自己去拿，这时候最好的办法就是让他明白，要么自己去拿，要么就不要这个东西。

至于上床睡觉的问题，我认为很大程度上取决于您具体如何处理。举个例子，如果大人在没有预先提醒的情况下，突然对孩子说"现在该睡觉了，你必须马上到床上去"，这其实是大人考虑不周，肯定不是明智的做法。如果我们提前一点儿告诉孩子，马上就该上床睡觉了，他现在必须收拾好玩具然后去睡觉，而且我们的态度非常坚定，同时表现得既不生气，也不担心，那么孩子大都会欣然接受，很快就高高兴兴地去睡觉了。

您的儿子是一个充满感情、内心温柔的孩子，一旦他的消化系统问题痊愈，您用坚定、始终如一的方法来训练他，应该会非常轻松。

您的儿子在过马路、自学骑自行车等方面表现出了良好的判断力，这应该让您对他更有信心，相信当他走进学校这个更广阔的空间时，就会随着成长而褪去他那种幼稚的孩子气。我认为，在他的头脑中，爱哭和固执与幼儿园以及幼儿园的生活方式紧密地联系在一起，而自从上学以来，他已经有了一些进步，这说明情况确实如此。我倾向于建议您增加他在学校的时间，让他在外面和其他孩子交朋友，包括与成年人交朋友。

管教的常识：直面孩子成长的88个问题

不能承受失望的孩子

> 问题

我的女儿四岁九个月，一直是个很难相处的孩子。和别的小朋友相比，她需要更多的照顾和关心。

她出生时难产，使用器械对她造成了很大的伤害，产科医生说她无法复原。但很幸运，医生还是设法让她复原了，并在三周之后把她送到大医院进一步治疗。我应该如何面对如此令人沮丧的事情呢？有些不幸是不可避免的。

长大一些后，她意识到自己与正常孩子的差别，内心无比压抑。只要她开始哭泣，就没法停下来，她还会对我说："我真想做个健健康康的孩子啊！妈妈，你冲我笑笑吧——你别哭了。我其实也不想哭的。"然后她会一直哭到情绪彻底崩溃，还会睡不好，不管怎么安慰她都毫无用处。

有一次，我和她一起度过了非常艰难的一天，我失去了耐心，打

第三章　缺乏自制力和哭闹

了她的小手一巴掌，但我觉得这么做并没有什么好处。尽管有朋友对我说，"说真的，我可做不到你对她这样的耐心"，然而我知道我必须做到。

她的心脏也有点儿问题，大哭一场之后，她的脸上就会出现大片的红斑，大约一个小时才能逐渐消退。我们不停地带她去看医生，医生认为我们必须与她合作，一起努力，因为她的问题主要是精神压力（我自己也一直承受着巨大的精神压力）。我们试过找一些小伙伴和她一起玩，带她去见朋友，但是她和别的小朋友在一起的时候比自己独处时更糟糕——谁的话她也不听，什么事情都不想做，一切都要按照她的方式才行。

目前，当她和我单独在一起的时候，她偶尔会表现得像一个温柔可爱的小女孩。我们经常出去玩，而且只要出去她就特别高兴。她很希望我每天都能带她出去，让我陪着她玩耍。花园里有一个沙坑，她很喜欢，但我必须在花园里陪着她，否则她对沙坑就没什么兴趣。

她最大的一次失望，也是持续时间最长的一次失望，是她去年圣诞节的时候没有得到一辆圣诞老人送给她的小三轮车。她的朋友有一辆，去年圣诞节的时候，住在我们家正对面的一个小女孩也得到了一辆。于是她说圣诞老人不爱她，否则肯定也会送她一辆三轮车的。我想要是有一辆三轮车，应该有助于她独自玩耍，但是它太贵了，我买不起。

有朋友来的时候，她会高兴和激动，但当他们走的时候，她又会哭得很伤心。她现在开始独自在房间里睡觉，不用我陪着。她什么都不怕，而且非常独立，但像敲门声、突然传来的噪声或者勺子掉在地上的声音又会让她过度紧张，我很想帮她克服这种紧张情绪。她的哭声使她自己心烦意乱，谁听见这样的哭声也不会心情愉悦，但我不会为了让她更轻松一些而帮她包办一切。

因为她的心脏有点儿问题，我们有时候也不得不向她让步，不过医生说她的心脏问题已经好多了，几乎已经恢复正常，明年就可以去游泳——她喜欢水。她很善于帮我做事情，她会用玩具拖把、扫帚和刷子在花园里给我帮忙，除草、种植幼苗她都会，她不会搞破坏，相反还会担心别的孩子搞破坏。她不和别的孩子分享玩具，甚至对他们有点儿自私，因为她总是独自玩这些玩具，但她很听话，对动物也非常友好。她会用剪刀，可以剪出很漂亮的剪纸，她的记忆力非常不错，诗歌朗诵得很棒，上过几次演讲课。

我觉得她有点儿自我。有一天，我们在朋友家玩，结果一整天都被她弄得心烦意乱，于是我们决定不再去别人家玩，看看她是不是会好一些。现在，她已经在学校待了两个星期，我问过老师她表现得怎么样，老师说她挺好的，不哭不闹，在打击乐队里演奏，按时喝牛奶，总之很开心，很喜欢上学。然而在家里的时候，如果身边还有别的孩子，那她就完全是另一个样子了。上周我们去参加茶会的时候，她的表现就和老师说的截然相反，有人想邀请她在一个小音乐会上帮忙演奏——她暴躁地拒绝了邀请。然而，当她听了别人的诗朗诵之后，似乎又摆脱了她那种古怪的自我，上台完成了一个精彩的诗朗诵节目。在这五分钟里，她就是一个非常可爱的小女孩，而且最后获得

第三章　缺乏自制力和哭闹

了最高分。

她很听话，但只是和我或者和其他大人在一起的时候才听话。当她心情不好的时候，再怎么讲道理也讲不通。

关于圣诞老人的事情，我想听听您的意见，因为她很可能会期待着圣诞老人在这次圣诞节的时候送给她一辆三轮车，如果是这样，我应该怎么回答她呢？

回复

由于您女儿出生时经历了很大的不幸，您和她相处的时候一定会遇到十分棘手的问题。很显然，她对失望和打击的敏感程度超过了通常水平。因为身体上的缺陷，她额外的顾虑非常多，加上身体虚弱，这样的孩子必然更难以接受生活中普通的失望，哪怕是一件很小的事情。不过您不必太过担心，我们现在还有时间。她需要比大多数孩子更长的时间来克服目前这种最严重的情感困难期，而且身边的人必须付出更多的耐心和体谅。

她在许多方面的成长显然非常令人满意，而且毫无疑问，随着她在情感上变得更加成熟，在身体上变得更加强健，她也会变得不那么敏感。您说她很享受在新学校的经历，也很高兴能和其他孩子一起参加集体生活，这真是一件非常幸运的事情。

关于圣诞老人的事情，我相信您事先和她说实话是更明智的选择，可以告诉她圣诞老人不会送给她一辆三轮车，因为您现在买不起三轮车。让她怀着可以得到一辆三轮车的希望和信念一直期盼到圣诞节那天肯定是错误的，并且要和她说实话，让她知道圣诞老人并不是真的，爸爸妈妈才是真正送她礼物的圣诞老人，这样对她也会很有帮助。我建议您答应她，只要有了足够的钱，您一定会给她买一辆三轮车。

既然您现在没有足够的钱买三轮车，您也可以在经济条件允许的范围内为她买一件最好的东西。我现在都还记得小时候，当我自己天真无邪的信念破灭时，那种失望和沮丧所造成的悲剧实在太可怕了。让她继续保持对圣诞老人的幻想，以后一定会让她也遭受这种可怕的失望，这对她来说实在是太残酷了。当她听说您没有足够的钱买三轮车时，她一定会哭得很伤心，但她不会因此受到希望彻底破灭的那种失落和痛苦所造成的伤害。您可以用事实向她证明您对她坚定不移的情感和善意，我相信她很快就能好起来。

现在这段时期必然非常困难，但是随着她的成长，她的情绪会一年比一年稳定，身体也会一年比一年健壮。而且以她的年龄来看，她拥有的优秀品质真的非常多，我觉得您完全不必过分担心目前的困难。

第四章
暴躁和固执

管教的常识：直面孩子成长的88个问题

一个易怒的三岁孩子

> 问题

我的儿子现在三岁半，我觉得他天生暴躁易怒。尽管他和比他大一岁的姐姐相处得很和睦，作息时间也很规律，但他时不时就会莫名其妙地突然激动起来，通常都看不出什么原因，甚至有时候像发了狂一样。

他是个非常健壮的小男孩，力气也比姐姐大得多。所以我觉得他在这种情绪之中时，不仅过于粗暴，而且近乎危险。除此之外，他有时候还会不停地做出击打和冲撞的动作，而且会真的打到人身上，我对他的脾气实在是太担心了。其实他平时从来不会故意做出残忍的举动，但当他处于暴躁易怒的情绪时，就会紧咬着牙齿，对身边的一切似乎都存有攻击性，样子很可怕，无论我怎么和他讲道理也没有用。

他是个很难讲道理的孩子，任何时候都是这样，这方面和他姐姐完全不同。每当和他讲道理的时候，他就会寻找机会，巧妙地转移话

第四章　暴躁和固执

题！我现在只要感觉他的状态变得无法接受的时候，就不得不把他一个人关在房间里，然后他会在里面大发雷霆，一边尖叫一边踢打，过一阵子才会平静下来。等他恢复正常以后，我就把他叫来，他会觉得很后悔，但这种事情还是会继续经常发生。每当有客人来访时，他通常都会展现出最糟糕的一面，他会闯进客厅，一边大喊大叫，一边四处踢打，甚至还会躺在地上打滚，总之让人十分讨厌。

孩子目前的糟糕状态让我非常担忧，我打算解雇现在的保姆，只请一个早班保姆来协助我，由我自己来照看孩子们，并帮他们保持正常的作息时间，否则我会变得越来越焦虑。孩子们已经习惯了保姆的一些有规律的安排，例如每天出去散步两次等，所以我应该可以在这些时间里把自己的工作安排好，不过我最害怕的还是有客人来访时孩子那些糟糕透顶的行为。我希望这种情况在一段时间内不要经常发生，但在一定程度上确实是不可避免的。但每当我们去别人那里玩的时候，他总是会表现得非常好。

我的另一个难题在某种程度上来说也是因为他这种暴躁易怒的脾气。每当他激动起来，就会大叫着说出一些不可理喻的话来。有些只是胡言乱语，但有些确实是很难听的话，而且他已经养成了大声说出几句这种话的习惯。这些很难听的话都和他的日常行为以及屁股有关。他会一边走来走去，一边大喊"你是一个脏兮兮的屁股！"或"我来闻一闻你的屁股！"。这些话听起来真的很可怕。

我相信，他和许多小孩子一样，都会对这种字眼很感兴趣，在他和姐姐私下的谈话里，他经常用一种非常好笑的方式谈论这些话题。

他从来没有听到过粗俗的言辞,这一点我可以肯定;而且据我所知,从来没有人会因为听到他说这些话而感到好笑。

关于这些话题,我对孩子们总是非常坦率,向他们解释为什么去洗手间要关上门等,当他们似乎很感兴趣的时候,我就告诉他们一些人的身体如何运转的知识。另一方面,我也郑重地告诉过他,不能为了好玩、好笑去说这些话,然后我也确实看到他在尽量注意这件事,但他只要激动起来,就什么都记不住了。他似乎根本无法自控。

听起来他似乎不会是个很好的孩子,但实际上他很有魅力,是一个真正的男孩,虽然太过任性,但非常慷慨,从不自私,而且个性十足。他和姐姐在外面都很受欢迎。我们也竭尽所能地让他释放精力。我们在海滩上有一个漂亮的花园,经常带着孩子去那里玩,只要有空就带着他一起打板球、踢足球。孩子们有许多玩具,他和姐姐亲密无间,在一起十分融洽。尽管姐姐比他大一岁,稍稍有点儿年龄优势,但两个孩子在能力方面不相上下,姐姐能做的事情他都能做,除了他在精神方面和姐姐相比似乎有些问题以外,在外人眼里他和姐姐同样引人注目。

我还有什么办法能进一步阻止他这种暴躁易怒的情绪和行为吗?对于他大声说难听的话,我应该如何处理呢?

当一个精力充沛的孩子突然变得兴奋而且好斗的时候,确实会让

人头疼不已。但是，正如您已经注意到的一样，当有其他人在场时，他的行为最糟糕。我建议如果有客人来访，您就要想尽一切办法避免让他在您身边，我认为您最好在接下来的一年里坚持这么做。如果您已经有了会客日程，可以安排早班保姆带他出去散步或者带他去别人那里去玩。如果您能坚持以严格而明智的态度和方法来对待他，我相信他一定能在接下来的一两年内摆脱这种令人不悦的情绪，不再那么暴躁易怒。如果您能做到在有客人来访的时候避免他最糟糕的状态，那就能帮您减少大量的精神压力，也能大大减少您和他之间的感情伤害，同时也完全不会妨碍他的成长。

既然他去别人那里的时候会表现得很好，也很开心，那他在客人来访时会变得最糟糕肯定不是那种常见的不善于与人相处的问题，而是您接待客人这件事对他来说有什么特殊之处，使他变得如此暴躁，根本无法相处。如果您有时候确实无法做到在接待客人时让他离开，我建议您可以事先和他沟通一下，让他帮您准备茶水，让他为客人端上一盘糕点，或者让他有机会向客人展示他的玩具和他做的东西，用这些方式来引导他对来访者和会客场合产生积极的兴趣。

在我看来，他在会客场合暴躁易怒的原因一定是感觉到自己被冷落，并且心生忌妒，但又不知道如何才能以一种合适的方式将自己置于这个场合的中心。如果您能找到一些方法让他在会客过程中扮演一个真正的角色，他应该会更快乐，也会更讨人喜欢。您可以按这个方法实际实施几次，如果仍然无法达到效果，那就非常明确坚定地告诉他，如果他能表现得懂事一些，您很乐意让他来见您的朋友；但如果他还是暴躁易怒，那就只能自己在别的地方待着。

　　我认为这有助于培养孩子的自控能力，不过我们也必须承认，这对一个三岁半的孩子来说的确是一个很高的要求，因此我希望在您发现他不那么难对付之前，这样的场合最好少一些。

　　在一般情况下，只要在他对姐姐粗暴无礼的时候，我建议您立刻很坚决地告诉他，您绝不允许他打人，您可以让他一个人在房间里待着，不过不要太严厉地责备他。您可以用平静而理智的方式让他知道，当他暴躁易怒的时候，就不能和您在一起，也不能和姐姐在一起。但是，您不要期望用严格对待的方式在一两个月内就能改变孩子这种失控的行为。这需要一定的时间，但也不会太长，可以肯定他能在接下来的一两年里摆脱这种糟糕的状态。

　　我不知道您那里是否有幼儿园或者儿童活动场所，可以让他每天离开家去那里玩一两个小时，或者最好让他每周去那里玩两三个上午。对于您儿子这样的孩子来说，出去玩并开展新的社交活动往往会有非常大的帮助。

　　关于他大声说一些难听的话的问题，您说您相信小孩子们拿这样的事情来开玩笑十分普遍，这是完全正确的，而且在他这个年龄，这种行为没什么不正常的。因此，当孩子出现这种行为时，大人不需要严厉地责备孩子，也不需要太惊讶。从某种程度上来说，他的意思是在用这种字眼来表达他对自己太顽皮所感到的难过和内疚，但同时又以别人听了觉得很好笑为由来否认这一点。您一定要让他明白，尽管您愿意坦率交流，告诉他任何他想知道的关于人体消化和排泄的知

第四章　暴躁和固执

识，但是站在您的角度考虑，他也必须认识到关于在不恰当的时间和事情上开玩笑的失礼。这并不是一个很容易处理的问题，因为我们既不希望扼杀孩子合理的好奇心，也不希望孩子对此太敏感或者讳莫如深。另一方面，也不能让一个孩子觉得他可以完全不顾及别人的感受。我可以肯定地说，在处理这个问题时，最重要的是掌握好分寸。

管教的常识：直面孩子成长的88个问题

一个讨厌改变自己惯例的三岁男孩

> 问题

我儿子三岁了，他现在非常习惯于在固定的时间做固定的事情，如果在他认为时间不对的时候让他穿好衣服出去散步，他就会闹得不可开交。我能理解，也许是他的自我意识已经开始发展，但当他就是不愿意按照大人的要求做的时候，我很想知道应该怎么办。

当他发脾气的时候，他有时说他想一个人安静地待一会儿，我和保姆都会尽可能让他去单独待一会儿，过了五到十分钟，他就会高高兴兴地过来说他又变乖了。我承认自己生气的时候，为了让他认识到不听话的后果狠狠地打过他的手，但我肯定不希望增加他的反抗情绪。

我还想请教您，他这个年龄的孩子在穿衣脱衣这些事情上应该能够做到什么程度？他现在不会系扣子，也不会解扣子，连玩具娃娃衣服上的扣子也不会系和解，不过他可以自己脱下没有扣子的开襟衫，

第四章　暴躁和固执

请问我应该如何帮助他克服这方面的困难呢？穿鞋脱鞋他都会，但不会穿袜子，似乎没有人发明让小男孩很容易穿脱的服饰。

我每天早上打扫卫生的时候，他会骑着自己的自行车玩邮差送信的游戏，如果我不和他一起玩，他就会很不高兴，但我觉得在他身上集中太多注意力对他并不是太好的事情。打扫完卫生以后，我把抹布给他，让他拿到可以够到的水池，想让他帮我洗洗，但他几乎不知道该怎么做。喝完茶后让他去洗茶杯和小碟子也是一样。请问男孩子在这方面的发展真的比女孩子要晚一些吗？试着让他们自己去做这些事情，对他们来说会不会太难和压力太大呢？我们应该继续坚持这样做吗？

还有一个问题是关于礼貌，请问我应该教他礼貌地对别人说"早上好"和"再见"并友好地和别人握手吗？比如他骑着自行车进来看见爸爸的时候，应该礼貌地和爸爸打招呼吗？他经常沉浸在小邮差的角色里，你可以从他的表情和语调看出他觉得自己就是个小邮差。我不知道这时候适不适合打断他并让他对爸爸说"早上好，爸爸"。因为如果我真的打断了他的游戏，我不知道他会不会情绪失控，一边跺脚一边喊："我不想说！我是个小邮差！"

另外，请问我应该从现在开始让他学习一些简单的课程吗？还是三岁到四岁就是孩子应该玩耍的年龄？我们经常用水和面，然后擀开，把这当成游戏，这样好吗？他有几个小玩伴，相处得非常不错。他很不喜欢独处。请问您觉得他现在去参加韵律操课或者舞蹈课会不会还太小？他特别喜欢汽车，我们出去的时候，他能认出许多汽车的

管教的常识：直面孩子成长的88个问题

品牌，只要看一眼车头或者车尾就能知道。他的观察力很强。我认为现在就是准备让他上学前班的时候了，但我觉得如果一个小男孩没有学会服从和自我控制，和其他孩子在一起的时候会遭受巨大的痛苦。

当您儿子发脾气时，让他单独待着，直到他控制住自己，恢复愉快状态，这是非常明智的做法。这样做比打他的手好太多了。他知道自己只需要一点儿时间就能克服他的脾气和固执，给他这个时间比您用责打来羞辱他要有用得多。

三岁的孩子在独立照顾自己的能力方面会有巨大的差别。您只能通过给他机会和时间来帮助他提高自理能力。他不可能在很短的时间里学会这些比较复杂的动作，但如果给他足够的时间，并且在他笨手笨脚或者做不好的时候用温和的态度对待，那他一定能学会。我觉得您在忙着做家务的同时也应该和他一起玩邮差送信的游戏，因为这个游戏用语言就能参与。您说他不喜欢独处，那么当他没有小伙伴一起玩的时候，肯定非常需要您的陪伴。您所说的给予他这种程度的注意力会对他不好的想法是错误的。

您恐怕不应该期望一个三岁的孩子知道怎么洗抹布，但您可以先让他来看看您怎么洗，然后再让他自己试试。我认为男孩在学习这些事情上是比女孩慢一些，这也是事实，但不同的孩子会有很大的个体差异。我相信我们必须给孩子机会，让他自己的事情自己做，这一点

第四章　暴躁和固执

毋庸置疑。但是，在孩子暂时还不能做好这些事情的情况下，我们不能催促他，不要给他太多压力，更不能为此感到丢脸，这同样毋庸置疑。

关于礼貌的问题，我觉得当孩子沉浸在游戏中的时候，强迫他礼貌地和别人去打招呼，破坏这个邮差送信的游戏，肯定是一件令人遗憾的事情。我们肯定不喜欢他用同样的方式来打扰我们，既然如此，我们凭什么觉得自己有权利对孩子这样做呢？当孩子沉浸在自己的兴趣爱好中的时候，如果有人粗暴无礼地来打断他，那就很难教这个孩子学会礼貌。在教育孩子礼貌这方面，教育者本身首先要展现出足够的礼貌，举止得体，还要考虑当时的时间、地点等情况是否都合适。

您儿子可以参加舞蹈班，您可以选择一个课程、要求等各方面都比较适合三岁左右孩子的舞蹈班。不同的舞蹈班在许多方面差别很大，如果您能找到一个同龄孩子在那里快乐学习的舞蹈班，我认为让他去参加应该会很有收获。现在您最好不要开始让他学习任何正式的课程，而是尽可能把他提出的问题回答清楚，让他自然成长。他认识许多汽车品牌，这显然说明他正在从生活中的所见所闻里学习大量知识，他的成长应该会令人满意。

管教的常识：直面孩子成长的88个问题

一个具有逆反精神的四岁男孩

> 问题

我儿子是一个四岁的小男孩，有着强烈的逆反精神，我不知道现在该怎样对待他，很想听听您的意见。

他是个非常聪明的孩子，几乎什么都会读，而这一点也和他让我头疼不已的事情有关。我们出去散步的时候，他看见酒店门口的大门，一扇门上写着"入口"，一扇门上写着"出口"。他就会说："这些门上写着入口和出口，我偏偏要从出口的门进去，再从入口的门出来。"每当他经过这里的时候，他从不错过这样做的机会，有一次几乎被车撞到。解释和惩罚对他根本没用，只会使事情变得更糟。

他很喜欢掌握权力，还热衷于做坏事，例如搅乱别的孩子正在玩的游戏，要么夺来别人的玩具他自己玩，要么以这种方式吸引别人的注意。他强烈的故意作对的态度可能是为了让别人关注他，有时候能看得出来他就是想这样。他是一个比较难对付的小孩，各个方面都很

第四章 暴躁和固执

机灵，需要小心翼翼地对待——但不管怎么说，他还是一个可爱的小家伙。

您提到的问题肯定是最有趣的问题之一。像您的儿子这样聪明的孩子可以成为令人愉快的伙伴，而且显然比那些迟钝一些的孩子更有前途，其实我们应该快速地理解他、适应他。

在他所谓的逆反精神里，例如进出酒店大门的游戏，他显然是在给自己设置一个需要解决的问题。他的大脑正在积极地寻求一些有挑战性的事情，必须比直接按照"入口""出口"的指示进出大门更难。

我在其他一些聪明的孩子身上也看到过类似的事情。例如，有一个小男孩最喜欢把蒙台梭利颜色分级卡片按照错误的顺序排列；还有个小女孩玩游戏时会把物品的名称贴在不对应物品的图片上。当他们有意这样做的时候，他们在阅读和分类方面都得到了足够的练习，效果和他们已经正确地排列好了一样！如果他们从中得到了真正的乐趣，那为什么不这么做呢？当然，这里面略带一种自作主张的意思，但属于一种很健康的自信。

在我看来，您儿子在游戏中显示出一种令人愉快的创造性，唯一需要操心的事情就是注意交通安全，不能被汽车撞到。不过我们可以单独处理这个风险，您可以和他约定，玩这个游戏的时候要在人行道上，在没有人行道的情况下必须紧靠栏杆。如果您加入这个游戏和他一起玩，一起分享乐趣，只要求他注意真正的要点，也就是安全问题就行了。这绝对可以帮助您在其他事情上更好地管理他。

总体来说，您儿子的大脑和双手需要大量的活动，要做一些真正能让大脑转起来的事情。这样他对掌握权力就会满足，而当您陪他一起分享他的游戏并为他提供建设性意见的时候，他渴望别人关注的需求也正好得到了满足。经常和别的孩子一起玩耍对他也会很有帮助。

一个具有易怒遗传基因的孩子

> **问题**

我有两个孩子：儿子两岁八个月，脾气非常好，性格很温和；女儿一岁了，她的脾气最近变得非常坏。她舔完黄油后会把食物直接扔掉，还会做许多坏事。把她放在婴儿床上，她就会尖叫，总是想让人抱着。我应该怎么做才能让她摆脱现在这种糟糕的脾气呢？

她长了两颗下牙、四颗上牙。她长得非常健壮，胖乎乎的，棕色的肤色有点像浆果的颜色。她从小脾气就不好，而且很不喜欢陌生人。她的自我意志很坚定，虽然只有一岁，但很明显她可以自己照顾自己。每当我进屋，她总是想过来找我。她是个非常快乐的孩子，洗澡的时候一点儿都不害怕，还喜欢溅水和踢水玩，不在乎会不会摔倒或者弄湿眼睛。

还有一点很重要，我必须补充一下。她的坏脾气有可能是家族遗传，我在小时候也是脾气非常暴躁的。我父亲也是这样。这可以算是

管教的常识：直面孩子成长的88个问题

我的一个缺陷，也是唯一让我非常头疼的麻烦。这种非常暴躁的脾气给我的生活带来了不少遗憾，我不希望我的女儿也遭遇同样的痛苦。

为了家里的安宁，我被母亲宠坏了，因为我母亲不够坚定，总是顺着我，溺爱我。我的孩子们尖叫吵闹或者调皮捣蛋的时候，我就会变得暴躁易怒，经常大发脾气。我知道这样做完全是错的，我绝不是一个完美的母亲。我家的房子很小，家里只有一个女仆，她比我有耐心得多。我的儿子和女儿其实都是好孩子，但我在女儿身上已经看到了这种遗传的糟糕特质，我真的想正确地引导她，帮助她。

我非常理解您的困难，因为我们都知道，要管教好一个脾气这么急躁的孩子绝非易事，尤其是当您对自己的急躁脾气感到内疚时更是如此。我也同意通过训练来帮助您女儿控制自己的脾气，这非常重要。但是我只能向您提供一条一般性的建议——绝对不要因为您担心她暴躁的脾气爆发而允许她对您或者其他人专横跋扈。

如果她发现发脾气对她有好处，那她自然会继续乐于如此。但如果她发现发脾气不能带来任何好处，她不可能利用发脾气作为要挟来获得任何特权或者安慰，那她就更有可能控制住自己的脾气。在您小时候，由于您母亲的原因，她没有用这种坚定强硬的态度来对待您，但是在我看来，您现在没有理由和您母亲一样为了家里的安宁而纵容您的女儿。

第四章　暴躁和固执

我知道这个问题对您来说非常困难，因为您发现很难做到对孩子严格坚定的同时又保持耐心，而当孩子们身体强健、精力充沛的时候，他们的尖叫会让人格外难以忍受。但是真正能培养好这种脾气暴躁孩子的方法只有一种，那就是以平静的态度坚定不移地要求她。如果您能够做到这一点，肯定会逐渐使孩子变得更懂事，也更能控制自己。我相信您和我一样，都很清楚这一点。

我在想，您是不是能做到不要过于担心自己的脾气，努力去追求一种看似不可能的完美。有时候我自己也觉得我提出的建议会不会是任何人都不可能达到的完美标准。但不管怎么说，我在这里所能做的就是更明智地为家长指出方向。

我不认为孩子需要完美的父母，或者说，如果我们不完美，有时候会发脾气，没有足够的耐心，那么孩子也有批评我们的权利。当您看到孩子因为您自己的问题而大发脾气的时候，您可能会备感无望，而这种感觉会使您更难处理好孩子的事情。但是，您完全不需要为了家里的安宁而向您女儿让步，您可以按部就班地培养她，帮助她逐渐变得更理智，更好地控制自己。

管教的常识：直面孩子成长的88个问题

一个暴躁、固执的三岁男孩

> 问题

我在照顾一个三岁的小男孩，但我现在完全不知道应该怎么管束他。这个孩子的脾气是我见过最暴躁的，而且性格固执得可怕，只要是他不想做的事情，他是绝对不会去做的。我哄他，试图转移他的注意力，总之想尽一切办法，都无法让他按我说的去做。

他坐在餐桌上的时候经常会重复地说"我饿了，但是我不想吃饭"，直到我真的感到无比厌烦。我也试过不理他，忽视他，但我要是这样，他就会大叫："阿姨，你看着我嘛，听我说话嘛！"于是，我又不得不继续去哄他。我恳求过他，希望把他当作大孩子来对待，让他自己做一些事情，我想这样或许会有些帮助，但是无论如何，我都无法打破他那种可怕的固执。无论是什么事情他都要和我反着来，每天如此，我真的觉得太累了。

我要补充一点，他还有个四岁的哥哥，是个非常可爱、听话的孩子，但是他经常无缘无故地咬哥哥，还会踢打哥哥或者把哥哥推倒在

第四章　暴躁和固执

地。说实话，我从来没有对他失去过耐心，但是我确实觉得不能一直这样下去了，尤其是今年10月份这个家庭还要迎来第三个孩子，我就算耗费所有的时间和精力恐怕也很难照顾好这三个孩子。

您说的这个小家伙可真是倔得出奇。您可能知道，他这个年龄的孩子一般都会比较固执，这是很正常的现象，但是可以看出，这个孩子非常坚决地想要支配您。这种固执的态度很明显，肯定是有原因的。我还不能从您的信中判断到底是什么原因导致的，不过这种情况通常会有一些普遍的原因。

我觉得很有可能是这样：他的哥哥比他大一点儿，但年龄相近，而且脾气很好，他感到与哥哥之间有一种强烈的竞争感，甚至对哥哥怀有敌意。这种竞争一定在他很小的时候就已经存在了，一部分原因是哥哥的表现太好了，以至于他觉得自己只能通过刁难和固执来维护自己的权利。

您说您让他自己做一些事情，我很想知道您在这方面是否做过足够的努力，同时有没有给他足够的自主选择权。如果有些事情不是那么重要，就不要在他抵触的情况下继续坚持让他去做，我们要尽量避免这种情况，这一点对他这样的孩子来说非常重要。在我看来，只要是有可能让他自己做主的事情，您就可以让他自己去思考，自己去选择，不仅在形式上，而且在实质上去让他自己做主，不要在意他到底如何选择。

但是，如果是那些他非做不可的事情，您就必须坚持下去，就算他发脾气大吵大闹也不要让步。例如您提到的，他要是说"我饿了，但是我不吃饭"这种话，那我当然会让他饿着。他这个情况和确实不觉得饿而不想吃饭是完全不同的问题。我建议您让他完全自由地选择吃还是不吃，如果他不吃，那就把食物拿走。他不会把自己饿坏的，您完全不需要担心。当然，我会设想下一顿饭的时候他就会好好吃了，不会让他感觉到我对他不吃饭有什么责备或者鄙视的意思，只是把它当作一件普通的小事情，很平静地对待。

我认为，他要求您注意他的时候，是因为他觉得您不理他和忽视他。一个人很明显地忽视别人的时候有许多种不同的方式，包括以一种暗含着极大鄙视和愤怒的方式！我经常建议不要特别关注孩子身上某些特定的具体行为，但我从不认为忽视孩子是正确的，这完全是两码事。我会让他感觉到我还是对他亲切友好，随时可以和他谈论一些有趣的事情；如果他感到您正在以一种怀有敌意的方式忽视他，那他肯定会变得更生气、更固执。

我有一种感觉，您期望他变得听话，但或许您做得还不够，您最好不要总是试图去说服他做您认为正确的事情（除非确实有必要），而要让他自己去选择合理的事情，并让他自己去做，去完成。如果您能给他真正自由选择的机会，并经常让他感觉到您对他不仅是单纯的有耐心，而且是一种真正的友好，我相信您会发现他可以逐渐摆脱固执。不管怎样，这种固执明年肯定会减少，但您现在不妨先按照我建议的方式来帮助他。

第四章 暴躁和固执

讨厌穿衣服和脱衣服

问题

我现在的烦恼在您看来可能只是小事一桩，但对于我来说确实非常严重，而且我很想知道有没有其他读者也面临着同样的烦恼。

我的女儿安妮刚满一周岁，每次给她穿衣服或者脱衣服的时候，她都会尖叫着又踢又打。我们变着花样想办法转移她的注意力，试过无数种办法，但都没有用。只要我坐下来准备帮她脱掉睡衣，她就开始拱着后背，头拼命往后仰，根本没办法好好脱衣服。另外，现在她正在长牙，她对此非常关注和焦虑，甚至影响了吃饭。但我实在不明白为什么给她穿脱衣服这么费劲呢？

很明显，您女儿对穿衣服、脱衣服的抵触情绪格外强烈，但并不

是只有她对穿衣服、脱衣服这么讨厌,很多孩子都会这样。

我在以前的回信里有时候会提到一项关于儿童愤怒的研究,这项研究非常有趣,是两三年前在美国由一群母亲在一位资深心理学家的指导下进行的。他们记录了所有可能会导致五岁以下的儿童发脾气的情景和场合,以及发脾气的频率和程度。他们得出的结论和我自己观察到的一样——孩子在两岁时发脾气的频率和程度都是最高的,穿衣服、脱衣服的过程是引发他们愤怒的最常见原因之一。还有一些场合也会导致孩子发脾气或者变得非常固执,例如洗漱、进餐、改变计划、不按惯例安排等。

有些孩子在穿衣服、脱衣服的时候完全不能忍受,但现在很难说清楚这到底是什么原因导致的。有时候是因为一件衣服穿着不舒服,也许是一件衣服洗缩了水,把这样的衣服套在孩子的身上或者头上,而有些孩子对这些东西特别敏感。有时候似乎只是孩子自己有某种完全非理性的感觉。

根据您女儿的情况,很明显,长牙过程中引起的焦虑肯定和她现在这种暴躁易怒的脾气有着很大的关系。当孩子的焦虑达到顶峰时,确实很难处理,但我们可以记住几个关键的要点:第一,绝不要突然开始让孩子穿衣服、脱衣服,就像不要在孩子不知情的情况下把孩子带走一样,应该事先告知。让她很清楚地知道您准备让她穿衣服了,并尽可能平和、安静和愉快地进行整个过程,而且尽早让她在这个过程中帮忙。当然,她还太小,还不能完成穿衣服、脱衣服需要做的所有事情,但只要您多鼓励她,她或许很快就能通过伸手伸脚的方式来

第四章　暴躁和固执

配合您。

您还可以让她玩脱袜子的游戏。我们不仅应该试着把穿衣服、脱衣服的事情变成一个有趣的游戏，还要变成让她学习技能的一个机会。当然，这样做需要的时间比让她乖乖坐着让您来完成所有事情要多一些，但肯定不会比试图给一个尖叫着踢打的孩子穿衣服花的时间更多，而且这也是减轻她对这方面焦虑的唯一办法。

让她相信这是她能做到的事情，认识到您并不希望她完全被动，穿衣服、脱衣服不是让她简单地屈服于她害怕和讨厌的事情，而是她自己的一个愉快和有趣的活动。关于她长牙的事情，您完全不需要过于敏感，这没有什么值得担心的。如果您能按照我的建议来处理，目前的困难在明年应该就会过去。

管教的常识：直面孩子成长的88个问题

一个爱吵闹、行动迟缓的九岁孩子

问题

我的儿子九岁半了，是个身体很健康的小家伙，但他经常会发脾气和大吵大闹，动不动就突然发作。

除此之外，他在每件事情上都非常慢。他不记事儿，让他脱衣服的时候甚至还要告诉他解开这个扣子，然后再解开那个扣子。我每天都必须带他去洗手间。如果我要他去办个什么事儿，例如去旁边的街上取一件东西，他有时候会出去一两个小时才回来。他上学总是迟到。交朋友对于他来说是巨大的麻烦，事实上，他很难交到朋友。

我不认为体罚对他有什么好处，但我也曾狠狠地打过他一两次（他是个大孩子了）。除此之外，我一直把他当成一个真正的朋友，经常和他聊天。

我有时候，或者更确切地说，我似乎经常会抱怨他，但他每次听见我唠叨都会若无其事地走开，就好像什么事情都没发生一样。

第四章 暴躁和固执

唯一能让他快点儿动起来的事情就是担心上学迟到,这时候他就会狼吞虎咽,好快点儿吃完饭赶去上学。

但我知道,这个小家伙可以成为一个好孩子。我们都非常喜欢彼此。我有三个孩子,这个孩子最大,我还有一个两岁半的女儿和一个刚出生十个月的婴儿。

我觉得您对待这个九岁半男孩的方式一定有什么严重的问题。每当孩子身上出现这种普遍的逆反心理或者坏脾气经常发作的时候,往往意味着大人需要在对待他的方式上做出一些意义深远的改变。很明显,您儿子总是用自我防御的方式面对大人的态度,但是我还不能从您的信中判断问题到底在哪里。

要么就是您太把他当成很小的孩子看待了。尽管他已经九岁半了,但您还叫他"小家伙",我很怀疑,您现在所面对的困难的关键是不是在于这样一个事实,您仍然认为他是一个很小的孩子,并不会把他当作一个可以负责任的人。我知道,面对一个做事很慢而性格又很叛逆的孩子,要做到不去唠叨他确实很难,当您还有另外两个孩子需要照顾的时候更是如此。但是我敢肯定,如果您不再对他唠叨,让他更多地去承担由于自己的迟缓和错误所导致的后果,并且把他当作一个更负责任的人来看待,您的困难就会变少。

举个例子,关于去洗手间的问题,我认为您大可不必每天带他去洗手间，最好都不要提醒他，要让他自己完全负责。像穿衣服、脱衣服这些事情，您应该全部让他自己做。您可以给他买一个小闹钟，让他自己上发条，自己设定好时间按时起床和上学，我的意思是要让他对这样的事情负起真正的责任，如果他迟到了，那就要自己承担后果。您可以让他偶尔去同学家里拜访，然后让他决定邀请谁来家里做客，以及如何招待他们。

总的来说，我建议您努力使您和他之间的友谊变得更加真实，更像两个负责任的人之间的友谊。

第四章　暴躁和固执

病后耍性子

问题

我儿子迈克尔现在两岁三个月，他太难对付了，我觉得心力交瘁，连头发都要变白了。

大约两个月前，他突然生病了，整整三个星期躺在床上一动不动，医生们对他的病情十分困惑，我们也担心得不得了。我一直陪伴着他，日夜不离，他把我的陪伴当作理所当然的事，这也是很自然的事情。过了第三个星期，他的耳朵外侧长了一个疖子，不过很快就好了。当然，这场病让他虚弱不堪。

现在，他的日常生活完全被打乱了，脾气变得十分可怕。每天从早上开始我就像打仗一样，先是带他到空气新鲜的户外进行大量运动，然后把他带回家，给他读书或者讲故事，让他和他心爱的动物玩具玩一会儿（他睡觉时总是会带着这些动物玩具上床），再安排一些安静的游戏。他白天根本不会休息，也不睡午觉，这使我感到疲惫

管教的常识：直面孩子成长的88个问题

不堪。

只要我准备离开他的时候，他就会发出可怕的尖叫，并且不停地说"迈克尔要妈妈！"，直到我不得不再次出现在他面前，因为我很担心他一直这样尖叫会导致疝气，或者引发什么别的问题让他再次生病。每当他这样生气和愤怒的时候，他的保姆总是一筹莫展。

他有时候很早就会醒，然后哭闹着要找我，最后一直尖叫，除非保姆赶快去找我。这样的事情甚至在凌晨一点钟的时候也发生过。有段时间他很想睡在我的床上，不过现在不这样了。他现在想让保姆给他穿衣服，然后陪他玩。

我还有一个六个月大的女儿，我觉得他肯定不会忌妒这个妹妹，因为我和他在一起的时间要比和妹妹在一起的时间多得多。在妹妹出生前的那几个月我没有陪着他，那段时间他完全由保姆照顾。

他现在每天都很容易发脾气，动不动就尖叫，我真的很害怕他这样。

您的儿子正处于情感发展方面最困难的年龄，许多孩子在这种情况下都会表现出经常尖叫和焦虑，就像迈克尔现在一样。

您说他最近生病了，在床上一动不动地躺了三个星期，我认为这也很可能和他在情感方面遇到的问题有关。另一方面，生病和身体上的不适也会增加他的焦虑。我并不担心迈克尔目前的问题，但他需要一些时间走出现在这种困境。

如果您能意识到这些情感问题在孩子的成长过程中是不可避免的，或许事情就会变得容易多了。他正在和自己身上的原始冲动作斗争，而这正是艰难的成长过程中的一段必由之路。您可以通过向他展现您始终如一的友好和爱意来帮助他，同时尽可能保持冷静和实事求是的态度。

关于他白天不肯休息和睡午觉，想让您一直陪着他的问题，您说您因为担心他的身体而不得不回去陪他，我想您的担心是很有道理的，您的做法也非常正确，任由孩子一直那样尖叫太不明智。如果是我，我会毫不犹豫地留下来陪着他，直到他睡着，即使他不睡觉，我也会陪着他安静地玩一会儿，就像您陪他的时候所做的一样。最好不要催促或者试图强迫孩子去睡觉，事实上，我们谁也做不到一接到睡觉的命令就能睡着。

但如果孩子不是那么害怕您离开他，那您应该会发现他过一会儿自己就睡着了。我觉得您做得非常好，要是我也会让他玩玩具，给他讲故事，或者轻声和他说话，希望您能将这段时间变成您和他之间愉快地互相陪伴的时光。如果您确实很忙，这段时间您也可以在他旁边做一些安静的事情。

他晚上醒来也是一样，如果他醒来以后开始尖叫，我想您最好是马上去找他，在他身边坐一会儿，温柔地安慰他一下，或者小声唱歌也行，直到他睡着，因为这个孩子正处在非常困难的时期，很需要您在身边安慰他。当然，晚上安慰他的时候您也要注意自己的身体，不

管教的常识：直面孩子成长的88个问题

能受凉。如果您能亲切而慷慨地给予他这样的帮助，我相信您会和其他那些尝试过这种方法的母亲一样，马上就能发现孩子需要您的时间开始变短，不过他还需要一段时间才能完全走出这个困难的阶段。

您可以在床边放一些他喜欢的玩具，这样的话，如果他早上醒得早，保姆就能试着让他玩一会儿玩具。

您说他肯定不会忌妒妹妹，这个说法我不是很赞成。尽管他没有公开表现出对妹妹的忌妒，但我认为这种感觉和情绪必然是导致他目前糟糕状况的原因之一。在这个问题上，您最好的帮助他的办法就是通过您的行为来表达您对他的爱，您应该让他知道，您对他的爱始终如一，现在和妹妹出生之前一样爱他。但是，您也不应该对妹妹表现得关注太少，这种做法是错误的，对迈克尔没有一点帮助，您要尽量做到对迈克尔和妹妹表现出同等的爱。如果他对婴儿是从哪来的感到好奇，我建议您尽可能简单地告诉他婴儿是怎么来的。

关于他随时会发脾气和尖叫的问题，我建议尽量避免任何有可能引发他情绪激动的事情和场景。不要向他提出任何不合理的要求，但如果出于正当充分的理由，您必须向他提出要求的时候，我希望您一定要严格坚持。我想再次强调，就算出现什么困难的情况，也不能任由孩子独自在那里尖叫。

第四章　暴躁和固执

抵触外出

问题

我儿子罗伯特两岁半了，现在只要我们准备出门，他就会变得非常麻烦，无论是出去散步、拜访朋友，还是乘车出门，他都要大闹一场。我确实为他感到非常烦恼，他又是尖叫又是踢打，不依不饶，直到我觉得我要被他气哭。

我曾试过辞掉负责带他出去的保姆，但事实证明换人也没用。如果我要亲自带他出去，他就会非常高兴，开开心心地等着我一起出门。他爸爸把汽车开过来的时候，他总是会兴奋不已。这时，他真的很喜欢坐车。

有一次罗伯特闹得太厉害了，他爸爸就把他放到床上，结果他一直在那里抽泣，我们晚上的时光就这样被搅和了。我和丈夫在一起的时间很少，我们出去的时候喜欢带着孩子。

每个人似乎都认为我应该打他，我确实也打了他，但我认为我真

管教的常识：直面孩子成长的88个问题

不应该这么做。他出生之后我生了一场大病，很长时间都没有痊愈，但是家里有很多人在照顾他。

后来我又怀了一个孩子，不幸的是，就在孩子快要出生前，罗伯特得了水痘。由于小弟弟随时都有可能出生，所以罗伯特不得不去奶奶家暂住。结果他没住几天就闹着要回来，奶奶没办法，只好送他回来了。在他回家五天之后，小弟弟就出生了。

罗伯特在这几天里显得相当古怪，一直都很安静，不愿意离开我。小弟弟出生的那天，奶奶又把他接走了，但只过了一个晚上他就又回来了，因为我想让他回家。我觉得让他走肯定是不明智的，哪怕一个晚上都不应该。

奶奶的身材很高大，会用力把他紧紧按住，并坚定地要求他听话。罗伯特在奶奶家的时候，奶奶打过他很多次。他似乎也很怕奶奶打他，挨了打也会屈服，但我知道他胆大妄为，而且非常鲁莽，以前他一犯错我就打他，每天不知道要打多少次，现在想来未免也太可怕了。我本意是不喜欢体罚孩子的。

以他的年龄来看，请问您认为可以让他坐在餐桌旁边直到别人吃完饭吗？他已经开始自己吃饭了，但吃饭的时候情况很糟糕。对此，我并没有大惊小怪，但他爸爸非常反感。

罗伯特还有一个哥哥，加上刚出生的小弟弟，家里现在有三个孩子。我发现我单独和哪一个孩子在一起的时候都能把事情安排得有条不紊，但是我还不够强大，做不到一个人处理好所有事情，尤其是同时面对三个男孩子确实太困难了。

第四章 暴躁和固执

小弟弟现在只有两个月大，罗伯特还没怎么见过他这个小弟弟，我有种感觉，罗伯特的麻烦很可能和这个小弟弟有关。我必须承认，爸爸对罗伯特的期望很高，罗伯特的哥哥性格温和，也很懂事，这种对比必然会让罗伯特显得比实际情况更糟糕。

回复

不得不说，您的儿子罗伯特经历了一些非常困难的生活体验。首先是他的生活环境在早期阶段发生了这么多改变。然后是大人们把他在自己家和奶奶家之间送来送去，恰恰在他不得不面对新出生的婴儿这个特殊的情感问题时，奶奶用错误的方式对待了他。

很显然，奶奶对罗伯特完全缺乏理解，就像您说的，奶奶会把他紧紧按住，用武力和体罚强迫他去做穿衣服和洗漱这些事情。这样的一系列经历导致孩子陷入极大的焦虑，也并不令人感到惊讶。在我看来，最有可能的是他对穿好衣服出门这件事情无法忍受，因为对他来说，这意味着他就要离开您，会被送到硬心肠的奶奶那里去。

在两岁多这个年龄，一个孩子的感受和体验对他自己产生的影响远远超过他所知道的知识和理性，而对罗伯特来说，穿好衣服出门就意味着那些让他感到不安和恐惧的痛苦经历。我必须承认，您的来信让我备感困扰，因为在孩子已经出现了这么严重的问题时，您却在询问是否应该让他这个年龄的孩子坐在餐桌上礼貌地等着大人吃完饭，这似乎让人觉得您自己完全没有意识到这一切对孩子来说有多么

管教的常识：直面孩子成长的88个问题

困难。

不管怎么说，两岁半的孩子还太小，不应该强迫他们坐在餐桌旁边安静地等待大人吃完饭。先让孩子单独在一张矮桌子和椅子上吃饭，这是更好的选择，尤其是对于一个已经被如此严苛而且无法理解的对待吓到的孩子来说，更应如此。

我强烈建议您站在孩子的角度来看待他的整个处境，尽量减少暴力因素，多给他一些爱意。我认为您不应该觉得每次都要亲自陪他去散步，不必有这种感觉，但我认为出去散步本身是一件非常重要的事情，您应该找一个真正同情孩子而且很友好的人带他出去。如果您能找到一位年轻女士，她真心喜欢和孩子们在一起，不会强迫孩子服从安排，而是把出门散步变成愉快的出游，还会一路上分享孩子的兴趣和快乐，我相信这样可以在很大程度上帮助罗伯特。

另外，您可以向罗伯特解释说您非常理解他的感受，您知道他很害怕被从您的身边送走，但事实并非如此。您可以向他承诺，等他散步回来的时候，您会很高兴见到他。简而言之，罗伯特需要的是更多的关爱和理解，您应该尽量重视他的观点和想法，并让他看到您确实理解他的感受。

第五章

害羞

管教的常识：直面孩子成长的88个问题

害怕陌生人

> 问题

  我的女儿两岁半了，她一直是个待人非常友好的孩子，看到别的小朋友她都会很喜欢，愿意和任何不认识的人说话。但约在四个月前，她开始变得与以前很不一样，现在，她可以说是我见过的最害羞的孩子了！

  因为我们经常搬家，她早就习惯于见到许多不同的大人和小孩，而且在印度，所有孩子每天晚上都会见面，不是在俱乐部就是在某个地方，她的生活中充满了最伟大的爱和情感。但是，她现在却进入了这样一种反常的阶段，她根本不和其他孩子一起玩，甚至根本不和他们说话；事实上，她在外面的时候可以整晚都不说一句话，但在自己家里却总是说个不停。即使是她每天都见面的人和她说话，她也会低着头，把嘴巴闭得紧紧的，尽量摆出一副非常生气的样子。她的脸上现在完全看不到笑容，她不会加入别人的游戏和别人一起玩耍，总是

第五章　害羞

一个人独处，一副悲伤痛苦的样子，看上去让人心里很不痛快。

以前发生过一件事情：有一只狗突然朝她冲来，对着她狂吠不已，她被吓坏了。从那以后，她一直很害怕狗。我觉得她变得害羞很可能是从那个时候开始的，但我不知道这两者之间是否有关系。然而，她现在不那么害怕狗了，但也没有彻底恢复过去的状态。

为了帮她消除这种恐惧，几个月前我们也养了一只狗，是那种最安静、最温顺的品种。然而，即使和这样的小动物在一起的时候，她也会突然表现出极大的恐惧。她可以骑在马背上抚摸马，哪怕骑大象和骆驼也一样，她都不害怕，但她经常会因为小猫小狗跑到她身边而吓得大哭起来。

我知道您经常说，性格温和的孩子在三岁的时候也会开始变得不容易相处，我一直在关注我的女儿是否会这样。以前她上床睡觉的时候都不出声，也不在乎身边有没有人陪伴，而现在她却总是不停地叫喊"妈妈，别走！"或者"阿姨，别走！"，有时候还会大声尖叫，号啕大哭，闹得不可开交。有一天晚上，当我回到家时，发现她让所有的仆人都围在她身边来安抚她，我狠狠地打了她的屁股（我知道您不赞成这么做），此后许多个晚上，她上床睡觉的时候都没有再吵闹了。事实上，从那以后她就再也没有大声尖叫了，不过有时候还是会喊着"阿姨，别走！"，这种情况可能会一直持续十分钟。

她每天上午会睡两个小时，下午会在她的婴儿床上玩一个小时。我让她待在婴儿床里，这样她就能在电扇下面凉快一些。这一个小时的时间我没有让阿姨陪着她玩，因为我觉得让她一个人自娱自乐对她很有好处，但现在不管我把什么东西给她玩，她都会往嘴里塞。

她可以在一个小时内把一整本书啃光。她不是把纸吞到肚子里，而是把纸嚼碎，然后再吐出来，她要是不嚼，就会随意撕碎。所以，尽管她很喜欢图画书，我也不能让书落在她手上。她会把她头上的发带拿下来嚼，或者把外套上的纽扣扯下来嚼。

然而她有时候又不会这么做。如果我给她一个洋娃娃或者毛茸茸的动物玩偶，她会把玩具从床上扔出去，而不是放进嘴里。因此，就算我知道她乱嚼东西很可能是因为无聊，我也没办法让她每时每刻都不觉得无聊。她拒绝和其他孩子玩耍，也不和他们说话，这真的让我很担心，因为这对她自己的快乐来说是一种巨大的阻碍。另外，我承认我确实认为害羞的孩子非常令人讨厌。

根据您的来信，我很难判断出您女儿改变对其他孩子和陌生人的态度到底是什么原因。

很显然，除了有一只狗冲过来吓到她的这件事，您也不知道是否还发生过别的什么可怕的事情。正如您描述的那样，这件事听起来似乎不至于导致她发生这么大的变化。我估计她可能还遇到了一些您并不知道的可怕经历。无论如何，她肯定需要您拿出最大的耐心和鼓励来帮助她克服在外面表现出的害羞和胆怯。我相信如果能对她的害羞少一些担心，您就能更好地帮助她克服目前的困难。

第五章　害羞

您没有告诉我您和她提到害羞这个问题时具体是怎么说的，不知道您是否因此责备她或者强迫她和其他孩子说话，但我注意到您用"非常令人讨厌"这个带有强烈负面色彩的词来形容害羞，因此我觉得您或许会以某种直接或者间接的方式表达过对她的强烈不满。

从目前的情况来看，我可以肯定这样的责备对孩子毫无帮助，只会让孩子在已有的恐惧之上再增加一种恐惧，她会害怕您对她不满，害怕失去您对她的爱。如果您不去责备她，让她完全自主地决定要不要和别人说话以及要不要和别人一起玩，当然，同时您也要保证她随时都有机会和别的孩子友好相处，这样的话，她很可能会顺利度过现在这个困难时期。

关于她无聊的时候啃咬书本等问题，我认为您可以多陪她一起玩，和她说话，给她读书，这样会更好一些。她在婴儿床上肯定会感到活动空间受限，显然无法像起床以后那样四处走动和玩耍，于是就会觉得无聊。如果她一个人待在婴儿床上觉得很无聊（上午睡了两个小时以后她肯定不需要再睡觉了，所以也不需要再待在婴儿床上），那么我们正好可以好好利用这段时间，让她和阿姨愉快地交谈或者玩耍，如果您能自己陪她当然更好。这不仅能发展她的语言天赋，而且有助于保持您和她之间最愉快的关系，当然是更明智的选择。

管教的常识：直面孩子成长的88个问题

一个害羞的两岁孩子

问题

我儿子迈克尔是个非常敏感和害羞的孩子，为了他的将来，我很想帮助他，请您给我一些建议。我希望他能克服这两个缺点，这样他在以后的生活中就不会像我一样经历太多不舒服的时刻，也不会像我一样遭受那么多伤害。

为了说得更清楚一些，我觉得有必要先和您简单谈谈我自己的事情。当我还是个婴儿的时候，我被过分的溺爱包围着，我从小就觉得我母亲每天都会热情地表露出她对我的爱意，否则就是她不再爱我了。我总是会问："你爱我吗？"所有的朋友和亲戚都很喜欢我，很大程度上是因为我的害羞，大家认为我的这种害羞非常可爱。别人问我问题的时候，我会依偎在我母亲怀里，用一种古怪而迟疑不决的方式来回答，如果我回答不上来，就会微笑着不说话，我母亲告诉我，我微笑的时候更惹人喜欢。我每时每刻都要和母亲在一起，只要和她

第五章　害羞

分开我就会泪流满面，哪怕她去洗手间我都会很难过。

我母亲意识到这是我的缺点，在我五岁的时候送我去参加了一个舞蹈班，我在那里学习了几年舞蹈，一直都很开心。十几岁的时候，她让我加入了一个网球俱乐部，我也一直都很开心。二十一岁的时候，我结了婚。

现在看到迈克尔，我感觉我以前的一些害羞似乎又回来了。说起来很奇怪，了解我的人都认为我是个落落大方的人，从来不会羞怯忸怩，但只有我自己知道，为了在人前保持这种姿态，不显露出一点害羞，我付出了多么大的代价。我儿子的害羞几乎和我小时候一样，而且等他长大成为一个男人的时候，这种害羞对他来说会更糟糕。

迈克尔现在两岁，在亲戚朋友面前，或者在他认识的人面前，他就是一个淘气包，但如果出门的时候有陌生人和他说话，他就会笑着躲在婴儿车里面不出来。有人曾这样问我："迈克尔还不会说话吗？"我立刻回答道："天哪！他只怕是从出生起就一直在说话。"

为了帮助他，我有意识地克制自己，不在他面前有太多感情流露，尽管我很渴望热烈地向他倾注我全部的爱。只要我不是真的生气，就是被狠狠揍一顿他也可以忍受，但如果我真生气了，哪怕轻轻碰一下，他就会大哭起来，我要是拒绝吻他，他会伤心到极点。如果有人把玩具从他身边拿走，他就会哭，而且只要有任何事情他就会大声喊我，哪怕是一件最微不足道的小事，比方说他要下楼，他就会大声说："妈妈，我要下楼。"

我在想，他总有一天要去上学，如果一直这么羞怯忸怩，他怎么

管教的常识：直面孩子成长的88个问题

可能会快乐呢？他父亲不能忍受身体这样健康的孩子动不动就哭闹，总是会动手打他并要求他马上停止哭闹。每次挨打之后，迈克尔就会忍住不哭，在那里哽咽着大口喘气，然后这件事似乎就这么结束了，但我认为这样是错误的。其实我想让他在哭闹的时候安静下来也很容易，只要我说"我去把你爸爸叫来"，他就会停下来，但是我知道他非常害怕这样，所以我不会这么说。

您所说的情况确实不是一个容易处理的问题。我甚至应该这么说，作为一位同样性情羞怯的母亲，您要想处理好迈克尔的问题其实会更困难，因为您非常清楚内心深处的感觉，而且您能感同身受地体会到孩子的真实感受。

对于不那么害羞的人来说，只要具备一些同情心和爱心，这件事就会容易许多，因为他们很少会有相同的感受，所以和孩子在一起的时候就能更冷静一些，从而避免了许多困难。但是对于您和迈克尔来说，母子之间会有十分微妙的相互影响，而您作为母亲，即使知道保持平静和稳定是最明智的做法，实际也很难做到这一点。

然而，由于您十分清楚这种害羞在社会生活中会带来那么多的痛苦，而且绝不希望迈克尔未来会有同样的遭遇，这将有助于您下定决心，鼓励孩子变得更独立、更刚强。您说您有意识地克制自己，不在他面前有太多感情流露，我可以肯定您在这一点上是完全正确的。无

第五章　害羞

论您多么希望用语言和爱抚来表达您对他的爱,但有一个事实您必须牢记——如果您能保持克制,对他的帮助就会更大。当然,您偶尔也可以热情地表达您的爱意,但不要作为对孩子受到很小的身体伤害或者发脾气时候的安慰。

如果您通过对他说"我去把你爸爸叫来"这种方式来让他从哭闹中安静下来,那将是非常令人遗憾的事情,一方面是因为这样做会增加孩子对父亲的恐惧,另一方面是因为这样做实际上将原本应该由您自己承担的一部分责任推卸到孩子父亲身上。此外,如果母亲以这种方式来利用可怕的父亲,那么孩子就会认为母亲对他比以前更加溺爱和纵容,因此孩子会继续用甜言蜜语哄骗母亲,赢得母亲的溺爱。

如果您能让自己完全冷静和坚定地对待迈克尔,他害羞也好,发脾气也好,您都不为所动,这就是您可以给他的最好的帮助。

当然,还有一个帮助也是最有价值的,您可以尽量让他多和别的孩子在一起,最好是您不在他身边的情况下让他多去和别人接触。这可以说是为他几年后去上学所做的最好的准备工作。

我认为一个人无论怎么做都不可能从根本上改变自己非常害羞的性情,但是,如果他在幼年时期一直能得到合理而且温和的对待,那么这种非常害羞的性情有可能造成的最糟糕的局面应该就能避免。我建议您不妨多和他一起做些事情,加入他的游戏,轻松地谈论他感兴趣的事情,营造一种稳定的感情气氛。我相信通过这些方式,孩子会感受到您对他始终如一的温暖爱意。

害怕与其他孩子在一起

> **问题**

我的女儿克莉丝汀三岁半了,她总是神经紧张过度。她是一个健康的孩子——吃得好也睡得好(她总是单独睡在一个房间里,晚上不开灯),身高体重都很正常,看上去很健康,只是脸色不那么红润。尽管我每天会让她呼吸大量新鲜的空气,但她的脸色还是显得有点苍白。

她非常害怕噪声,经常紧紧贴在我身上,像一片被大风吹乱的树叶一样瑟瑟发抖,听到什么动静或者外面刮风下雨的时候她都会吓得跳起来。

还有一件事也让我很担心,尽管她身边一直都有玩伴,但是在参加派对的时候,她总是拒绝参加任何小游戏,她也从来不碰装有小礼品的彩色拉炮,也不让别人给她照相。

我试着温和地和她讲道理,但是我又会担心自己对她生气,甚至

第五章 害羞

对她说"你就是个笨女孩"这种话,那她肯定会大哭起来。如果听到要开派对的消息,她就会非常高兴,但是真到了派对开始的时候,她只会站在那里盯着看,要么就黏着大人,而且脸色会变得更加苍白。

尽管她在集中注意力这方面比较欠缺,但她天生就是个聪明又懂事的孩子。我会让她独自玩耍(例如清晨在床上的时候),但她每天上午也会和住在我们同一栋楼里的另一个女孩一起玩,然后每天傍晚还会和别的孩子见面。

当我知道她要去参加一个会举行幼儿赛跑的聚会时,我就和她一起参加了预赛,让她知道我对她的支持和鼓励,但是到了真正开始比赛的时候,她却不愿意去跑。我劝说了很久之后,她终于和三四个年纪相仿的孩子一起站在了起跑线上,比赛开始了,她还没跑出几步就突然哭了起来(她确实是个爱哭的孩子)。

在我看来,她似乎不喜欢任何竞争,比方说,要是她在跳舞,而这时候另一个孩子走进来也开始跳舞,那她就会停下来,看起来有些生气,有时候还会说"我做不到"之类的话。

我不希望她长大后成为一个不喜欢参与的人,也不希望她养成自卑心理。我们从来没有溺爱过她,她不是那种被宠坏的孩子,不过我丈夫觉得她总是不注意听别人说话,而且经常会抱怨。

自己的女儿是这样一个神经紧张过度的孩子,有时候让我感到相当沮丧,但我确实希望她快乐,但愿她能够经得起以后在校园生活中遇到的种种困难和竞争。

管教的常识：直面孩子成长的88个问题

  总的来说，我认为您应该给您女儿足够的时间，让她逐渐摆脱不喜欢社交的习惯。

  许多三岁半的小女孩参加派对的时候都会表现得害羞和胆怯，虽然我们作为父母自然很希望孩子开开心心，但我们肯定不能通过劝说甚至责骂来改变孩子的性情。您说您女儿过度紧张的时候就会变得脸色苍白，并且喜欢紧贴在大人身上，我认为在这种情况下最好让她安静地待一会儿，让她自己慢慢适应环境。

  一般来说，我们越是试图劝说、敦促、责骂克莉丝汀这样的孩子参加游戏或者比赛，她就越会害怕和逃避。我们必须注意这样一个事实，如果一个害羞的人被别人注意到他的害羞，那必然会使他感到更害羞，因为这样会使他成为引人注目的焦点，而对于害羞的人来说，这就是糟糕到不能再糟糕的事情。

  我总是建议让害羞的孩子一个人安静地待着，让他在一旁看着别的孩子奔跑嬉戏，并从中获得他自己能感受到的乐趣。我不会让孩子感觉到我有哪怕一丝一毫强迫他变得更合群的意思，但如果他想加入一个游戏或者要去和别的孩子一起玩耍，我随时都会非常高兴地鼓励他，绝不会表现出任何不赞成的样子。如果我们不断地提醒克莉丝汀，让她觉得自己和别人有多么不一样，那她长大后更有可能变成一个不喜欢参与的人，但如果我们让她自己安静地待着，等她看到其他孩子乐在其中的时候，肯定会受到吸引，然后她自然就会去享受这种参与的乐趣。

　　如果大人不去过分关注克莉丝汀害怕噪声和经常性的紧张过度，并且帮助她保持健康快乐的生活方式，那么她很可能会自己摆脱这些麻烦。这种恐惧和害羞在一岁至七岁之间的孩子身上其实很常见，但通常都会随着孩子的成长改善或者消失。

　　克莉丝汀的性情比较害羞和胆怯，但这并不等于她今后在学校里就不会很快乐，尽管她在竞争比赛方面的表现可能不如在其他事情上那么出色。但是，竞争比赛毕竟不是唯一重要的事情，您说对吗？而且许多三岁半的时候很害羞的孩子，到了八岁或者十岁都会变得勇敢和快乐得多。即使强烈的竞争感导致克莉丝汀不能和另一个孩子一起跳舞，但这种感觉肯定会随着她的成长而逐渐减弱。

　　我建议您尽可能给她一个安静稳定的环境，用平和的态度多鼓励她，不要过多地劝说她，也不要对她是否害羞过分关注。

管教的常识：直面孩子成长的88个问题

不愿意说"早上好"的孩子

> 问题

我的女儿两岁八个月了。她待人非常友好，特别喜欢交朋友，和别人在一起的时候总是很开心；但是当我带她出门或者有人来家里看我们的时候，她总是让我觉得非常尴尬。

要是我让她说"早上好"或者"再见"，她就会摆出一副很严肃的样子，并且只会说一个字——"不"。如果这时候不管她，让她一个人待着，过几分钟之后她又变得很友好，并且开始嬉戏玩耍，但她也不是每次都会这样自己好起来。她甚至不愿意对她爸爸和我说"早上好"，而且当有人问她什么问题的时候，她几乎每次都会用非常暴躁的态度回答"不"。

我觉得完全不能带她去见我不熟悉的人，因为她看起来总是很生气，总是摆出一副非常不友好的样子，然而实际上她又不是那种脾气很糟糕的孩子。有时候我们在朋友那里度过了一个非常开心的下午，

第五章　害羞

但临走的时候她还是不会和别人说"再见"。

有一件事我应该说明一下,我女儿说话很晚,直到最近这三个月,她说话才变得多起来。我估计随着她的成长,这种状况应该会好转,但我很希望您能告诉我最好的处理方式,因为我担心我会把事情弄得更糟糕。

为什么有那么多很友善、很喜欢交朋友的小孩子在面对陌生人首先致以礼貌的问候时,却会立刻表现出一种拒绝的态度,而且尤其不会对正式的问候作出回应呢?

这是一个很有趣的心理问题。很明显,在您女儿与陌生人或者不太熟悉的人接触的第一瞬间,她产生了一定程度的恐惧感,于是她必须自我保护,因此她以拒绝和对方建立任何关系的方式作为防御。但是,如果陌生人不去施加压力,也不强迫孩子,而是继续保持平静和友好的态度,对此并不在意,那么孩子就有时间来克服这种自我保护意识。然后,孩子会发现陌生人毕竟也不是吃人的怪兽,自然会变得主动一些。

您最好让您女儿自己去发现这一点。如果大人不去在意她表现出的那种生气、不友好的样子,也不去强迫她必须回应别人的问候,那她就会更快地学会用令人愉快的问候礼貌地回应别人。这其实只是一个时间问题,或许需要一两年,或许更短。

总之，只要孩子没有受到粗鲁或者不友善的大人的伤害，在这件事上没有什么很糟糕的经历，都会对陌生人建立起足够的信任，对别人的问候也会立刻作出友好的回应。

您女儿的行为在两岁到四岁之间的孩子身上最常见，四岁以后的孩子就很少出现这种情况了，除非是那些曾经被陌生人惊吓或者威胁的孩子，因为这种恐惧的经历，他们可能会继续保持对陌生人的强烈戒心。

因为您女儿在说话方面的发展有点迟缓，所以不要让她因为和别人打招呼的事情而感到更加尴尬和窘迫，这一点特别重要。然而，如果是您所说的在朋友那里度过了一个非常开心的下午这种情况，那么在临走时我会毫不犹豫地提出我的建议，她应该说一声"再见"，而且我会告诉她人们在一起度过快乐的时光之后，都喜欢像这样愉快地互相道别。但我将始终保持在建议的层面，不会敦促或者强迫她。

另外，如果我要带她去见陌生人，我会事先让他们知道这个孩子还很害羞，但真的非常友好，如果他们不介意给她一点时间，让她自己安静地待几分钟，就会发现她确实很友好。不管怎么说，我认为您完全不需要太担心这件事情。

不合群的男孩

> 问题

我儿子拉斐尔五岁半了,我现在还不知道该用什么态度对待他,希望您能给我一些建议。

他原本是个特别喜欢交朋友的孩子——从来不害羞,到哪里都很开心,但是现在却变得很害羞,成了一个名副其实的"宅男"。

我仔细想了想,我觉得有两件事情可能会与他这种状况有关。他有个弟弟,现在六个月大。弟弟出生以前,拉斐尔一直是家族里唯一的孙辈,家里人像众星捧月一样围着他转。拉斐尔有个好朋友,是住在附近的一个女孩,就在弟弟出生后不久,这个女孩接连生病三次,结果拉斐尔好几个月都失去了玩伴。这段时期过去以后,他也没有继续和这个女孩之间的友谊。我一直觉得这个女孩比他大好几岁,其实并不是很合适的玩伴。拉斐尔看起来并没有为这件事有什么特别的表现,但是我相信他其实很想念这个女孩,因为这个女孩是附近唯一的

管教的常识：直面孩子成长的88个问题

孩子。

拉斐尔还没有上学，因为我们住在城外比较远的地方，所以很难选择让他去哪所学校上学，但不管怎么样，他在今年圣诞假期之后肯定是要去上学的。他非常讨厌上学，求我们不要送他去学校，还大发脾气。

上个星期，那个女孩邀请他去参加派对，拉斐尔去了，但只待了一个小时就回来了，他说他不喜欢那个派对："我不想待在那里喝茶。我想去参加派对，但后来我又想回家了。"

还有一点，拉斐尔只崇拜他爸爸，对其他人都很排斥。他在有些方面看起来非常紧张敏感，但在另一些方面又很勇敢，例如他不害怕牙医，不怕黑等。

另外，自从弟弟出生以后，他总是问我："妈妈，你是生我的气了吗？"

希望我提供的信息足够您参考。

按照您的叙述，我认为您儿子变得害羞的主要原因，是他在弟弟出生这件事情上的情感冲突。

如果确实如您所说，自从弟弟出生以后，他从亲戚朋友那里得到的关注减少了，那么他现在感到很失落和不自信完全是可以理解的，因为他会觉得自己变得不重要，也不受欢迎了。拉斐尔对您说："妈妈，你是生我的气了吗？"这表明他很害怕您又有了一个孩子，于是不再像以前那样爱他了。

在他的心里，一定会产生对弟弟愤怒和忌妒的情绪，但同时他又很害怕您因为他有这些情感冲动而生他的气。我建议您用行动向他清楚地表明您现在爱他就像弟弟出生前一样，应该明确而直接地告诉他这一点。您可以对他说："我觉得你是不是害怕妈妈有了弟弟，不再那么爱你吗？妈妈可以告诉你，并不是这样。妈妈爱弟弟，同时也爱你。弟弟现在还太小，自己不能照顾自己，所以妈妈需要帮他做很多事情；在你很小的时候，妈妈也同样照顾过你。现在妈妈为弟弟做的事情，就是妈妈在你小时候为你做的事情。"

您不妨尽量每天留一段时间专门来陪伴拉斐尔，陪他交谈玩耍，一起快乐地相处一会儿。既然拉斐尔那么喜欢他爸爸，要是爸爸能更多地陪伴他，多用男性的阳刚之气来影响他，那他就一定能获得其他与成长有关的乐趣，从而弥补他现在幼稚的失落感。您也可以试着让拉斐尔加入爸爸的一些兴趣爱好活动，比方说，和爸爸一起去打理花园就很好。

您可能还需要让您的亲戚朋友也来配合您，不要对这件事太在意。如果拉斐尔问您任何关于婴儿从何而来的问题，您可以简单直接地回答他。

关于害羞这件事情本身，我建议您不要直接敦促甚至强迫他去克服，如果他觉得去参加派对并不开心，您可以让他自己选择去不去。尽管拉斐尔说他不想去上学，但我仍然希望他尽快开始校园生活，如果您选择了一所比较好的学校，我相信您过一段时间就会发现，当他习惯这种变化并适应了新环境之后，会在学校里很快乐。如果他愿意，您可以鼓励他邀请几个学校里的朋友来家里喝茶，和他一起玩，但如果他不愿意，就不要强迫他参加任何社交活动。当一个小男孩说"我想去参加派对，但后来我又想回家了"的时候，我们应该同情他。

拉斐尔正处于一个特殊时期，和之前那个女孩的接触肯定会使他觉得更加害羞。不过您不必担心，如果不在社交方面给他太多压力，让他自己在学校里随心所欲地结交自己的朋友，他很可能在明年就会像以前那样喜欢参加派对了。

敏感的女孩

问题

我的女儿五岁三个月了，总是非常害羞，只要看到陌生人来她就会躲起来。如果有人和她说话，她要么就一句话不说跑开，要么就表现得很没有礼貌。

当然，作为一个小孩子，也不会有人对她的这些行为苛责，但我确实希望她能克服这种害羞的情绪。尽管我有时候觉得让她自己一个人安静地待着更好，但这样会让她不受欢迎甚至让别人讨厌，而且许多亲戚朋友也反对我这么做。

当和熟悉的人在一起的时候，她绝对是个温柔善良的孩子，而且对人非常体贴。在日常生活中，她从来不会让我烦恼，总是开心地玩耍，到了晚上六点就乖乖上床睡觉，不需要别人担心。

她现在的脾气非常暴躁，特别容易激动，因此当她被误解的时候，偶尔会闹得很厉害。家里现在有一个保姆可以教她写字认字，但我无法想象接下来去学校上学该怎么办，我很确定她到了学校会因为自己的害羞和糟糕的脾气而感到非常痛苦，甚至会生病。

去年冬天，我去一所疗养院住了半个月，结果她在家不吃东西，还发烧了，当时保姆刚到我们家一两个星期，看见孩子这样，她被吓坏了，赶紧让人去请医生来看，然而医生来了也没检查出个所以然。后来等我一回家，她很快就好了。现在要是我必须出门一两天，事先告诉她我要去哪里，什么时候回来，她通常都能欣然接受，但如果我离家的时间长一些，她就会非常不高兴。

我确实觉得应该让她学会更好地面对生活。我想她应该是太敏感了，因为只要受到惩罚，她的感情就会受到严重伤害，一连几个小时都会哭得很伤心，这让我心里很难受。但这又使我面临另一个难题，我特别担心把她宠坏了。请您告诉我，应该怎样才能让她变得更正常一些，因为我觉得这样下去的话，她未来肯定会经历非常不愉快的时光，而且现在她遇到的许多问题也大都是因为她不礼貌或害羞的行为所引发的。

如果我对她说"你必须有礼貌，否则我就不带你出去了"，她却回答"那我待在家里更开心一些"，然而有些地方她必须去。她很讨厌派对，所以我已经不带她去参加任何派对了。她不喜欢任何噪声，而且只要听见噪声就会反应非常激烈。我应该试着让她直面问题还是应该尽可能避开问题呢？

第五章 害羞

您的处理方式非常明智，因为您没有因为您女儿的害羞而对她大加责难，而且她不喜欢社交活动您也没有强迫她去交际。我认为在未来的一两年内，她很可能会完全克服这些困难。

上学的事情您完全不必担心，因为等她去上学的时候，她会变得更快乐。我建议您在为她选择学校的时候仔细考察一下，尽量让她去一所注重包容理解的学校，而且学生和教职工人数的比例不要太高。

另外，如果她对您表现出过分的依恋，或者表现出只喜欢您的陪伴而不希望其他任何人陪伴，我建议您不要让她认为您很喜欢这样，任何有可能让她产生这种感觉的暗示都不要有。有些害羞的孩子的父母确实会这样，但这会带来一些不好的影响。很多时候，即使我们自己并没有完全意识到自己的态度，但孩子却能够非常迅速地感知到，而且谁要是知道孩子只依恋他一个人并排斥其他任何人，心中自然会很高兴，并有所表露。我并不是说您对孩子也是这样，只是觉得您有必要仔细想一想，确定您没有因为乐于接受孩子对您的情感而对她过于庇护。尽管我们谁也不能强迫孩子拥有很强的社交能力，但我们有责任避免孩子在这个问题上产生任何错误的倾向。

您完全可以邀请您女儿的一些小玩伴来家里做客，并留给孩子们足够自由的空间来快乐地玩耍和相处，这样她肯定会逐渐意识到，她可以通过拥有自己快乐的生活和自己真正的朋友，来让您感到真正的开心和快乐。

管教的常识：直面孩子成长的88个问题

九个月大的婴儿对陌生房子的恐惧

问题

我的女儿现在九个月大，我不知道您是否会关注这么小的孩子的问题，但我实在是太担心她的神经系统会受到什么不良影响。

她的害羞可以说到了可怕的程度。她对陌生人倒不是很在意，谁到家里来或者去见谁，她都不会有太大的反应；但当我带她去她奶奶家的时候，她就看起来很不开心。然后过了大约十分钟，她就开始大哭起来，哭得非常伤心，直到我把她带回家才好一些。

尽管她是家里唯一的孩子，但我们并没有溺爱她，而且她在家里是个非常可爱、听话的孩子。她在奶奶家哭得伤心的样子实在让人觉得可怜。我现在很困惑，我应该暂时不带她出门更好呢，还是多带她出去玩更有利于帮助她克服害羞呢？从她出生到现在，我带她出门的次数不是太多，当然，有些地方我肯定不愿意带她去，比如她奶奶家，因为她一去就会大哭一场。

第五章　害羞

我小时候就特别害羞,而且我的姐姐、妹妹和我一样。我非常害怕我的女儿也会这样。

您女儿正在经历正常的害羞阶段,大多数孩子在半岁左右的时候都会有这种表现。

许多研究表明,大多数婴儿表现出对陌生人害羞的时期都集中在半岁左右。著名的教育实验家和心理学家沃什伯恩(Washburne)博士曾进行过一项非常有趣的研究,通过对许多婴儿的微笑和大笑的观察,她发现,几乎所有婴儿大约在出生26周以前,只要有人愉快亲切地抚摸婴儿,不管是谁,婴儿都会报以微笑;但是,在这之后会有一个时期,婴儿不会对任何陌生人微笑,哪怕这个陌生人对婴儿非常亲切和喜爱也没有用。

婴儿大约在18周至20周最开始意识到陌生人,他们通常会在半岁左右产生这种强烈的害羞情绪,然后一直持续到大约40周的时候。到了40周以后,大多数孩子会表现出一种对陌生人的辨别能力,他们会对那些真正亲切温和、动作不会太突然、不会对他们提出过多要求的陌生人报以微笑。大多数孩子的害羞期都会延续到一岁到两岁之间。

您女儿表现出的害羞和胆怯似乎要比其他孩子更明显一些,但无论如何,这还是一种正常的阶段性表现,在大多数婴儿身上都可以看到。她能在多大程度上摆脱这种明显的害羞，实际上完全取决于大人对待这个问题的方式。如果大人温和地对待她，尊重她的意愿，那她肯定很快就会恢复对大人的信任；但如果有人粗暴地抱起她，在她面前突然、很快地做出某些动作，大声说话，或者试图让她回应，那她只会变得更害怕，而且对大人的不信任也会变得更坚定。

在接下来的一两个月里，您最好不要把她带到陌生的房子里去，您可以把她带出去散步，但不要让她离其他人太近。我感觉她以前去她奶奶家的时候，很可能遇到了一些让她感到非常害怕的事情，因为按照您的描述，她在那里的反应明显太激烈了。您可以试着回忆一下，是不是有人在那里用不温柔的方式对待过她，也许是说话声和笑声太大，或者做了一些让她感到非常紧张的事情。如果是这样的话，她应该需要一段时间来克服，但您可以确信，只要她能得到宽容和明智的对待，就一定能走出这种困境。

如果大人们配得上小孩子的信任和友好，那他们自然会得到孩子的善意和微笑；但如果大人们试图从小孩子那里索取这些东西，那他们肯定会失望。

克服害羞后却"爱出风头"

问题

我有两个儿子,凯文六岁半,尼古拉斯五岁。凯文总是紧张过度,而且有些口吃,但他身体很健康,是个快乐又懂事的孩子。即使在他非常激动的时候,也不会让人感到太头疼,而且他很快就能意识到别人也有自己的权利,这在很大程度上是因为我们一直谨慎地对待他的权利。

我不敢说他会立即服从我的要求,但他还是会听我的话,从来不会直接拒绝我提出的任何要求。尽管他在服从之前经常会问我提出要求的原因,但我觉得这也是合理和健康的现象。因此,困扰我的并不是他不听话,而是他内心缺乏自信,这种感觉或许有点模糊,但确实存在,而且我相信缺乏自信就是他所有困难的根源。口吃就是他缺乏自信的一种痛苦表现,另一种表现是他很喜欢出风头,这种倾向让人很不喜欢,而且会给他的校园生活带来许多麻烦。

现在兄弟俩都在一所非常好的学校里上学,他们在那里都很开心。尼古拉斯似乎显得比其他五岁的孩子聪明一点儿,他是个性格沉着而自信的孩子。他生来就是这样,和他的哥哥凯文形成了鲜明对比,他很勇敢,而他哥哥像小孩子一样对许多东西都感到害怕。凯文不是那么聪明,似乎对学习阅读有些畏惧,但他在家的时候总是非常希望我能多教教他。他喜欢校园生活,尽管不够聪明,但他是个热忱和阳光的男孩子。

学校里现在没有竞争,所以凯文应该不会意识到自己比尼古拉斯落后很多,而且只要凯文取得了任何成绩和进步,我们都会非常认真地给予肯定。他的手很灵巧,在家里做了许多木工活,他的家庭生活可以说非常充实,而且很快乐。但只要有客人到家里来,那个听话又懂事的凯文就变了个样,变成了一个很不懂事,甚至可以说相当愚蠢的小男孩。他喜欢在别人面前出风头,让人觉得很吵闹,而且显得傻乎乎的。

他的老师说,他在学校里也是这样,只要有人来访,他就是这种表现。没人的时候他会很开心地做自己的事情,如果有人来,他就变得像一个傻瓜一样惹人注目。我到他的学校参观或者他的老师到家里来做客时都是如此。只要有这种场合,他就会精心打扮一番,穿着盛装走进来唱歌,扯着嗓子大声说话。您觉得这种行为在他这个年龄正常吗?

当他还在蹒跚学步的时候,他是个非常害羞的小孩,现在他身上完全看不到一点儿害羞或者不好意思的行为了,但我发现这种爱出风

第五章　害羞

头的表现可能是他现在处理自身的感觉和情绪的一种方法，尤其是用来处理那些小时候会让他害羞的感觉和情绪。如果有客人在场的时候，我应该采取什么态度来对待他呢？我应该忽视他傻乎乎的表现还是应该制止他呢？

您不必太担心凯文目前的状况，在接下来的一两年里，您应该会发现他这种喜欢出风头的趋势会大大减弱。我认为这个男孩的总体发展显然是令人满意的，相信只要您耐心等待，在各方面加强对他的支持，让他对自己更有信心，他一定能摆脱这种特殊的神经紧张症状。

我觉得这和他的年龄也有一定的关系。通常来说，孩子在6岁到7岁之间会有一段特别紧张的时期，这是由于孩子第二次出牙会导致一些干扰和情绪问题。男孩子一般到了8岁以后才会稳定下来，变得更有理智、更坚定。

您说您觉得爱出风头是他应对害羞的一种方式，这一点完全正确。当有客人来访，他又开始犯傻的时候，完全忽视应该不是最好的应对方法，我建议您轻声提醒他一句。您可以试着让他承担一些责任，比方说，如果客人来的时候是下午茶时间，就让他为客人服务，让他端茶倒水，并鼓励他聊一聊他正在做或者他感兴趣的事情；如果有可能的话，您还可以让他展示一些真正有用的东西，例如他做的手工。

但是您也要尽量缩短他和客人相处的时间。他刚刚开始和客人见面相处的时候，您可以把注意力适当地放在他身上，稍后就把他带去保姆那里或者花园里，要么就让他去做手工，让他从为了适应陌生人而产生的紧张焦虑中解脱出来。无论如何，他这种情况到了明年肯定会有很大的改善。

第六章

忌妒

管教的常识：直面孩子成长的88个问题

五岁女孩的公开忌妒

> 问题

这是我第二次给您写信，非常希望您能再次给我一些建议，帮我处理好我女儿爱丽丝的问题。

她现在五岁半了，对她六个月大的小弟弟詹姆斯十分忌妒。我读过一些其他母亲以前给您写的关于孩子忌妒问题的信，不过在那些案例中，孩子们似乎都在一定程度上对忌妒的情绪有所抑制和保留。但爱丽丝一点儿也不会抑制自己的忌妒，而是毫无顾忌地展露无遗。

她经常直截了当地说她觉得弟弟詹姆斯是个十分讨厌的家伙，还说如果没有这个弟弟，我就会有更多时间放在她身上，诸如此类的话。有一次她对我说："我一点儿都不喜欢詹姆斯。"我问她："为什么呢？"她回答说："因为你爱他胜过爱我。"我很认真地向她解释："我并没有这样。在你看来，我似乎在弟弟身上花了更多的时间，但那是因为他还是个婴儿，没办法照顾自己。你应该帮我一

第六章　忌妒

起教他学会做一些自己的事情,这样我就能有更多的时间放在你身上了。"

我还告诉她,当她和詹姆斯一样大的时候,我花在她身上的时间比我现在花在詹姆斯身上的还要多。这的确是事实,因为她出生时特别虚弱,而且那时候没有任何人可以帮我,我只能自己一个人照顾她。

现在家里请了一个非常不错的年轻保姆,她对两个孩子都很好,但只要她花时间照顾詹姆斯的时候,爱丽丝就会心生忌妒,而且对保姆非常不满。其实很多时候爱丽丝也非常喜欢自己的弟弟,对他温柔有加。保姆不在的时候,她会非常用心地照顾弟弟,确实帮了大忙。

詹姆斯每天上床睡觉以后,我会专门陪爱丽丝半个小时,在这段时间里,我会尽力满足她的任何要求。现在我恐怕没办法送她去上学,因为离我们家最近的学校也在十二英里①之外。但我每周都会带她去跳一次现代舞和芭蕾舞。离我们最近的孩子住在两三英里之外,他们每周都会来我的住所附近参加音乐课和打击乐队演奏。我试过安排他们到家里来做客喝茶,但是我太忙了,而且他们的父母也同样很忙,所以很难经常安排这样的活动。

每天早上我都会给爱丽丝上一些简单的课程。她很喜欢上课,而且确实也很聪明,只要不是做手工,她在任何方面的表现都非常令人满意。事实上,我给她上课加上陪她做其他事情都需要时间,可以说

① 1英里≈1.61千米。

和我在詹姆斯身上花的一样多。

我们家有个很大的花园，爱丽丝可以一个人在里面玩得很开心。她的想象力非常丰富，精神总是高度紧张，自从忌妒这个问题出现以后，她开始变得脸色苍白，而且看起来很疲倦。她本来就一直不好好吃饭，现在几乎都不怎么吃东西了。

她的言行举止变得越来越没有礼貌，对谁都十分蛮横。比方说，今天我一走进房间，她就对我说："快走开！没看见我正在玩着吗？"我说我不是来打扰她的，只是来找保姆说话。然后我和保姆说话的时间还不到一分钟的时候，她又大声说道："快走！现在就走！"我说我必须在这里等着，直到她变得有礼貌一些为止，结果她立刻开始尖叫起来，声音非常刺耳。我严肃地告诉她，如果她不马上停止，我就要揍她了。

我知道您一贯不赞成体罚孩子，不过我从来也没有真的动手打她。当她完全无理取闹的时候，我极偶尔地会威胁要打她，而这样的威胁每次都很奏效。在我看来，当她十分紧张的时候，这恐怕是唯一有效的处理方法。但我可以这么说，从来没有人用她那种恶劣的态度对她说话。我想您读了这封信之后，应该能理解我唯一的目的就是希望帮她克服自己的缺点。

几乎所有认识她的人都对我说，她非常可爱，完全不是一个被宠坏了的孩子。我知道她是那种在陌生人面前很讨人喜欢的小女孩，所以这种评价只能说明她的另一面而已。

从她喜欢的书和她的兴趣来看，她似乎胜过了大多数比她年长好

第六章 忌妒

几岁的孩子。我一直特别注意不要在她面前表现得对詹姆斯过于关注,她爸爸也非常重视这一点,不过客人到家里来的时候自然会更关心詹姆斯一些。

我应该怎么做才能帮助她克服忌妒呢?在我看来,她对自己的忌妒毫不避讳,甚至还很乐于承认这一点,所以我有时候很怀疑她自己到底有没有去克服这种忌妒的意愿。我认为在和她认真讨论这件事情以前,必须先给您写信,寻求您的帮助。另外,她还经常这么说:"等詹姆斯长大点的时候我也许会喜欢他一些,但现在肯定不可能。"

看得出来,您在处理女儿的忌妒情绪时可以说相当明智,我认为您现在只需要给她一些时间,让她调整好心态和情绪,适应她自己和弟弟之间的竞争这一客观事实就好了。

您附近没有学校,其他的孩子也很少,这确实是很遗憾的事情,因为校园生活和其他孩子的陪伴十分关键,可以非常有效地帮助爱丽丝缓解在面对和小弟弟之间的竞争时产生的高度紧张情绪。但既然目前的条件不允许,我认为您应该对她保持更坚决的态度,在她的行为走到需要用体罚来威胁之前您就使用足够严厉的手段,这对她来说应该会更有帮助。在我看来,如果您一定要做些什么来帮助她走出目前的困境,那么,这就是您唯一有可能帮到她的方式。

我还想知道，您是否可以让她为小弟弟做比现在更多的事情。您说当保姆不在的时候，她确实帮了大忙，而且对小弟弟总是很温柔。这些表现都非常好，而且不管怎么说，如果她能做到非常坦率地表达自己的忌妒，那肯定比她把这种忌妒完全藏在心里要好得多。

随着时间的推移，她肯定可以学会控制并且缓和这种情绪，同时并不会有人责备她，说这种忌妒是一种不近人情而且很可怕的东西，使她为此过于内疚。我感觉她似乎有努力克服这种忌妒的意愿，如果您要和她讨论这件事，我认为您必须告诉她，您很清楚她正在尽量克服忌妒，而且正在尽量避免让自己的情绪影响她对小弟弟的行为，这其实很值得鼓励。

如果詹姆斯长大一些，能做的事情更多一些，那爱丽丝自然会对他更感兴趣，这一点毫无疑问；不过由于年龄上的差距，詹姆斯肯定不能成为姐姐童年时代的玩伴了。但等到詹姆斯开始走路的时候，姐姐就可以更多地和他在一起玩耍，并建立良好的姐弟之情。

我想我应该这么说，您很清楚您女儿心中的忌妒，您一直试图理智地对待这个问题，同时您也确信等她再大一些的时候，她会在弟弟身上获得更多快乐。您对这个问题的处理几乎可以说相当圆满。

第六章 忌妒

因为忌妒，睡眠受到影响的孩子

问题

我有两个儿子，一个六岁两个月，另一个三岁十个月。兄弟俩老是吵架。不过自从哥哥上午去学校上学以后，这种情况好了一些，而且他们俩下午一起出门的时候也相处得不错。但哥哥总喜欢取笑和戏弄弟弟，而弟弟似乎对此无法忍受。请问您觉得我应该去干涉他们吗？

事实上我现在就在干涉这件事情，但是我有时候又想，会不会是弟弟对哥哥的戏弄故意大惊小怪以此来引起我的注意呢？他们的行为举止有时候很粗野，我总是会去纠正他们。您认为我这么做有必要吗？我之前经常打他们，但现在已决定不再这么做了，而且现在他们看起来也没那么粗野了。我想您肯定赞成我不再体罚孩子。

我觉得哥哥有时候会忌妒弟弟，因为他对弟弟经常不耐烦，态度相当粗暴。我敢说我绝没有对他们俩区别对待，所以我很希望您能告

管教的常识：直面孩子成长的88个问题

诉我怎样才能让哥哥的态度变好一些。

另外，哥哥晚上很少会在八点半之前睡着。尽管我几乎总是让他在七点一刻之前就上床，但不管我怎么哄他都睡不着，一直都是这样。早上七点到七点半的时候，哥哥总是会先醒来。他的老师说他在学校里反应非常快，甚至有点儿快得异乎寻常，我觉得可能是因为他的大脑太活跃而导致晚上睡不着觉。在我喝茶和洗澡的时候，兄弟俩会玩玩具，因为这时候爸爸在家，他需要休息，不允许他们太吵闹，所以他们只能比较安静地玩耍，而且这样的话，他们在睡觉之前就不会过度兴奋。

不管是什么原因，弟弟的睡眠通常都很正常，而且弟弟也不像哥哥那么容易激动，相对迟钝一些。对于哥哥来说，我相信六岁的孩子每天不到十个半小时的睡眠时间肯定是不够的。

我感觉您对大儿子的睡眠似乎有点儿过于担心了。儿童需要的睡眠时间自然和成年人不一样，我们也确实需要帮助孩子顺利入睡以保证足够的睡眠时间，但我认为您不必为这件事情感到太过焦虑。

毫无疑问，哥哥会忌妒弟弟，而且从弟弟一出生的时候就会一直忌妒。您决定不再体罚孩子当然是明智的选择，因为体罚其实对他们的问题毫无帮助。

我想知道您的大儿子下午是怎么度过的。他下午会去户外运动

164

第六章 忌妒

吗？如果孩子们在喝茶和睡觉的时候必须保持安静，那他就要尽可能地把下午的时间用在户外运动上。我说的户外运动是指让他自由活动，不仅是通常的出去散步，还应该是跑步、跳跃、做球类运动或者在沙滩上挖土和玩耍。如果他的学校像许多学校那样，下午会组织户外运动，那您应该让他去参加，这是非常好的事情。我相信户外运动对他来说非常重要，下午的时间应该是自由的户外活动时间，这样他就能很好地释放自己的精力，到了晚上就会感到疲惫，于是就能顺利入睡。

您说兄弟俩之间经常会发生争吵，您可以尽量让哥哥多与他同龄的孩子们一起玩耍，去过他自己的生活，这应该是您在这个问题上最佳的处理方法。如果哥哥没有和弟弟在一起的时候能获得更多玩游戏、运动锻炼和交朋友的机会，那当他和弟弟在一起的时候就会对弟弟更友好。

您提出的兄弟俩争吵和哥哥的睡眠这两个问题似乎有所关联，我认为当您帮助他们建立更友好的兄弟关系的时候，很可能也会起到一些缓解哥哥睡眠困难的作用。

管教的常识：直面孩子成长的88个问题

与忌妒有关的对陌生人的恐惧

> 问题

我女儿海伦一岁十个月大，她有一个五个月大的弟弟，她现在变得很忌妒，这让我感到非常苦恼。

一开始的时候，只要我把弟弟抱起来，她就会伸手来打弟弟，并且开始不停地哭闹。当她这样发脾气的时候，我通常都不去在意，也从来不会要求她迁就弟弟，因为我知道这样只会让她更加愤怒，更讨厌弟弟。我这样的态度起到了很好的效果，她现在主动和我说她可以帮我替弟弟盖被子，愿意帮我做些事情来照顾弟弟，对此我感到非常欣慰。她还把自己一直爱不释手的玩具分享给弟弟。

但现在真正的问题是海伦完全拒绝与陌生人有任何接触。如果有人对她说"早上好"或者主动和她说话，她的回答肯定是"不！不行！"或者"不！我不要！"。如果有人想碰碰她或者抱抱她，她就立刻会惊声尖叫。

第六章　忌妒

这种情况到现在已经持续了好几个月了，应该是从弟弟出生的时候开始的。在我和海伦谈到这件事或者告诉她这种行为很粗鲁时，她就会变得更糟糕。我也试着对此完全忽视了一段时间，但她依然故我。

我试过让其他孩子和她一起玩，但我发现只要他们走近她或者碰到她，她就会立刻尖叫起来。如果别的孩子不靠近，也不和她说话，她就很正常。她爸爸总是对她呵护备至，对她确实非常有耐心，而且几乎不会生她的气。她很崇拜爸爸，如果爸爸生气了，她就会真的很难过，但她经常会在爸爸面前抱怨。

海伦知道自己很没规矩，因为她经常在散步回来以后对我说，有只小狗总喜欢说"不！不行！不要！"，她还告诉我她觉得这只小狗很没礼貌，我知道她其实说的是自己。

我恐怕没办法在信里把所有事情都解释清楚，但我想您应该已经明白她现在的状况，只要有人靠近，她就会反应激烈，甚至不可理喻。

很明显，您女儿对小弟弟的第一反应是公开的忌妒和直接的敌意。然而，这样的情感自然也会使她自己感到非常害怕，因为对弟弟怀有忌妒和敌意的同时，她肯定也会对弟弟心生怜爱；而且她知道，如果自己这样公开地表示对弟弟的忌妒，母亲很可能就不会再爱她了。于是她的忌妒就转到了陌生人和其他孩子身上，以这种方式让自己从对弟弟痛苦的情感中解脱出来，并且完全以母性的姿态来对待弟弟，帮他盖被子，像妈妈一样照顾他。

现在的问题是，我们应该如何处理海伦现在对陌生人深深的恐惧和敌意。在这种情况下，我建议您让她尽量一个人安静地待着。在我看来，她已经证明了她拥有克服负面情感冲动的能力，也证明了她对弟弟的手足之情，您应该相信她的这种能力和与生俱来的爱心一定能帮她走出目前的困境。让她独处的时候应该注意一点，您要非常明确地要求其他大人不要碰她，也不要过分关注她，告诉他们只要让她安静一会儿，她就会愿意和他们说话并表现得很友好。如果她接下来和成年人的接触都很愉快的话，我相信她在一两年内肯定能摆脱对别人的恐惧和敌意。

要求成年人包容和适应一个正处于情感危机中的小女孩应该不是什么很困难的事情，我相信不会有人认为这样做很不合理或者很过分。我们成年人的自制力、礼貌和理性自然远胜于小孩子，但如果我们不能用这些能力来帮助孩子们渡过难关，那这些能力又有什么意义呢？

设想一下，如果我们是在和一个成年人朋友谈话，他出于某种原因正处于一个暂时的情感困难期，比方说失恋或者其他难以释怀的遭遇，那我们肯定应该给他一些特殊的照顾，而且我们不会期望他能完全按照我们的建议顺利走出困境。自然，我们对孩子们不会有这样的态度。如果孩子们没有马上回应我们的主动示好，我们通常都会感到自己被冒犯，而且我们只会对小孩子这样。但无论如何，作为成年人，我们有权利要求一个根本不认识我们的小孩子一见面就很喜欢我们并且很友好地相处吗？显然没有。

如果我们希望获得小孩子的友谊，那就要用恰当的态度和行为去博得他的好感，要是一见面就坚持要抱他，要和他说话，那我们就不配得到他的友谊。然而，很多时候只要我们能在孩子面前保持安静，始终展现出友好的态度，那他很快就会主动过来和我们打招呼。

您带海伦去见新朋友的时候，就应该直接告诉他们，如果让她自己安静地待一会儿，她一定会很乐于和他们交朋友。这样做很有必要，而且非常有用。当她确信大人们都是友好而且善解人意的时候，自然就会克服现在这种特别的害羞和恐惧。

当然，关于海伦和其他孩子的问题，就不是那么容易解决了，因为谁也没办法像对成年人解释海伦的情况那样很容易地对其他孩子解释清楚。但您仍然可以经常对其他孩子说："如果你们让海伦安静地待一会儿，她很快就会过来和你们一起玩的。"

海伦告诉您有只小狗说"不！不行！不要！"，而且她觉得这只小狗很粗鲁，这并不是特别难以理解的事情，她把自己不好的行为安在小狗身上，说明她正在非常艰难地和自己内心中对别人的恐惧和敌意做斗争。把这种为自己寻找替代的行为，作为一种处理不良情绪的方式并不少见，而且在小孩子身上经常可以看到。您说如果告诉她对待别人的态度很粗鲁，她会变得更糟糕，我完全理解她这种行为，而且我知道许多孩子都是这样。

您不妨采纳我的建议，只要您在她接触陌生人的时候主动帮她营造出一种让她感到安全、轻松的氛围，相信她一定能走出困境。

管教的常识：直面孩子成长的88个问题

与竞争有关的突然性破坏

问题

我是彼得的保姆。这个小男孩马上就五岁了，一直是个非常麻烦的孩子，我想请您给我一些建议来让我更好地和他相处。

彼得是个心地善良的好孩子，也很可爱。他十分钟爱两岁的弟弟莱昂，不允许任何人对弟弟不好。彼得的问题是他时不时就会特别顽皮。他会突然把一个垫子猛地扔在摆好茶杯的茶几上，把茶水洒得到处都是，要么就随意打碎东西。他经常躺在地板上用脚踹门，门上的油漆都被他踹掉了，或者把他的领带泡到肉汤里。他动不动就把书扔出窗外，还会把婴儿床拆成零件。

我尽量不去理睬他这些过分淘气的行为，因为他的母亲似乎认为这是对待他最好的方法。之前的保姆经常对他发脾气，还打过他，甚至有一次把他关进了橱柜，所以被辞退了。不理睬他过分淘气的行为好像起到了一定的作用，他的父母都说他现在不像从前那样经常捣乱

第六章　忌妒

了。然而就算有所收敛，他还是太顽皮了，我很想知道他这么让人头疼的根源究竟是什么。

在许多事情上，我对他的态度一直很坚定，直到他乖乖听话，尽管在这个过程中他会发出可怕的、刺耳的尖叫。但直到现在，我都没有对他发过脾气，也没有在他面前表现出对他的愤怒、在意或担心。他表现好的时候我就会积极地给予肯定和鼓励，表现不好的时候我就会忽视。

我应该补充一点，如果他的行为太过分（通常是开始毁坏东西），我就只好让他一个人待在自己的房间里冷静一下，通常他都会在里面尖叫，但大约五分钟以后，他就会很高兴地笑着出来找我，就像什么事情都没有发生一样。

我对待兄弟俩都非常小心，从来不会厚此薄彼，以免引起忌妒，但我发现其实不需要特别注意这一点，因为彼得好像一点儿也不忌妒弟弟。

他很喜欢自吹自擂，总是对自己的淘气行为引以为荣，如果我为某些事情称赞他，通常他都会补一句"可是我明天还是要淘气的"。他还会故意鼓动弟弟捣乱，例如吃饭的时候对弟弟说："莱昂，站起来，站在你的椅子上吃饭吧。"实际上他看起来只有一个愿望，那就是让周围的人不胜其烦，但他受挫的时候就不会惹麻烦，受到挑衅的时候也不会。

我也试着尽量少对他说不能做这、不能做那。我知道他现在稍稍好了一点，但的确只是略有进步而已，我总觉得还没有找到彼得问题

管教的常识：直面孩子成长的88个问题

的根源所在，但我真的非常想知道到底是怎么回事。我感觉他的这种调皮捣蛋从某种程度上来说也谈不上是什么很可怕、很严重的问题，因为这些行为只是表象，彼得本质上是个性格非常好的孩子，只是他让全家人都很头疼，只要有他在，大家都难得有片刻的安宁。

在我看来，这个小男孩之所以总是突然制造这些极具破坏性的戏剧场面，主要是因为他在其他方面没有获得足够的满足。如果他时不时像这样爆发，那么我认为我们应该尝试通过仔细思考以前在他身上发生的事情来理解他现在的行为。您的看法完全正确，这个问题肯定有根源，他做这些事情绝不是无缘无故的，不过要追溯到底是什么事情让彼得变成这样并不容易。

我注意到您用"钟爱"这个词来形容他对两岁弟弟莱昂的感情，我最近正好在许多回信中也提到了这个词。我观察到，有许多很难相处或者很顽皮的孩子都"钟爱"自己年幼的弟弟妹妹，或者对他们的喜爱经常达到了无以复加的程度，这是一种很常见的现象。

许多专家的研究表明，如果一个孩子对自己年幼的弟弟妹妹有着过度的喜爱，同时看不到任何天然竞争关系的外在表露，那么几乎可以肯定，这个孩子是在用一些其他的间接的方式来表达自己的忌妒，例如现在让您很苦恼的彼得，他的方式就是故意捣乱和破坏。我可以肯定，彼得之前受到的类似被关进橱柜的严厉惩罚以及大人对他的不

第六章 忌妒

理解，必然使他的状况变得更糟糕，但既然他的父母都很肯定地认为他的脾气变好了一些，也不像以前那样频繁地捣乱了，那么很明显，您只需要按照您一直以来的做法继续下去就行了。

当他开始毁坏东西的时候，您让他去自己的房间里一个人待一会儿是非常正确的，因为他肯定和您一样，很清楚地知道您有权阻止他伤害别人或者毁坏物品的行为。当他说"可是我明天还是要淘气的"，这并不是简单的自我吹嘘和反以为荣，而是在表达一种绝望的情绪。他非常害怕，唯恐您在称赞他的时候会把他想象成一个可以每天都表现很好的孩子，但他很清楚自己有时候无法控制自己调皮捣蛋的欲望，所以他很想确保您明白这一点，而且并不会因为他不可能每天都表现得很好就完全收回您对他的爱意。因此我建议您不要过多地赞扬他。

他同样也知道自己对弟弟怀有多么深的愤怒和敌意，但他很害怕您要是知道了他内心其实很恶劣，就不会再爱他了。因此他必须在您面前表现出太顽皮的样子，以此来展示他其实是个内心很恶劣的孩子。所以在这种情况下，您愿意去一直展示您对他的信任对他来说非常重要，但有一点必须注意，不能对他有过多的肯定和赞扬，更不能理所当然地认为他是个善良又懂事的好孩子，要坚持就事论事的态度，同时让他知道您很理解他对弟弟的忌妒。

我时常在想，作为成年人，当我们向孩子们表明，我们很希望他们永远都不要表现出忌妒或者仇恨时，我们完全没有认识到其实这是在向他们施加极大的压力。孩子们不仅会在自己表现出忌妒就被大人否定和批评时感到巨大的压力，而且当他们因为对更年幼的孩子充满爱意而获得大人过度的赞许时，也会感到巨大的压力。这样一来，孩子们就会特别害怕失去大人对他们的肯定和好感，而且被迫压抑和隐藏内心的负面情感，事实上这会给他们造成巨大的痛苦。

　　因此，根据彼得现在的状况，我建议您继续用坚定、理智和平和的态度来对待他，就像您现在的做法一样；但同时也要注意，不能让他感觉到您很关注和肯定他对弟弟的亲切爱意，如果他有很好的表现，也不能过分赞扬。

第六章 忌妒

无法忍受阻挠

问题

我是菲奥娜的保姆。菲奥娜马上就三岁了，是个很聪明的小女孩。她还有一个四岁的姐姐和一个一岁八个月的弟弟。

我现在真的为她感到头疼。只要有什么让她不满意，哪怕是像姐姐或弟弟碰到了她的玩具这种最微不足道的小事情，她都会大声尖叫。如果有人要纠正菲奥娜某些不恰当的行为，她就会非常愤怒。最让人头疼的是她在任何情况下都绝不会屈服，还会一直发脾气，有时候一两个小时都停不下来。

这时候让她一个人去房间里待着可能是最好的办法，不过她会在里面一直尖叫，这种声音实在很烦，让人难以忍受，而且她会坚持不认错，除非我们说要出去并且把她一个人留在家里。但是不管让她一个人在房间里待多久，都没有什么实质性的作用，等到下次，一切又都会原样重演一遍。

如果有人在吃饭的时候稍微批评她一下,她就用不吃饭来表示抗拒,而且她有时候还会无缘无故地生闷气,整天不吃东西。

您说菲奥娜无法忍受姐姐或弟弟碰她的东西,而且憎恶别人的任何批评和反对意见,在我看来,她的这些问题的根源在于她对家里另外两个孩子的忌妒。

她这样动不动就发脾气而且一直尖叫确实很烦人,让人难以忍受,但您可能应该了解,在我收到的来信中,这种让人头疼的情况在两岁到五岁之间的孩子身上其实非常普遍。

我首先需要确认一下,菲奥娜经常感到自己的权利受到侵犯是否有事实基础;是否有人以很随意的方式在某些事情上妨碍了她或者和她产生了一些小冲突;让她感到不满和生气的事情是否在某些情况下只要稍加注意和考虑就可以避免。当然,即使其他人再小心,恐怕也无法做到在任何时间、任何事情上都不会对她有任何妨碍,让她永远都不生气肯定是不可能的,而且让她处于完全不受姐姐和弟弟的干扰和妨碍的环境中也不能说就是一件很好的事情。

但是,如果身边的人都能避免用任何随意或者不公正的态度去对待她,并利用一切可能的机会鼓励她友好地和别人一起玩耍,同时始终保持对她的理解和爱意,我相信您一定会发现随着她的成长,她暴躁易怒的脾气和自私的心理会逐渐变好。当她真的开始尖叫时,让她一个人待在房间里应该是最有用的办法之一，因为这种惩罚不至于太严重，不会让孩子感到恐惧，而且就算是小孩子，肯定也明白别人都不想听到刺耳的尖叫声。

但我不建议强迫菲奥娜直接说出"我知道错了"或者"我会听话的"来表达她认错的态度。当我还是个小孩子的时候，我曾经被别人强迫说出"对不起"和"我会听话的"这样的话，那真是让我无法忍受的场景，到现在我还记得。让我开口说出这几句话是何等困难的事情，我根本做不到！然而，当时如果有人用愉快的态度微笑着对我说"好了，来吧，你是个懂事的孩子，我们交个朋友吧"，我想我一定会很高兴地回应，而且事实上，每次在这种场景中有人这样友善地对待我时，我都会很高兴地回应。

对于小孩子来说，要严肃、正式地承认自己调皮捣蛋的错误往往是极为困难的事情，而且当一个人只有几岁时，让他去向大人承诺会一直表现得很好其实并没有太大的意义，因为这个年龄段的孩子基本上做不到一直保持良好的表现，也难以遵守这样的诺言。然后当他们再次违背诺言的时候，又会让大人心生挫败感，并为此感到痛苦。

如果您能继续保持温和愉快的态度来对待菲奥娜，不要让她利用尖叫来获得任何好处，同时也不要过于在意她的尖叫，我相信您很快就会发现，随着她的成长，她会发现和别人友好地一起玩耍其实很有趣，而且她发出刺耳尖叫的次数也会越来越少。

您提到她无法忍受其他的孩子碰她的东西，我建议您应该根据当

管教的常识：直面孩子成长的88个问题

时的具体情况小心谨慎而且公平公正地来评判，并通过鼓励孩子们互相借出和分享自己心爱的东西来解决这个问题，把这件事看作微不足道的小事并不恰当，也不能草率武断地去处理它。

第六章　忌妒

九岁的家中小霸王

> 问题

　　我是一名年轻的保姆,现在的工作是负责照顾三个小男孩,他们是三兄弟,年龄分别是九岁、五岁和一岁。

　　老大是个十足的小霸王,他总是为所欲为,几乎每天都要把两个弟弟弄哭。他现在每天要去上学,但中午会回家吃午饭。只要他和弟弟们在一起,那就不得安宁。我试着把他当成一个大男孩来对待,每天晚上弟弟们去睡觉后,我都会和他聊聊天。我和他聊天的时候从来不会提到他白天干的坏事,而且在这段时间里,我看到他身上其实也有很多优点,尽管他似乎总是把自己好的一面隐藏起来。

　　但我明白老大这种情况正在对他五岁的弟弟,也就是三兄弟中的老二,产生很不好的影响。当老二和我在一起而且老大不在的时候,他对我和一岁的弟弟都非常好,充满了爱意;但只要老大一走进来,他就像变了个人一样,完全看不到他之前表现出的亲切和温情了,甚

管教的常识：直面孩子成长的88个问题

至还会故意把小弟弟弄哭。他还变得紧张不安，好几次我都发现他在咬指甲。我并没有为此而责备他，只是告诉他大男孩都不会把自己的手指放进嘴里。他在运动方面相当迟钝，几乎所有的动作都非常慢。有时候我不得不把老大和老二分开，让他们各自玩耍，但这完全不是我喜欢做的事情，因为我的目标是让他们俩在一起友好融洽地相处。

刚满一岁的老三通常情况下脾气都很好，但他有着和两个哥哥同样的倾向，会为了一点微不足道的小事而大发脾气，尤其是因为磕到碰到而感到疼痛和受伤的时候。如果他的脾气爆发了，我做什么都没用，只能靠他自己慢慢平复下来，但是等他的愤怒情绪释放完了以后，他又变成了原来那个亲切温和的小宝贝。

您所说的情况确实是个特别难以解答的问题。在我看来，您友好地对待老大，在两个弟弟睡觉以后和他聊天而且绝口不提他的错误，这是非常正确和明智的做法。但从另一方面来说，当他妨碍和欺负老二、老三的时候，我认为您有必要拿出非常严厉的态度来对待他。一个九岁的男孩确实需要严加管教，根据您的描述，鉴于九岁孩子目前的状况，用真正很严格的标准来要求他是非常恰当的。

我认为兄弟三人之间的年龄差距肯定是造成目前困难局面的一部分原因，因为同龄的男孩子们在一起时能体会到彼此作为合适玩伴的友谊，而且这种互相陪伴对男孩子来说很有好处，但是这三兄弟却很

第六章　忌妒

缺乏这些只有在同龄孩子之间才能体会到的感觉。当然，如果哥哥对弟弟能多一些父亲般的保护欲的话，那问题就变得容易多了。

或许老大身上不久就会出现父性冲动，但根据您的描述来看，目前从他身上似乎还看不到多少这种迹象。如果您能唤起老大身上父性的这一面，让他建立起因为他是哥哥所以就要去帮助和保护弟弟的概念，应该会有一些很不错的效果；但另一方面，您必须非常坚定地预防和禁止他的霸凌行为。

您没有因为老二咬指甲而责备他，我认为这同样是非常正确和明智的做法。无论是玩游戏还是做别的事情，只要他凭自己的努力做出了积极的表现，您都应该给予他各种鼓励。我想等他开始自己的校园生活时，可能会更快乐一些。

忌妒兄弟和依赖保姆

> **问题**

我是一名接受过专业培训的保育员,现在的工作是照顾两个男孩,他们是兄弟俩,哥哥大卫四岁,弟弟彼得一岁十个月。

大卫现在让我非常头疼,因为他对彼得的忌妒太强烈了。他可以当着大家的面毫不掩饰地说他恨彼得。根本不能让他们俩待在一起,因为只要兄弟俩在一起,大卫马上就会攻击弟弟,而且经常会真的伤到他。我实在不知道应该怎么处理目前这种情况。

我要补充一点,在这个家庭里,不存在弟弟出生后得到了许多关注而哥哥被冷落忽视的情况,甚至可以说事实恰恰相反。我们住的地方在郊区,附近没有别的孩子,所以除了弟弟彼得,大卫根本找不到其他孩子做伴。就在不久以前,我们曾试过送他去上幼儿园,尽管他很喜欢那里,但幼儿园的生活对他来说太刺激,他兴奋过度了,因此后来没有让他再去。

第六章　忌妒

从大卫还只是一个月大的婴儿开始,我就一直陪伴着他,我知道他其实是个非常可爱的孩子,但是他的自我意识非常坚定,而且极为任性。另外,他对我的依赖其实也让我有点担心。不管让他自己做什么事情都非常困难,比方说穿衣服、穿鞋子这些事情,他总是会说自己做不到,要我帮他做。

希望您能告诉我,是应该放任他这样还是继续希望他能做得更好呢?

我不知道哥哥大卫在幼儿园待了多久。从您的描述来看,应该只让他去了很短的时间,然而您现在所提到的问题在一定程度可以证明,去一所很好的幼儿园对大卫这种情况的孩子会有非常大的帮助。确实有许多孩子刚到幼儿园的时候会表现得非常兴奋,但是过一段时间以后,他们通常都会很快乐而且很满足地在幼儿园里安定下来。我建议您不妨再把他送到幼儿园去,不一定要让孩子整个上午都待在那里,开始最好先让他待两三个小时。

在家里的时候,我建议您尽量不要给哥哥大卫超过弟弟彼得更多的关注,就像您应该避免因为太过关注弟弟而引起哥哥的忌妒一样。如果您对大卫的关心和爱意超过了彼得,实际上会使大卫感到内疚和焦虑。您在这方面能做到更公正的平衡,才是对大卫真正的帮助。

让他们兄弟俩待在一起可以说是在引诱哥哥攻击弟弟,而且您也

管教的常识：直面孩子成长的88个问题

说弟弟真的经常因此受伤，所以我认为至少目前不应该让他们俩待在一起。您提到大卫非常强烈地忌妒彼得，我想等他长大一些的时候就会有所改变，到那时他很可能会很享受有一个亲弟弟陪他一起玩的感觉。不要用责备的态度对待他的忌妒，最明智的选择是保持平静和就事论事。我们知道有不少亲兄弟小时候都会互相忌妒，也经常吵架，但长大后他们往往会变得十分亲密。因此您不必担心，大卫和彼得肯定不会一直像现在这样，而且如果您坚信这个强烈忌妒的时期肯定会过去的话，对大卫来说也是一种实际的帮助。

去幼儿园肯定是鼓励孩子独立的最佳方式之一，而且幼儿园的生活还能帮助大卫减少对弟弟的忌妒。我建议您不要强迫他去做一些自己的事情，不妨选择一种折中方案，可以对他说"你来做这件事，然后我来做那件事"或者"我们今天一起来做这件事吧，或许明天你就会喜欢自己来做了"。逐渐提高在这方面对大卫的要求，往往比坚持让他一下子就独立起来更有帮助。

第六章　忌妒

怎样阻止哥哥伤害弟弟？

问题

我的儿子迈克尔两岁九个月,他现在对十一个月大的弟弟的行为非常让人头疼,如果您能给我一些建议的话,我将非常感激。

迈克尔是个充满爱心的小男孩,神经紧张而敏感,他特别聪明,充满活力和欢乐,性格温顺乖巧。他在许多方面都表现出对弟弟的喜爱之情,经常温柔亲切地陪弟弟一起玩,但他有时候却会突然一巴掌打在弟弟脸上,或者抱着弟弟猛烈摇晃,又或者用质地坚硬的玩具砸在弟弟身上,有许多次要不是我们及时阻止他,弟弟就会真的受伤。现在弟弟开始害怕他了。

我们一直用就事论事的方式来阻止迈克尔可能会伤害弟弟的行为,然后再把他的注意力从弟弟身上转移到别的事情上去,但他很快又故态复萌。

迈克尔自己从没挨过打,甚至都不知道父母打孩子是怎么回事。

 管教的常识：直面孩子成长的88个问题

他从小就被大家的爱意包围着，获得的关注太多了，不过应该也不算是那种被宠坏的孩子，他喜欢做的事情很多，兴趣很广泛，健康的户外活动也是他生活的一部分。

有一点我应该说明一下，他最近这一段时间肯定感到很孤单，完全没有别的孩子陪他一起玩，因为我知道住在附近的几个和他同龄的孩子全都生病了。其实我并没有真的太担心现在的状况，因为我确信等弟弟长大一些，变得更独立而且更适合作为迈克尔的玩伴的时候，这种状况肯定会自然而然地变好的。

您并没有真的担心这件事，认为现在的情况肯定会在未来当弟弟能更好地和迈克尔玩的时候得到改善，我认为您非常明智。

关于怎么处理迈克尔的问题，我认为您现在的做法就很恰当，也就是说当他试图伤害弟弟的时候，用就事论事的态度严肃地阻止他的行为已经可以说是对这个问题最好的处理了。如果是我的话，在他要伤害弟弟的时候，我也会非常坚定地要求他："请你立刻停止这样对待你弟弟。"

我们当然都不愿意让孩子觉得他这种以大欺小的行为可以逃脱惩罚。但从另一方面来说，我肯定也不会让他感到我正在严厉地责备他，而是很平静地就事论事。正如我和许多父母建议过的一样，如果孩子表现出这种具有攻击性的行为，那确实需要严加看管。如果迈克

第六章　忌妒

尔又表现出攻击弟弟的迹象时，您不妨这样对他说："迈克尔，我知道你其实很喜欢弟弟，也很想和他一起玩，然而有时候你又会非常生气，还想动手打他，妈妈明白这是怎么回事。但是我肯定不会让你去伤害弟弟，不如这样吧，如果你真的想打你弟弟的时候，你就去打别的什么东西吧，比方说找个靠垫打几下。"我建议您给他准备一些适合敲敲打打的玩具，让他能够释放他想动手打弟弟的欲望，同时这种方式肯定也不会有什么问题。

等到他的小伙伴们康复以后又可以陪他一起玩了，那将是对他克服目前困难非常大的帮助。在我看来，您对迈克尔的态度总的来说非常明智，而且这个孩子的生活状况总的来说也非常令人满意，所以我可以非常确定地说，您完全可以放心，随着迈克尔的逐渐成长，他肯定能顺利走出目前的困境。

与吃饭和怕黑有关的忌妒

> 问题

🅐 我有两个女儿,大的四岁,小的一岁。姐姐现在变得很不听话,在餐桌上完全不守规矩。她以前各方面的表现几乎可以说是完美的,吃饭的时候总是端端正正地坐在椅子上,根本不需要别人提醒和纠正,但是一年前,她的小妹妹出生了,似乎从那以后她就发生了变化。

现在要是我有客人来访,她的表现简直是糟糕透顶,她会一直喋喋不休地说话吵闹,还挥舞着手臂,淘气得不得了,而且这时候不管让她做什么她都不听。我不知道怎样才能让她在餐桌上举止得体地好好吃饭,非常希望您能给我一些建议。

一年前她还是个很乖巧的孩子,脾气非常好,总是那么快乐,然而现在似乎完全相反,她就像变了个人一样,很少有快乐的时候,不是在抱怨,就是在哭哭啼啼。她以前可以很开心地玩耍几个小时,还可以一整天都自得其乐，而且每天的活动安排都很有规律，到什么时间就做什么事情，但现在她经常看起来很茫然，好像完全不知道自己应该干什么一样。她以前不管拿到什么东西几乎都可以很开心地在那里自娱自乐。她现在长大了一些，是不是需要找一些和以前不一样的事情让她来做？您认为她需要什么玩具之类的东西吗？

尽管她发生了这么大的变化，但我认为她仍然是个非常可爱的孩子，比如当她调皮捣蛋让人很烦的时候，她总是会说，"我真的从来都不想这样调皮"或者"我保证再也不会这样了"。然而，她似乎每次都不记得她说过的这些话。

她现在总是紧张不安，特别容易激动，而且动不动就觉得身体很疲惫。每次让她好好吃饭都很困难，可以说她就没有食欲很好的时候，不过我从来不会为此大惊小怪，她实在不吃我就把食物拿走了。

另外还有一件事希望您能给我一些建议，刚刚满一岁的小女儿发脾气的时候我应该怎么办呢？

B 我女儿现在四岁，她在三岁以前一直是个非常可爱的好孩子，又听话又乖巧，从来不惹麻烦，总是很快乐，而且特别容易满足。在她三岁的时候，家里添了一个小妹妹，不过她当时一点都没有忌妒，我们在妹妹出生之前就告诉了她这件事，她对婴儿的到来感到十分开心。

然而，她现在完全变了，不管让她做什么都很难，不是一直抱怨就是干脆大吵大闹。她现在每天调皮捣蛋，我好像要不停地纠正她才行。她以前每天晚上六点就会上床睡觉，房间里不用开灯，总是睡得

管教的常识：直面孩子成长的88个问题

很好，但现在她变得很怕黑，躺在床上总是叫我过去，而且睡眠也不好，夜里经常要醒一两次。她的精神明显紧张过度。

我非常希望您能帮助我，因为我实在太想再看到以前那个听话又快乐的小女孩了。另外，您能告诉我她这个年龄的孩子需要什么样的玩具吗？她以前总是自娱自乐，不需要玩具，自己一个人就能玩得很开心，但现在好像要拿什么好看或者有趣的东西才能让她开心起来。

很明显，这两个小女孩都因为自己小妹妹的出生而在遭受非常激烈的情感冲突，而且她们完全无法应对内心对妹妹的敌意和自己的自卑。但两位母亲都没有告诉我姐姐怎么准备迎接妹妹的出生，以及妹妹出生的时候她们具体是什么反应。在问题B中，姐姐在妹妹出生以前就被告知了这件事，但是，正如我在许多同类问题的回信中所说的一样，仅仅告诉孩子婴儿即将到来是不够的，指导孩子关于这件事情全面的处理方式才是对孩子真正的帮助。

当妹妹真正出生的时候，如果姐姐还是有足够的理由认为自己只是个被排斥的局外人并感到失落和被忽视的话，那么就算提前告知家里要添一个小宝宝，对姐姐来说也没有多大的帮助。我并不是说这两个小女孩一定是这种情况，但我从信中可以很强烈地感觉到，在这两个家庭中，姐姐对妹妹的忌妒都没有得到充分的体谅，父母或保姆对她们的忌妒本质上是一种天然而且不可避免的情感这一关键点缺乏认

第六章 忌妒

识，也没有找到能让姐姐感觉到自己在妹妹出生这件事情上也参与其中的方法。

如果母亲能每天拿出一些时间专门陪伴姐姐，和她一起玩耍、交谈，以及互相关心，这对她们来说大有裨益。我认为父母应该尽力找到一些方法，让姐姐感觉到自己可以分享小妹妹的到来给这个家庭带来的快乐，甚至还可以帮助爸爸妈妈分担一些照顾小妹妹的事情，比如帮她穿衣服、给她洗澡或者喂食，而且允许姐姐询问关于婴儿的事情，这样就是对姐姐最大的帮助。

合适的玩具和游戏方式当然也能帮助她，但是每个孩子的情况或许都不一样，只有通过实际的尝试和使用才知道对她来说最合适的或者她最喜欢的到底是什么。例如许多小女孩都非常喜欢大小合适、衣服可以穿脱的洋娃娃，或者一辆可以坐着出去玩的童车，这些东西可能会很好地帮助她。同时也有许多孩子更喜欢宠物，或许小猫、小狗才是最适合她的选择。所以我说需要通过实际体验才能确定。

另外，让她了解专门给小妹妹使用的物品以及让她直接参与照顾小妹妹也可以起到很好的效果，例如向她展示如何在妹妹的彩色床罩上缝上一些珠子，或者把装着肥皂水的小盆放在矮凳子上让她帮忙洗两件妹妹的衣服，这些方式都能很好地帮助她。所有看起来很不错的玩具，例如洋娃娃和童车，对正处于这种情感危机中的孩子来说当然都会有所帮助，但如果母亲每天都能拿出一点时间专门陪她一起玩洋娃娃过家家的游戏，尤其是让她在游戏中扮演妈妈和女主人的角色，这种帮助的效果将变得最大化。

关于孩子会在有客人来访的时候特别淘气这个问题，我建议偶尔让孩子开一场完全属于她自己的茶会，由她充当女主人来接待客人，这样可以帮助她在大人有客来访的场合下不再调皮捣蛋；有时候可以让她安排一场真正的聚会，由她自己选择邀请哪些小伙伴来家里喝茶，甚至可以请一些愿意帮助她的和蔼可亲的大人来参加她自己办的茶会；有时候也可以用玩具茶具来玩假扮茶会的游戏，客人由妈妈和姑姑甚至几个洋娃娃来充当。

她现在的感觉是自己是这个家庭里不重要的人，在妹妹的事情上就是局外人，甚至连妈妈都在疏远和忽视她，然而，我们其实可以找到无数种方法来帮助她消除这种感觉。父母不妨积极地加入孩子的游戏，让她不仅在游戏中承担重要的角色，而且偶尔让她真正地负起一些责任，例如在扮演女主人的时候真的让她去安排全家人的晚餐，这样的活动对调整现实中已经被打破平衡的家庭关系会非常有帮助。

这两个女孩的年龄都只有四岁，可能还不适合做很精细的针线活，不过应该可以让她们试着使用大号的织补针，准备一些光洁的羊毛线和质地柔软的材料，让她们缝制洋娃娃的衣服或者真正的围裙和床罩。几乎所有的小女孩都非常喜欢穿彩色的珠子，在肥皂水里洗真正的衣服，用熨斗熨衣服，总之，只要是能帮助她们向母亲和保姆看齐的事情，她们都会很热衷。

关于一岁的婴儿发脾气的问题，大人只能保持安静平和并耐心等待，直到婴儿自己缓和过来，这恐怕就是我们唯一能做的事情。其实所有这个年龄的健康婴儿都会偶尔发脾气。大人需要弄清楚到底是什么原因导致婴儿发脾气，以及这种情况是否可以避免，但最重要的是父母要认识到这本身其实是一件很正常的事情，就是孩子正常成长过程中很自然的一部分。因此，当婴儿发脾气的时候，做任何事情其实都没有必要，只需要保持平静温柔的态度安静等待就好，直到婴儿的脾气过去，然后该做什么就做什么，永远不要让孩子觉得自己好像犯了什么严重的大错。

管教的常识：直面孩子成长的88个问题

哥哥对弟弟的严重忌妒

> 问题

Ⓐ 我是一名保姆，现在的工作是照顾一个三岁八个月大的小男孩保罗，他对还是婴儿的小弟弟似乎怀有一种根深蒂固的忌妒，我很希望您能给我一些建议。

保罗的忌妒表现在他对弟弟的欺负甚至虐待上，而且从弟弟出生后从医院回家的第一天开始，他一直就是这样。当时他的态度就很糟糕，当爸爸妈妈告诉保罗现在小弟弟回家了，我们大家一起来照顾小弟弟时，他就说："不，现在还不行。"

这是一年前的事情，而麻烦仍然在继续，事实上已经变得更糟糕了。因为弟弟现在正处于爬行阶段，他非常讨厌长时间被关在婴儿围栏里面。就我自己而言，我完全能理解保罗在这件事情上的感受，对他来说，这个婴儿就是个讨厌鬼，总是会妨碍他，动不动就会干扰他正在做的事情。

第六章　忌妒

只要大人把婴儿放在地板上，保罗就会立即冲过去把他抓住，要么就是直接躺在他身上把他压住，反正就是阻止他继续往前爬。弟弟长期受到哥哥的欺负，总是忍气吞声。只要是保罗很心爱的东西，我们都尽量让弟弟离远一点。我曾建议保罗在弟弟到地板上活动的时候把自己喜欢的玩具和别的东西都放进婴儿围栏里，他自己可以随意进出，但弟弟却不能爬进围栏，这样弟弟就不会碰到他的东西了。但保罗拒绝了，我想可能是因为他觉得这样做太受限制了。

还有一点我不得不说明，在弟弟出生前，保罗就是一个忌妒心非常强的孩子，当其他孩子来家里喝茶的时候，他总是表现出很忌妒的样子，对待他们就像现在对待小弟弟一样。妈妈用母乳喂养了小弟弟六个月，但她肯定不会让保罗知道哪怕一点点关于给弟弟喂奶的事情，因为她觉得保罗要是知道这件事肯定会变得更忌妒弟弟。我完全不同意妈妈在这件事情上的做法，而且我认为这样的处理实在是一件令人遗憾的事情，因为就是在那段时间，保罗总是非常怨恨为什么小弟弟每天都可以到妈妈那里去这么多次，而自己却不行，尽管当时妈妈也会拿出一点时间专门来陪保罗，直到现在也是一样，但这根本不能消除保罗对弟弟强烈的忌妒和敌意。

我通常都会在弟弟睡觉之前十分钟把他带到客厅里去，这样保罗玩的时候就能不受任何打扰了。保罗是个特别爱玩的孩子，尤其是喜欢和别的孩子一起玩，几乎每天早上他都会去花园里玩耍，可以在那里找到至少六七个小朋友。如果早上偶尔没去花园，我就会趁着弟弟还在睡觉的时候带保罗出去玩一会儿，通常都会让他骑着自己的小三轮车出去。在花园里玩的孩子有许多玩具，铁环、球拍、球、洋娃娃和童车都有，而保罗在花园里有一小块属于他自己的地方，他可以在那里挖土种东西，当然，他也有自己的园艺工具和植物种子，他在花园里玩的时候看起来开心得不得了。

我们尽可能地不去限制和约束他，允许他开灯关灯、玩水、操作他自己的留声机、爬梯子、往火里添炭等，当然，涉及安全的问题我们肯定会非常谨慎地看管他，我们不可能允许他随意伤害弟弟，但是现在确实不知道应该如何处理这个难题，非常希望您能给一些建议。

晚上睡觉的时候，弟弟自己一个人睡在婴儿床上，我陪着保罗一起睡。我们也试过让保罗自己一个人睡，但几乎每次让他自己睡的时候，不知道为什么他总是会在夜里某个时间醒来，然后发现身边没有人陪他而变得很悲伤。这个问题也是从弟弟出生的时候开始的，而之前保罗的睡眠非常好，总是可以一觉睡到天亮。

他还喜欢咬指甲，而且一直都有这个毛病。每当弟弟从婴儿围栏里出来活动的时候，我就会尽量想办法让保罗开心一些，例如给他读故事书或者和他一起玩游戏，但这时候想让他开心起来实在是太困难了，而且我还必须时刻紧绷着注意力，生怕他真的伤到小弟弟。

🅑 我有三个儿子，老大四岁，老二三岁，老三一岁。我们现在非常头疼，因为老大对老二的忌妒简直让人感到害怕，已经到了严重破坏我们家庭生活的程度。

老大总是像瞭望员一样盯着老二是不是得到了什么好处，哪怕是老二多得到了一粒葡萄这种最鸡毛蒜皮的小事他都会特别在意，只要

第六章 忌妒

老二有什么东西而老大没有，或者老二在什么事情上和老大不一样，老大就会很不开心，或者开始哭闹。我已经很尽力地想做到对他们一视同仁，但老大还是每天烦躁不安，他总是为一些微不足道的事情闷闷不乐。比方说，如果我先给老二而不是老大穿衣服，或者在餐桌上的时候先照顾老二吃饭，或者带着老二出去和他的一些同样三岁大的小朋友一起喝茶，这些事情都会导致老大很不高兴，他会抱怨个不停，那种非常忌妒的样子让人很难接受。

很难说清楚老大为什么会对这么多小事情如此在意，但是这些小麻烦正在使他变成一个喜欢抱怨而且脾气很坏的小男孩。这实在是让人觉得太遗憾了，因为他其实真的是个又聪明又快乐的好孩子，至少他以前是这样。关于他现在的情况，我觉得需要充分的体谅和非常睿智的处理。从老大出生开始，我照顾了他整整十五个月，然后请了一位非常优秀的保姆来照顾他，他很喜欢保姆，在老二出生前一直都很习惯于保姆的照顾。

老二出生后，我有四个月的时间不得不把精力全部放在这个新生的婴儿身上，这段时间完全由保姆照顾老大。当然我也会花些时间来陪老大，并尽量让他觉得我对他的关爱一如既往，特别注意避免对他冷落，但是我或许还是在这一点上做得不够好，因为他好像就是从那时候开始变得经常不开心了。

在我看来，老三的出生可以说是一个很大的帮助。老大很喜欢老三，从没有表现出他对老二的那种态度，当然他在各方面都领先仍是婴儿的老三太多了。请问您觉得保持领先的压力有可能是孩子产生忌

管教的常识：直面孩子成长的88个问题

妒的原因吗？现在刚满三岁的老二的个子比同龄的孩子都要高很多，甚至比老大还要高出不少，许多人都会在老大和老二面前谈论这两个孩子看起来谁才是哥哥，我觉得经常发生这样的事情肯定会让老大非常在意。老大很喜欢出风头，我觉得他经常卖弄自己可能是为了弥补他的自卑感，他有些习惯性动作，比如时不时就会拧一下自己的鼻子或者歪歪嘴，这应该都是他神经紧张的表现。

在智力方面，老大可以说比老二要聪明得多，而且他在周围同龄的孩子中非常受欢迎。最近这一个星期老大又变得像从前一样快乐了，他显得非常轻松，和所有人都很融洽，这显然也和老二有关，因为老二就是在一个星期前生病了，不得不在病床上躺了一个星期。

另外，我觉得有必要表明一下我的态度，我认为兄弟俩经常吵架在一个家庭里是难以避免的事情。我已经试过非常认真地和老大讲道理，给他额外的关注和特权，几乎可以说我能想到的办法都试过了，但情况似乎并没有改善多少。请您给我一些建议。

在问题A中，哥哥保罗对弟弟表现出的忌妒如此强烈而持久，我认为对任何人来说，要耐心而且理智地处理这种情况都会感到特别紧张，因为这当然会带来巨大的压力，我完全理解您现在的感受。

但是您也要注意一点，保罗自己才是最紧张的那个人。如果我们记得自己曾经为某件事情感到过忌妒，哪怕只对我们造成了很轻微的

第六章　忌妒

精神伤害，无论这件事发生在孩童时代还是成年以后，只要有这样的经历，我们就会很清楚忌妒是所有情感中最痛苦、最艰难的感觉之一。

试想一下，对于一个几乎没有任何办法可以抵抗这种感觉的小孩子来说，被自己心中的忌妒折磨是一件多么悲惨的事情！尽管不知道到底是什么原因，但是很明显，这个小男孩的忌妒不同寻常地强烈，所以可以想象他正在遭受怎样的痛苦。这可能是一种内在的气质差异所导致的，因为每个孩子在激发这种情绪的敏感程度上都是不一样的，甚至存在巨大的差异。

首先我们必须牢记一点，保罗是一个正处于最难以控制的年龄而且所有情感都极为强烈的小男孩。在接下来的一年或者一年半的时间里，我相信他的自然成长必然会大大缓解他现在这种特别强烈的忌妒。如果这样的孩子能够获得大人的正确对待，那么缓解的速度和程度都会更令人满意，实际上在保罗的例子上就是如此。在我看来，他身边的大人们正在以最明智而且最有帮助的方式解决这个问题。您完全没有必要对保罗过于担心，只需要继续保持耐心和良好的情绪，理智地帮助他尽快走出目前这种十分糟糕的困境。时间本身就是解决这种问题的灵丹妙药。

您告诉保罗您非常理解当小弟弟爬过来妨碍他以及打扰他正在做的事情时他会有多烦，这对他来说当然也是一种帮助，但这种情况肯定只会持续几个月而已，然后小弟弟就会学习走路，开始自己玩自己的，而且再往后保罗应该还会发现弟弟和他一起玩的时候甚至还能充当一个帮手。和一个对弟弟心怀忌妒的哥哥进行这样的谈话恐怕还不足以消除他的忌妒，也不会产生什么立竿见影的效果；但是从长远来看，这种谈话对聪明的孩子来说还是很有帮助的，尤其是当大人在谈话中明确表示很能理解孩子的想法和感受时，效果会更明显。

与此同时，您也应该严肃地向他声明，您绝不会让他伤害甚至虐待小弟弟，而且会对他严加看管（但并不是唠叨和责备）以防止这种事情发生。不过您是否能最终理智地处理好现在这种情况的主要因素还在于时间和孩子的自然成长。

在问题B中，老大的情绪特别容易波动，随便一点儿小事就会激起他心中对老二的忌妒，我还注意到，母亲在老二出生时就把老大完全交给保姆来照顾，尽管他和保姆已经相处得很融洽，但他肯定还是会有巨大的失落感，在我看来，这就是老大现在这种表现的原因。此外，正如母亲已经感觉到的那样，老二和自己年龄很不相称而且超过老大不少的大个子肯定也是影响老大的重要因素之一——作为哥哥，自然会认为自己应该比弟弟更高大、更强壮，但事实恰恰相反，这种在他看来自己必然拥有的权利破灭了，而且他还不能获得任何安慰或者好处作为代偿。

按照您的描述，老三的到来让老大从中获得了心理帮助，实际上已经很清楚地表明了这一点。我想再次强调，在这两个问题中，年龄因素在孩子的这些早期情感问题上有多么重要——在他们这个年龄，哪怕每一两个月的成长都会带来或许很明显的帮助，他们的自制力会随着时间越来越强，情绪也会越来越稳定。两岁到五岁的孩子出现这些状况的时候特别需要大人的理解和耐心对待。

事实上，兄弟俩偶尔争吵甚至打架完全是很正常的事情，但尽管如此，他们在儿童时代的后期还是有很大可能成为非常好的朋友。我建议您尽量让老大出去多和同龄的小朋友一起玩耍，如果您家附近有确实很不错的幼儿园，您完全可以马上送他去，我相信他一定会很享受幼儿园的生活。

管教的常识：直面孩子成长的88个问题

忌妒和焦虑的行为

问题

Ⓐ 我是一名保姆，我的工作是照顾一个四岁半的小男孩哈里。他有一个表妹和一个表弟，因为这两个孩子的父母（哈里的舅舅和舅妈）现在都必须去印度工作三年，而且没办法带孩子一起去，所以在这期间不得不让姐弟俩到哈里家暂住，由我来照顾他们。两个小客人一个两岁，另一个只有七个月大，姐姐叫安妮，弟弟叫托马斯。

一开始的时候，我以为两个小伙伴来陪哈里是件皆大欢喜的好事，三个孩子互相做伴的这三年应该是一段非常快乐的时光，但到目前为止却完全事与愿违——两个月以来，哈里一直都非常痛苦，我心里十分着急，但又不知道该怎么办。

从哈里还只是一个月大的小婴儿开始，我就一直在身边陪着他，四年多的时间里，我们建立了非常深厚的感情，在彼此心中的地位甚至可以说是独一无二的，所以我明白他肯定是看到我现在去照顾表妹

第六章 忌妒

和表弟而心生忌妒。但是已经过了两个月,我想他现在应该能适应现在的状况了。确实,他在某种程度上必须退居次席,因为我不得不把相当多的时间和精力放在照顾他的两个表亲,尤其是还不到一岁的托马斯上面,自然就不能像以前那样把所有的时间都放在他身上。

照顾他的事情现在大部分都交给了另一位女仆。这位女仆非常不错,她很善于陪着哈里一起玩,一起聊天,而且看起来她也确实很喜欢和哈里在一起。当然,不管什么时候我只要有空,就会去陪陪哈里,而且我每周都会想办法安排出至少一次机会单独带他出去散步。但是他现在总是喜欢不停地抱怨,要不就是哭哭啼啼,如果我让他帮安妮或者托马斯做点儿什么事情,他就会大发脾气,那种愤怒到极点的样子甚至让人有点害怕。

我真心希望哈里能喜欢这两个小伙伴,并且真正去享受他们在这里做伴的生活。他现在还有一个很烦人的小毛病,就是总喜欢在房间里走来走去,当我们让他不要这样或者他因为什么事情不得不停下来的时候,他就会坐立不安,抓耳挠腮。

哈里从来不缺玩的东西,他有很多书、粉笔、积木、手推车、拼图、带轨道的火车、士兵玩偶、漂亮的小船、滑板、儿童自行车等,事实上所有我能想到让他开心和他喜欢的东西他都有,然而他现在什么都不玩,要么坐在那里发呆,要么走来走去,如果停下来,他就会坐立不安。您能告诉我应该怎么处理这个问题吗?或者您觉得我还应该为他准备哪些玩具吗?我教过他认字,他可以把我写在卡片上的字母拼成一些简单的单词。

我应该补充一点，哈里现在对表妹安妮还不错，只要安妮没有和我在一起，他可以一直和安妮在一起玩，但是他对表弟托马斯的态度却完全不一样，甚至根本都不会靠近托马斯，更别说关心和爱护这个小表弟了。当然，可以和安妮在一起玩不等于他对安妮就没有忌妒了，只要他看见我给安妮洗澡或者喂饭，他就会大发脾气，还是一副那种愤怒到极点的样子，但我从来都不会强迫他对安妮和托马斯友好。

我和您说了这么多，恐怕也没什么条理，我现在真的是毫无头绪，希望您能帮助我。

B 我儿子大卫两岁了，一个月前，我邀请两个同样也是两岁的孩子来我们家里暂住，一个叫菲利普，另一个叫杰克逊。我很高兴做出这个尝试，因为这样一来大卫就有小伙伴而不再孤单了。这三个孩子看起来确实都很可爱，我原以为他们一定会和我最初的设想一样，在一起相处得非常愉快。然而不幸的是，事实恰恰相反，他们在一起简直就像仇人一样，真是让我感到很绝望。

我从来不知道这么小的孩子之间竟然可以彼此讨厌到这种程度，他们互相伤害的场面几乎可以用恐怖来形容！我们一刻都不敢从他们身边走开，否则立刻就会听见他们发出可怕的呼喊和尖叫。他们会使劲揪着对方的头发，互相抓挠，张嘴咬人，用力推搡，甚至把对方推倒在地之后用脚去踩。这简直太让人心碎了。我曾见过两只小鸡打架，其中一只有点瘸腿的小鸡差点被另一只啄死。这三个孩子和这样的小动物似乎没什么两样。如果哪个孩子摔了一跤，因为很疼哭了起

第六章　忌妒

来，另外两个就会冲过去揪他的头发，于是他就哭得更凄惨了。

菲利普可能是最可怕的一个，他经常拿积木用力砸另两个孩子的头。家里的保姆很郑重地告诉我，她十分确定我的尝试已经彻底失败了，而且对大卫造成了非常坏的影响，因为这三个孩子的脾气看起来都变得越来越坏，他们正在养成特别暴躁易怒的性格。目前的状况变得这么糟糕和我自己也有一定的原因，因为我一开始太想让两个小客人感觉到我对他们的爱就像对大卫一样，所以几乎在任何事情上都会尽量用我对待大卫的方式去对待他们，我认为正是由于我这样做使大卫受到了严重伤害，并且让他对菲利普和杰克逊产生了可怕的忌妒。

然而，我既然已经开始了这件事情，肯定不能随随便便就半途而废，我不断地鼓舞自己和保姆，总是说他们肯定会逐渐适应这种全新的环境，而且肯定会慢慢学会和别人和睦相处。有些情况很不巧，他们三个现在都处于出牙期，而且都感冒了，这简直是雪上加霜。不过也有令人感到欣慰和高兴的事情，他们现在似乎变得越来越友好了，可以说开始喜欢对方了。他们会一起玩耍，即使我们离开十五分钟这么长的时间，也听不到以前只要大人离开他们就会发出的那种刺耳的尖叫了。不过他们现在还是会互相抢东西，在很多方面都表现得很自私，如果遇到任何阻挠或者挫折，他们还是会像以前一样躺在地上哭闹个不停，但即便如此，他们现在的状况已经让我好受多了，我确实对他们的进步感到非常高兴。

请问您会认为两岁的孩子经历这样的事情还太小了一点吗？从我自己的角度来说，他们毫无疑问正处于最困难的年龄，因为我认识到，在这三个两岁的孩子的自我意志和脾气有所发展的同时，他们的表达能力却完全没有跟上，仍然停留在极为有限的水平上，所以他们正处于一种"非理性"时期，这个让人非常恼火的事实在所有两岁孩子的身上应该算是一种普遍现象，甚至可以说是一种通病。还好我们已经开始和睦相处了，就像一个幸福的大家庭一样。

当然，菲利普和杰克逊未来肯定会离开，但我现在还真的有些担心那一刻的到来，因为到那时我必须再为大卫找到合适的伙伴来填补他们的空缺，否则大卫会非常孤独。

如果一个家庭中原先有一个幼儿园年龄段的孩子，当其他两三岁的孩子加入这个家庭成为新的成员时，肯定会在孩子们中间引起忌妒的问题，而且比新生儿在这个家庭出生造成的矛盾严重得多，这是理所当然的事情。这种情况是因为同龄或者年龄很接近的孩子之间从一开始就会把彼此视为竞争对手，而且这就是唯一的角色定位；原先的孩子不可能像母亲或者长辈一样对待这样的新成员，如果是一个小婴儿，那他就能在这个婴儿面前找到自己是个"大男孩"的感觉。

在问题A中，温柔的关心和细心的保护并不一定能帮助哈里摆脱目前这种忌妒，因为这种情况和妈妈又生了一个小宝宝完全不一样，如果哈里忌妒的对象是一个小婴儿，那么给予他足够的理解和爱意肯定会起到非常积极的作用。但另一方面，原先的孩子一旦度过了与陌

第六章 忌妒

生的新成员之间最激烈的竞争阶段，自然会感觉到同龄的孩子作为玩伴肯定比刚出生的小婴儿更合适，这也是毫无疑问的事情。

正是由于这个原因，即使是面对问题B中的母亲在两个新伙伴到来之后最初几个星期不得不忍受的那种几乎可以说很可怕的激烈冲突阶段，我们也应该有足够的信心和耐心等待孩子们从敌人变成朋友。我相信，如果遇到这位母亲所描述的这种极其糟糕的局面，肯定有许多人会选择放弃，但事实证明，这位母亲的坚持显然是值得的。我还知道其他人也做过类似的尝试，只要坚持到最后，无论是从孩子自己的角度还是从父母和保姆的角度来看，这种孩子们之间的互相陪伴似乎都是值得的。但这样的成功显然是来之不易的，确实需要大人付出无尽的耐心和关爱，而对于母亲和保姆来说最主要的难题是如何在原先的孩子和新成员之间保持平衡，既要让新成员感到足够的爱心和被不偏不倚的公平对待，又要避免让原先的孩子产生忌妒，要做到这一点何等困难应该是可想而知的。

关于问题A中的情况，我想说我完全理解哈里的保姆现在毫无头绪的感受，但是我希望我的回复可以让这位女士振作起来，并意识到解决目前的问题必然需要一定的时间，如果能继续为哈里营造尽可能轻松的环境和气氛，对他现在这种非常痛苦的状态保持足够的耐心，我相信他最终会为自己有了新的玩伴而感到高兴。

不要让哈里去为表妹和表弟做什么事情，这应该是更好一些的选择，因为他很可能根本无法忍受为他们服务的要求；然后让表妹尽量去和哈里分享自己的东西，这也是更好一些的选择。我认为解决问题的办法肯定不在于更多的玩具，而是让哈里更多地学习认字乃至写字，这些事情表妹和表弟现在肯定还做不到，所以哈里会在这方面找到自尊和骄傲的感觉，从而让他获得慰藉。如果能一直保持愉快而坚定的态度来对待他，让他确信自己得到了足够的理解和关爱，我相信他肯定能顺利走出目前的困境。

第七章

恐惧和焦虑

对想象的咬人动物的恐惧

问题

我儿子快三岁了,以前他总是一到床上就会很开心地入睡,但现在不是这样了。他上床后只要我一离开,他就会叫我回去陪着他,嘴里还一直说"咕咕来了,咕咕来了"。这个所谓的"咕咕",是他想象中的一个大坏蛋,我觉得他虚构出来的这个坏人也不是特别可怕,但他还是会因为这个不能入睡,而且让我过去陪他,反复和我说关于这个"咕咕"的事情。

一开始的时候,只要他对我说"咕咕会咬窗户,咬门,所有东西他都会咬",我就会告诉他"咕咕"这个人并不存在,不用害怕,但他坚持说就是有"咕咕"。我认为要是太压抑他的恐惧的话,他可能会变得更害怕,所以我鼓励他说出来。我们一起谈论关于"咕咕"的事情,我说"咕咕"其实就是个小男孩,而小男孩当然不会咬窗户,他就像苹果和饼干一样都是好东西。但是这样似乎也没什么用。

第七章 恐惧和焦虑

后来他还是睡不着的时候叫我过去,而且他的声音听起来让我觉得他更害怕了,当我到他身边安慰他让他闭上眼睛睡觉时,他一直说:"不行!要是我闭上眼睛,咕咕就来了,他会把我吃掉的。"我知道他说的"咕咕"肯定不是来源于什么吓人的童话故事,因为我还没有让他接触这些。

我认为这完全是他自己在脑海里虚构出来的,不过关于"咬东西"和有什么吓人的坏蛋或者怪兽会来害人这些概念应该和我最近请的一名女仆有关,我发现她会用那种老式的、恶狠狠的方式管教孩子,煞有介事地说出"妖怪来了要吃你"这种虚构的恐吓来让孩子听话,所以我觉得孩子很可能是受到了她的这些影响。所幸这名女仆和孩子的接触还不算多。

我觉得他没有做过这样的噩梦,因为他夜里醒来的时候从来不会看起来像很害怕的样子,应该不是被梦魇惊醒的。

我知道您总是建议父母保持冷静和乐观的态度,我也深知您是完全正确的,但我恐怕还是做不到一直这样。有时候我真的很难控制住自己不要发火,尤其是当我禁止他做某些事情并且反复向他解释为什么之后,他却还是惹出麻烦的时候(例如搬一把椅子来到水池边,站在上面把自来水开到最大,然后把洗发水、沐浴露、脸盆,总之只要是他能拿到的东西都扔进水池,还把自己弄得浑身湿透)。我知道这些事情对他来说可能非常有趣,但问题是他不能在我严厉禁止他这么做的情况下还是去做,然后每次这种情况发生以后都会以我们发生冲突和他哭得稀里哗啦结束。

管教的常识：直面孩子成长的88个问题

我觉得他其实有许多途径可以发泄精力，例如帮着打扫卫生、洗自己的手绢和袜子等，或者最合适的应该是帮着摆一摆桌椅，因为他摆积木的时候从来不会觉得累。目前我觉得自己很难对他保持足够的耐心，因为我确实已经精疲力竭了。

另外，自从我生了第二个孩子后，就不得不照顾他们兄妹俩，从那时起我就感到有点紧张。我一直非常注意不要让他对这个小妹妹心生忌妒，现在小妹妹八个月大了，我可以确信他并没有忌妒妹妹，不过他不注意的时候会碰到妹妹，要是我们不在身边也有可能不小心把妹妹弄疼。

我认为您把您儿子现在的恐惧归咎于那个吓唬他的女仆应该是有一定道理的，但关于他脑海中存在坏蛋或者怪兽会咬东西、咬人的概念和这个女仆并没有多大关系。这种对可能会咬人的什么东西的恐惧，例如特别害怕狮子、老虎之类的猛兽，或者凭空幻想出来的怪物会来咬人甚至吃人，其实对于小孩子来说是很自然的，并不是什么很少见的情况。这种恐惧实际上来自孩子自己原始的表达愤怒的方式。

我们都知道，小婴儿经常会通过咬别人的手指或者咬母亲的乳房来表达自己的愤怒，那么他们自然而然地会很害怕同样的事情发生在自己身上。您儿子非常害怕他虚构出来的这个"咕咕"，其实就是他自己最顽皮的那一面的映射，因为他觉得这并不是他真正的自我。他很想成为一个既懂事又可爱的好孩子，但同时又害怕自己不但做不到这样，反而会有咬您或者咬小妹妹的冲动。

根据您的描述，我认为他的忌妒才是现在这种恐惧的真正根源，这一结论恐怕我们无法回避。恐惧的开始正是由于当他和妹妹在一起的时候，他设法控制和隐藏了他对妹妹那种现在还不可消除的忌妒。

我们再来谈谈应该如何应对。您鼓励他和您一起谈论"咕咕"，在我看来这是完全正确的处理方式，我建议您能每天晚上都花一点儿时间陪他聊一聊，让他感觉到您在身边的陪伴不仅让他感到安全和舒适，还能让他至少暂时远离恐惧，我相信这样做对他来说就是一种极大的帮助。我认为您不妨等待几个月，那时候他会更接受并习惯于看到您作为他的母亲也要花大量的时间和精力去照顾小妹妹，也会更确定他自己对小妹妹的兄妹之情，至于他的恐惧，我想很可能就不治而愈了。

因此，您现在应该尽量多花一点时间在他睡觉前坐在床上陪着他，或许以后他不需要您这样做，或者至少不需要陪他很久，但就目前的情况来说，我认为他真的很需要您的支持和帮助。他经常在水池里淘气，这可能也和他现在内心的情感冲突有关。但是您坚持不让他这么做肯定是正确的，没有理由允许他去做一些让您真正很烦恼的事情，尤其是您让他以帮忙打扫卫生或者洗自己的手绢和袜子的方式来释放小男孩过剩的精力的时候。不过话说回来，如果您既能让他安全地玩水，又能保证不会弄成一团糟的话，让他开心地玩耍还是很值得的。当然，等天气暖和的时候就能很容易找到让他玩水的机会了，他可以拎着水桶，穿着雨衣、雨裤自己到外面去玩水。

您现在的困难和辛苦我完全能够理解，您儿子现在的情况这么不好，您自己的身体状态肯定也不是很好，而且还要照顾另一个八个月大的婴儿，在这种情况下恐怕谁也难以做到一直保持足够的耐心。但是您不必太担心，如果能找到不需要您太操心而且您儿子也喜欢做的事情让他去做，我相信问题就会变得很简单了。

五岁孩子夜间的恐惧

问题

我儿子五岁了,他现在养成了一个习惯,夜里睡觉的时候总是会醒,然后喊我或者保姆去身边陪着他。每次我们过去找他,问他需要什么,他却眼睛直勾勾地盯着前面一片茫然,什么也不说,但要是我走出房间,他就会立刻开始大喊大叫。有一次夜里我被他叫去了四次。我仔细想过他到底想要什么,只要他有可能想得到的东西或者需求,哪怕是最微不足道的小事情我都满足了他,给他拿玩具,给他读故事书,等我离开的时候他的状态看起来还比较好,结果没过一会儿,他又喊我过去,我问他想要我做什么,他仍然是眼神茫然,沉默不言。

他有时候想开着门(我没有支持他这样做,因为我总是把他房间里的窗户敞开着,打开门就容易着凉)或者开着灯睡觉,我不知道他是不是害怕一个人睡,也建议过要不然让他去保姆的房间和他的弟弟

管教的常识：直面孩子成长的88个问题

一起睡，但是他不愿意去。

有时候我不可避免地会生他的气，责备他，甚至惩罚他（通过剥夺他的东西或者权利的方式），但无论是这些批评、惩罚，还是当他夜里不喊我的时候就给他一些奖励，似乎都没有持续的效果。当我告诉他，如果他不让我知道他想要什么我就没办法帮助他的时候，他就会想出一些愚蠢的要求，例如他的被子已经都披好了，他却对我说"把被子披好"，或者给过他手帕甚至他手上就拿着一块手帕的时候却对我说"我要一块手帕"。每次听见他这些没头脑的话时我真是很担心，不知道他的大脑是不是正常的，或者这只是他顽皮的恶作剧而已？

非常希望您能告诉我怎么做才能解决当前的问题。我觉得他总是夜里醒来肯定是哪里有些不对劲。他看起来是个相当普通的孩子，不算很瘦，但脸色显得很苍白，感觉没什么精神。他的食欲很好，每天下午四点半会吃晚饭，然后我通常就不再让他吃东西了，我觉得是不是他睡觉之前可能还想吃点什么，但晚上他从来也没告诉我他想吃东西。他看起来总是一副一本正经的样子，更喜欢一个人自己玩而不是和其他孩子一起玩（家里有六个孩子，他是老三），但是当他笑起来的时候真的很快乐，他的笑容非常有感染力，而且我认为他有很敏锐的幽默感。下周一他就要去上学了，我想校园的新环境对他应该有些好处。

从您的描述来看，您儿子夜里醒来以后睡不着，需要喊您去身边

第七章　恐惧和焦虑

安慰他，这很可能是因为他做了噩梦被惊醒，然后就一直紧张焦虑。他自己可能也不知道这到底是怎么回事，或者他根本不清楚自己需要什么，他只知道要让您到身边来安慰他。我认为这种情况应该是他白天的日常活动中发生的某些事件所导致的，但仅仅根据您的来信，我还无法判断具体是什么原因。如果下次他再在夜里喊您去安慰他，我建议您不妨告诉他您明白他是在害怕什么东西，但您相信他很快就能克服这种害怕，这样对他来说应该会有一些帮助。

　　另外，当他想开着门睡觉的时候，您不妨试着把门打开，然后把窗子关一些，或者把他的床换一个位置，这样他就不至于受凉了。如果开着门睡他就不会在夜里醒来，那完全可以一直这样。同样，如果开着灯睡觉他就不会在晚上喊您，那当然也应该给他这个帮助。我认为您马上就应该试一试开门或者开灯有没有效果，同时告诉他，您完全知道他做的噩梦很可怕，里面肯定有什么东西让他感到非常恐惧，但是您相信只要开着门或者开着灯睡就没事了，他一定能战胜梦魇。

　　在我看来，他最需要的恐怕是保证他自己没有和母亲完全隔离和断绝交流的感觉。您没有任何理由认为他的大脑有什么问题，我也完全不相信他有任何真正的精神或者心理疾病。许多孩子在夜里都会感到焦虑和害怕，他们的一些表现绝不是"顽皮的恶作剧而已"。这些表现来自孩子情感发展过程中出现的一些内在问题，如果当时他们能获得他们需要并且适合自己的帮助，那这些表现通常就会随着他们的自然成长较快地消失。

　　您通常让他在四点半吃完晚饭后就不再吃东西，我相信您这么做一定有充分的理由，而且这也绝不是什么不好的习惯，但是您不妨让他上床睡觉的时候喝一杯热饮料，比方说温热的牛奶，我想应该会有一些帮助。在这一点上，小孩子和成年人是有区别的，许多孩子只要觉得有一点饿就会睡不着，但也有许多孩子觉得有一点饱就会睡不着，这的确是事实。所以让他上床时喝一杯热牛奶很值得您尝试一下。

开始校园生活对他来说有可能是一种帮助，从长远来看，去上学当然对他大有裨益，不过根据现在的情况，他作为新学生必须适应新环境所带来的压力很可能会在一段时间内增加他紧张焦虑的情绪，这样一来他就会觉得夜里更需要那种确定您随时都会到身边陪着他的安全感和舒适感，所以您也应该加以注意。

第七章 恐惧和焦虑

对陌生地方的严重恐惧

问题

我是一名保姆,我的工作是照顾一个一岁四个月的小男孩,给您写信是希望您能给我一些宝贵的建议。

这个孩子很听话,也很快乐,总是充满活力。但现在我遇到了一些问题,比方说,如果我要带他去参加茶会,或者带他去任何陌生的地方,他就会一直哭闹,还发出刺耳的尖叫,除非我们离开。请问您认为我应该不管这些继续带他出门,还是等他稍大一些再说呢?这个问题现在让我很担心,因为他很可能马上就要去海边住一个月,然后去他奶奶家暂住一段时间,再搬到新家去住。

上个星期的时候,我在花园里找了一个新的地方让他睡觉,结果他说什么都不愿意,一直拼命地挣扎和尖叫,弄得我手忙脚乱,最后我不得不把他放回他平常睡觉的地方,他才好了一些。我想我暂时不会带他出去参加茶会了,不过我很想听听您对他接下来要搬进新家的建议。

他在其他方面真的是一个非常可爱的好孩子,尤其是睡眠特别好,外面有光线的时候不拉窗帘他也能顺利入睡。但他肯定不是那种性格安静温和的孩子,当他真的很生气的时候,他会一直歇斯底里地尖叫,直到自己筋疲力尽,然后继续抽泣很长时间才能平静下来一点儿,我看着十分着急和难受,但我怎么做都没有用,所以我真心希望您能告诉我应该如何应对这样的状况。

我还应该补充一点,我带他去见陌生人的时候他一点都不会紧张和害怕,而且还会很高兴。

从您描述的情况来看,我当然不支持一定要带这个孩子出去喝茶或者到陌生的地方去。许多在他这个年龄的孩子都不喜欢陌生的地方,甚至会很害怕,但是随着自然成长,大多数这样的孩子都会自己消除这种对陌生地方的恐惧,所以我们没有任何理由一定要现在强迫他去克服这个困难,我建议您最好不要带他去任何陌生的地方。

当然,有时候会出现不可避免的情况而不得不让他去一些他从没去过的地方,例如您说他马上要去海边待一个月,还要去奶奶家暂住,最后还要搬进新家。但即使是在这种情况下,我认为您也不必过于担心,您只需要平静地接受他肯定会有一段短暂的不开心的时光的事实,保持足够的耐心去安慰他,那他自然就能克服对新房子的恐

第七章 恐惧和焦虑

惧，很可能在一两天之内就可以适应并安定下来。

我建议您在去海边之前就告诉他海边的景色非常漂亮，而且他还能在那里见到许多从没见过的有趣的东西，您还可以看看他房间里有哪些他很熟悉的东西，只要您方便携带的尽量都带上，例如他很喜欢的玩具和枕头之类的东西。如果您带上他喜欢的东西，那么他在新的地方就能通过这些东西作为纽带，找到一些和他平常最熟悉的环境之间的联系，这样就算是陌生的房子他也不会觉得完全陌生了。我想如果您要是能找到一些他接下来要去的地方的照片，例如海边的风景明信片或者奶奶家房间的照片，那就最好了。当然，看照片可能对大一点的孩子在这样的事情上帮助更多一些，但我建议您不妨试一试，而且这个建议或许能启发您考虑还有没有什么其他的方式能让孩子感觉到环境的变化没那么可怕。

您说他害怕去陌生的地方，但见到陌生人却毫不紧张，说明他对陌生环境的恐惧心理并没有延伸到陌生的人身上，这真是一件非常幸运的事情。许多这个年龄的孩子对陌生环境和陌生人都会很害怕。如果您接受我的建议，保持足够的耐心去安抚他，缓解他对接下来要去的新地方的恐惧，帮助他把紧张的情绪变得轻松一些，我相信最多在未来一年的时间内他就能完全克服对陌生环境的恐惧，同时他肯定会慢慢发现许多自己没去过的、完全陌生的地方可以像自己家里一样，让他感到很舒适，也很快乐。

管教的常识：直面孩子成长的88个问题

对吸尘器和黑暗的恐惧

问题

我儿子查尔斯现在两岁三个月，他的个子非常大，走路和说话都很好，在一岁半的时候他已经学会这些技能了。他的性格天生容易激动，很没有耐心，在某些事情上显得特别较真，尤其不能容忍杂乱或者不整洁，这些都和他父亲很像。

他现在特别爱哭。比方说，他喝牛奶的时候经常笨手笨脚地弄洒了，就像许多他这个年龄的孩子一样，我就会说："噢，查尔斯，真是一团糟！"或者他发脾气的时候把水杯打翻了，我就会稍加责备，只要是这样，他就会哭。昨天我不小心把自己的茶杯碰倒了，茶水洒到桌子上，洒得到处都是，桌布全弄脏了，然后我轻轻说了一句："噢，真是个淘气的妈妈。"结果他在旁边很吃惊地看着我，过了好一会儿，他突然大哭起来，看着餐桌上剩下的饭菜好像非常担心的样子，茶水沿着桌布往他那边流的时候他甚至被吓得有点儿发抖。于是

第七章　恐惧和焦虑

我安慰他说："别担心,我们现在马上把餐桌擦干,会没事的。"但他还是很久都不能恢复平静。今天在餐桌上我又不小心碰掉了盘子里的面包,我用很低的声音说了两句自己怎么这样笨手笨脚的话,他又很吃惊地看着我,还说了一句"噢,真是个淘气的妈妈"。然后他又哭了起来,当然,我还是安抚他,让他平静下来了。

他经常为一些小事大哭:要上床睡觉不能玩玩具了,洗完澡了要离开浴室了,在外面玩到了要回家的时间了,这些事情都会让他哭得很伤心。半年前,他开始非常害怕吸尘器,而且最近我们度假回来以后他变得更害怕这个东西了,只要看见吸尘器或者听见吸尘器工作时发出的声音,他就会吓得大哭起来,甚至浑身发抖。要是谁把吸尘器拿到他面前,他就会一直哭闹,直到从他面前拿开。吸尘器的声音也一样,只要他听见了就会大哭起来,除非当时有人陪着他在另一个房间玩得很开心,他可能没注意到。有时候他会非常恐惧地查看吸尘器是不是就在旁边,甚至在我们早上刚起床穿衣服,还没下楼吃早餐的时候,如果吸尘器在一楼工作,他就会隔着两层楼听见声音,然后哭着告诉我他听见吸尘器的声音了,问我到底什么时候关掉吸尘器,还对我说:"好了!现在别打扫卫生了!"

他对可以操作的东西非常感兴趣,尤其是铁环,所以我经常陪他一起玩滚铁环,教他怎么让铁环向前滚而不倒下来,而且只要吸尘器工作的时候,我或者保姆就会和他聊滚铁环来吸引他的注意力,否则他听见了又要哭闹。

查尔斯其实很爱干净,他会帮我们收拾床铺,扫地拖地,还很喜

管教的常识：直面孩子成长的88个问题

欢把家里像碎纸屑之类的零碎垃圾都捡起来，用他说的话说，这是"收拾利落"，当我们没有用吸尘器的时候，他就会每隔一天用人力地毯清洁机把家里的卫生打扫一遍。但是我告诉他吸尘器也可以把零碎垃圾都打扫干净，这样就不用让我们自己去辛苦了，但他还是不让用吸尘器。当然我还会使用吸尘器，但不会很频繁地使用，我觉得他确实太讨厌、太害怕这个东西了。我知道他还是个婴儿的时候就不喜欢噪声，但我想现在他是更进一步了，对噪声不仅不喜欢，而且非常痛恨。关于这个问题您能给我一些建议吗？

另外，他还有怕黑的问题。当他上床准备睡觉的时候，我知道关灯的那一刻会让他突然间陷入一片黑暗，他肯定会有吃了一惊和莫名孤单的感觉，然后只要我离开房间，他就会马上喊我，说"妈妈！你现在别走！"或者"灯怎么灭了？"。我认为这是他感到很孤独的表现，但为了让他养成一个人睡的习惯，我每次还是会离开房间。我现在有点儿担心，我怀疑他的这种感觉是不是正在变得越来越强烈。您认为我应该怎么做呢？

最后，我想我应该为自己稍微辩解一下，我从来没有对弄脏桌布这种事情大惊小怪，只会说一句"要当心一点儿"或者绝无恶意地提醒他一下。

我觉得您对您儿子的问题的处理很恰当，或者应该说处理得非常

好。许多处于他这个年龄段的孩子都会对一些特定的噪声非常敏感，例如吸尘器，但这个问题通常随着他们的成长自然就消失了。

难道您不觉得我们作为成年人完全可以理解吸尘器对一个小孩子来说很可能是一种极其神秘和可怕的东西吗？吸尘器看起来就像张着巨大的嘴巴，可以把任何东西都吸进去，孩子很可能会害怕自己也要被吸进去，尤其是当他身上乱糟糟、脏兮兮的时候会更害怕，因为他觉得吸尘器肯定要把他也当成垃圾吸进去。而且吸尘器发出的噪声确实相当令人讨厌，难道您不觉得很烦人吗？只要是听力没问题的人，这种噪声简直是不想注意也难！许多成年人不喜欢吸尘器的噪声，但通常都会忍受，因为我们知道吸尘器对我们来说是多么有用的清洁工。然而小孩子肯定不会考虑这一点，他们根本看不出来吸尘器有什么真正的好处。您充分考虑了您儿子害怕噪声的问题，同时您并没有过于在意，也没有真按他说的那样停止使用吸尘器，我认为您这么做完全正确，您应该继续按照您的方式去帮助他。

事实上，只要您对他表现出很同情的态度，对他克服这种恐惧就是一种帮助。您可以对他说："查尔斯，你知道的，吸尘器不可能把一个小男孩吸进去，只会吸走地毯上的绒毛和零碎垃圾而已。"就算他不能立刻接受，这样说肯定也不会有什么害处。

我想我必须强调一点，当您责备自己，说自己"真是个淘气的妈妈"的时候，他会为妈妈感到很心疼，也很悲伤，我认为您应该可以理解他当时的感受，尤其是像您说的那样，他遗传了他父亲的一些特质，天生就难以容忍茶水洒到餐桌上这种乱糟糟的事情。倘若您也是和他爸爸还有他一样在这方面特别较真的人，那现在的问题恐怕就要严重得多，因为您自己会成为他克服困难的巨大障碍，但好在您肯定是天生对这些事情的态度就很适度和理智，只要您没有对他偶尔的笨手笨脚反应过度或者过分强调，那他肯定能顺利地摆脱困难。

  不知道您有没有让他试过自己去开关甚至简单操作一下吸尘器。我觉得这样可以使他在面对吸尘器时感到更积极主动，而不是一直被动躲避，或许会对他有所帮助。当然，我并不建议强迫他这么做，但不妨偶尔给他机会让他自己选择要不要去开关吸尘器。

  关于您说的怕黑的问题，我建议您在关灯以后再陪他一小会儿，哪怕几分钟的时间都行。您可以陪在他身边，不用说话，只需要握着他的手，让他感觉到您正在分担他对黑暗的恐惧，然后再安静地离开房间，这样应该比灯一关您马上就从他的房间里完全消失要好得多。如果您在黑暗中在他身边陪他几分钟，就算过一会儿您离开了，他很可能还会感觉到您仍然留存在他的记忆和想象中，甚至还能感觉到您好像就在他身边，您似乎并没有完全消失在黑暗中。

第七章 恐惧和焦虑

对药的恐惧

> 问题

　　我的大儿子现在五岁，尽管他非常敏感，特别容易激动，但总的来说还算很懂事，也很有爱心，可以说是个不难管教的孩子。他只有在一种情况下会表现得真的很愚蠢，那就是我们让他吃药或者吃鱼肝油这种儿童营养品的时候，他会一直不停地挣扎和尖叫，变得完全歇斯底里，最后唯一能让他顺利吃下去的方法就是强行喂进去，当然，每次药剂都会因为他的不配合和挣扎洒掉一大半。

　　我觉得这样对他很不好，而且我担心要是他真的生病的时候，不愿意吃药肯定会加重病情的。我们从来没有让他吃有苦味或者很难闻的药，但就算是他并不讨厌的药物或者儿童营养品，一开始让他服用的时候他也会大闹一两次，但基本上从第三次开始就比较顺利了，甚至是隔很久再服用都一样，例如每年冬天给他服用的鱼肝油，第二年头两次的时候他还是会拒绝，到了第三次就好了。如果他不小心伤到

管教的常识：直面孩子成长的88个问题

自己也会这样，最开始包扎的时候他会非常抗拒，不愿意让绷带缠在自己身上，但第二次换药再包扎的时候就会不那么在意绷带了。

我想这确实是他对未知事物的恐惧，无论是谁告诉他吃药或者包扎绷带不会对他有任何不好的影响，他似乎都不能相信，当然我可以肯定从来没有人欺骗过他。不过，他在别的方面确实都非常勇敢，比如磕磕碰碰弄得很疼的时候，他总是毫不在意。目前我只是会强迫他服用一些他确实需要的东西，我真的很讨厌这么做，但我也是别无选择。希望您能给我一些建议。

您儿子对药物和绷带的恐惧本身并没有特别重要的意义，当然，从实际的角度来看，这种情况确实很麻烦。至于处理这件事的最佳方法，如果确实很有必要，我认为除了强迫他，也没有别的什么太好的办法。

根据您的描述，他对服药和包扎都是在开始的时候会有特别强烈的抗拒，一两次以后他就不害怕了。我知道许多孩子对服药和受伤包扎歇斯底里的恐惧都是真实的表现。有时候孩子一旦陷入这种恐惧，似乎就完全不能仅靠自己来摆脱，除非我们给予他足够的支持，但如果我们只是简单地劝诱或者讲道理，还是不可能帮助他控制住自己。只有保持最坚定的态度来对待这个问题，既不忽视他的恐惧，又不怀疑他能克服恐惧的能力，才能更好地帮助他。

第七章 恐惧和焦虑

我曾不止一次地在非常恐惧的孩子身上看到过这种情况，孩子当时不得不包扎受伤的手臂。大人在旁边一边劝诱一边讲道理，苦口婆心地说了好久"你看，不用害怕"，但孩子还是吓得浑身发抖，根本没办法固定住自己的身体来配合医生的包扎。但也有大人显得很平静，不过态度仍然坚定，同时满怀同情地轻声说道，"我知道这可能会有一点点疼，但很快就结束了，而且你必须这样才能好起来哦"或者"我知道你很不喜欢这样，但这真的一下子就可以弄完，另外你看，这里现在不包扎好可不行哦，来吧！"。这时候孩子通常就会努力固定住自己的身体，最后很快就把事情解决了，甚至在这个过程中还表现得比较轻松，这更能证明坚定但很同情的处理方式确实很有帮助。这样孩子会觉得自己很勇敢地让医生包扎好了自己的伤口，所以很值得骄傲。

因此，我认为当您儿子确实需要服药的时候，即使您一开始没有耐心劝说就强行让他服药，也不会产生什么真正有害的影响。当然，您应该给他两个选择，要么听话自己好好服药，要么只能让您来强迫他服药。但我认为您不能因为他的恐惧而感到非常愤怒或者去责备他，这样只会使问题变得越来越糟糕。对他来说最好的帮助就是他自己实际的体验，也就是说他会亲身证明服药绝不会对他有害，而且服药的过程其实很轻松。

但如果是会导致疼痛的事情，例如拆开绷带剥去外用药物的时候，您肯定不能告诉他这一点都不会疼，否则他会产生严重的被欺骗感。孩子们绝不应该在这些事情上受到大人的欺骗，这一点十分重要，一旦他们有了这样的经历，当他们真的感受到疼痛时，就会因为对大人彻底丧失信心而大大增加对实际疼痛的恐惧。不过我相信您一定很清楚这一点。我也相信随着您儿子逐渐长大，您解决现在的问题一定会变得越来越容易。

第七章 恐惧和焦虑

对噪声的恐惧

> 问题

我女儿三岁了,她现在变得很害怕噪声。她是个精神高度紧张的孩子,从出生就这样。一岁半的时候,她独自在房间里玩耍时受到了严重惊吓。当时有个清洁工搭着梯子在屋外准备擦窗户,我女儿正好在窗边玩耍,清洁工爬上梯子突然出现在窗前,结果她就被吓坏了。我们花了好长时间才让她慢慢平复下来,但后来还是带她去看了医生。

她一直都不喜欢噪声,对噪声的反应也变得越来越激烈。虽然我们在家里不能保持绝对安静,但肯定会避免发出任何不必要的噪声。前一段时间天气不好,有几次大雷雨,她明显非常害怕,而且打雷的声音使她的恐惧达到了极点。从那以后,哪怕是风吹过屋子的声音、有轨电车驶过的声音,或者谁移动一下家具的声音,都会让她变得非常激动,就算旁边有人陪着她也一样。她会变得身体僵硬,尖叫道:

"我不想听！"这时候不管是和她讲道理还是解释都没有用。

直到最近她才开始愿意独自在一个房间睡觉，但在过去的两个星期，只要我们晚上一离开她的房间，她就会大哭，还发出刺耳的尖叫，然后我们只得回去安慰她，然而她还是一直无法平复下来，最后我们不得不一直陪着她，直到她睡着再离开。如果她夜里醒来，我们也必须这样做，因为她醒来以后就会一直处于十分紧张的状态。

我知道这有一部分可能是由于她淘气任性，但我也明白显然不只于此。我们尽量让她保持平静，避免让她过度兴奋，而且我们自己也努力压制着心中的焦虑。我们家从来没有害怕打雷的人。关于这个问题，您认为我们应该去找医生还是心理医生呢？我不知道这对她来说会不会只是一个暂时的阶段性问题，是不是未来她最终会完全克服，我很希望听听您的意见。

实际上多数小孩子都会被清洁工突然出现在窗户外面吓坏，尤其是当您女儿独自在房间里的时候，清洁工的突然出现肯定让她惊吓过度了；而且夏天频繁的雷雨天气，对那些害怕打雷的人来说当然是非常难熬的时刻。但尽管如此，我还是认为您女儿现在这种过度敏感应该是她成长过程中的一个阶段。

她现在正处于精神紧张最严重的年龄，但至少每半年她就会在这方面有明显的进步，自制力和对现实环境的感知能力都会得到一定的增强。在接下来半年的时间里，假如您观察到她在这方面没有任何改善，那我建议您带她去看儿童心理医生，通过专业的诊断来确定她具体是什么问题以及应对和治疗的方法。但在这半年时间里，当她听到噪声表现出很恐惧的时候，我建议您用更坚定、更平静的态度来对待她，让她看到您并不认为噪声值得她如此激动，我觉得她会从您这样的态度和表现中获得一些自信来抵抗恐惧。

我的意思当然不是要您去责备她或者用很严厉的态度和她说话，我建议您用坚定的语气让她知道事实就是噪声没什么可怕的，而不是哄着她或者劝说她。您可以这样对她说："亲爱的，这没什么好害怕的，不用大惊小怪。"当耐心的劝说和温柔的同情都无济于事的时候，这种态度坚定的呼吁往往可以帮助孩子。另一方面，打雷和普通的噪声还是有很大区别的，即使对成年人来说，听到很大的雷声时也会感觉吃惊，小孩子害怕打雷其实是再自然不过的事情了，所以最好不要对孩子说打雷一点都不值得害怕，更不要假装听到雷声时毫无反应。

如果我们在一些事情上假装没有实际那么危险，那么常常会导致孩子变得更紧张，例如包扎伤口、涂碘酒或者去看牙医这些事情。在通常情况下，如果我们骗孩子说一点儿都不疼，那最后的结果只能是孩子变得更害怕，而如果我们很坦率地如实告诉他会觉得疼，但肯定不会很疼，那他当然会觉得这比受到欺骗再感觉到疼痛好得多。我的一些医生朋友都对我说过，如果他们向孩子保证一点儿都不疼，那么等孩子感觉到疼痛的时候，他们的尖叫声一定会变得更大，但如果这样告诉孩子，"我可能会让你觉得有点疼，但我必须这么做，因为这样对你的健康很有好处，而且你待会儿感觉到的疼痛绝不会到你无法忍受的程度"，那么孩子通常都会停止尖叫，变得自信起来，而且会看起来很信任医生。当然，整个过程也会顺利得多。

同样，对其他一些确实很吓人的事情，我们也应该这样处理，例如我们应该向孩子承认打雷是一件危险的事情。如果在孩子面前假装打雷没有任何危险，一点儿都不吓人，那么孩子会感到我们不值得信任，要么是我们不了解危险，要么是我们在这件事上不诚实。我建议您主动带她去了解那些让她恐惧的噪声，例如每当有轨电车经过的时候，您就带着她去看，并且对她说："看，你听见的噪声就是电车的车轮在轨道上转动发出的响声，确实有很大的声响，但这并没有什么害处。"对您女儿来说，坦率的解释和实事求是的谈论这些事情往往比苍白的保证更有好处。

我想您可能是希望让她保持安静，不要太激动，所以有意在她面前淡化这些影响到她的事情，但凡事过犹不及，您这样做无意中却起到了相反的效果。

对洗头恐惧的孩子

下面这两封信都提到了同样一个问题，这个问题很不寻常。

问题

🅐 我儿子一岁十个月大，他现在特别害怕洗头。因为从他出生到现在都是我自己来给他洗的，所以我知道他从来没有因洗头的时候摔倒而受到过惊吓。我现在给他洗头和他还是个婴儿的时候完全一样，我会让他在浴盆里躺在我的胳膊上，以前他一直都很配合，但是最近想让他仰卧在我胳膊上变得十分困难。只要我把他弄成这个姿势，他就开始尖叫，紧紧地拽着我的胳膊，整个身体绷得直直的，让我很难好好给他洗头，而且我觉得他这样尖叫挣扎对他自己肯定很不好。

只要是我能想到的可以吸引他注意力的东西我都试过了，例如玩具、衣服、图画等，但没有任何东西可以让他把注意力从拒绝我给他洗头上面转移走。我还试过在洗头之前先和他玩个小游戏，轻轻地把

管教的常识：直面孩子成长的88个问题

温水洒在他后脑勺上，但他还是一点都不喜欢我把他的头发打湿。后来我只能让他坐着洗头，但这样肥皂水就会流到他的眼睛里，而且最后我给他冲洗的时候还是要让他躺下来。他现在还太小，不能把头伸到洗脸池里洗头，他的脸肯定会磕到水池边缘。有一天，他在澡盆里玩得很高兴，我看他很开心，于是就非常温柔地对他说："现在你愿意让妈妈给你洗头吗？"结果他立刻大哭起来，我不得不放弃。我还让他穿着衣服站在没有水的澡盆里，下面垫上一条厚毛巾，想看看没有水他会不会躺下来，但他仍然非常坚决地拒绝了。

他这个样子让我非常担心，因为每隔一段时间必须给他洗头，其实我现在很害怕给他洗头，有时候甚至一个半月才给他洗一次。最让我烦恼的是他洗头时的表现一次比一次更糟糕。

前几天我和一位美发师聊过这件事，她告诉我说有些人会用一种干洗洗发水给孩子洗头，不需要用水，洗完以后用海绵擦干净就可以了。但我觉得这种东西用在小孩子身上是不是有点儿不合适，请问您对这个问题怎么看呢？另外，如果我能设法做到很长时间，比方说四五个月都不给他洗头，您觉得这样可以帮助他忘记现在这种对洗头的恐惧吗？

他肯定是个很健康的小男孩，就是非常敏感。尽管他的意志特别坚定，但当我们有分歧的时候，我通常都能通过劝说让他接受我的意见。

Ⓑ 我儿子现在三岁半，大约半年前开始，只要给他洗头，他就要大闹一场，他会拼命挣扎，还不停地大声尖叫。

第七章 恐惧和焦虑

他似乎真的很害怕,只要知道要洗头了,就会一直烦躁不安。他以前洗头一直都很配合,从来不会哭闹,我们把他放在澡盆里,用毛巾把他的眼睛紧紧捂住,不让肥皂水流到他的脸上,整个过程都很顺利,但最近完全不是这样了。他小时候洗头,我几乎每次都在旁边,我知道他洗头的时候从来没有因为肥皂水流到眼睛里或者因别的什么意外而被吓到过。不管我们怎么哄他、劝他,或者答应给他什么好处,他都不肯好好洗头。

我们还试过给他洗头时用喷壶来玩游戏,让他跪在澡盆里,然后假装他是一朵花,我们像浇花一样往他头发上浇水。但是这个方法只有第一次成功了,后来他都坚决地拒绝我们这么做。我在想要不要让他去他平时常去的理发店,让店员带着他在水池里洗头,请问您觉得这样可以消除他现在对洗头的反感和恐惧吗?

他其实是个非常好管的孩子,各方面都很乖,也很讲道理,而且说话算数。如果他不是一个这么听话的好孩子,那我在这件事情上还不会像现在这么在意。我可以肯定他确实很害怕洗头,但我每次问他为什么害怕的时候,他却从来不告诉我。我认为他自己也不知道到底为什么。

我现在真的非常害怕给他洗头。希望您能给我一些建议。

在这两个问题中,孩子对洗头恐惧的根源似乎都不是在洗头时被

粗暴地对待，也不是遇到了滑倒或者肥皂水流进眼睛里之类的小意外，甚至可以说他们害怕洗头不是因为任何实际发生过的事情。真正的原因应该是我经常提到过的一些幼儿恐惧症其中的一种。

这种恐惧来自隐藏在孩子内心深处的一些想象，而这些想象完全无法用语言来表达，也完全不可控。问题B中的母亲说她儿子不告诉她为什么不喜欢洗头，我可以肯定他自己也不知道为什么，只知道自己在洗头的时候就会感觉到一种无法承受的恐惧。

其实这两个小男孩明显都有各自特别害怕的事情，而且很具体，问题A中的孩子最害怕的是仰卧这种很无助的姿势，问题B中的孩子最害怕的是头发被水打湿。两位母亲都尝试了所有合理的办法来帮助孩子克服他们的恐惧——循循善诱、许诺好处、把洗头当作游戏、改变姿势、换一个环境等，这些实际上都是在帮他们避开最主要的恐惧因素，也就是仰卧和打湿头发。但很遗憾，这些办法都没有奏效。因此，我认为目前唯一能做的事情就是暂时搁置这个问题，寻找别的办法让孩子保持头部清洁。

问题A中的母亲觉得如果能很长时间，例如四五个月不给孩子洗头，或许他就会忘记对洗头的恐惧，我认为这个想法是正确的，完全值得尝试。在通常情况下，尽管孩子这种幼稚的恐惧十分强烈，但终究是暂时的。如果大人处理得当，确实能消除这种恐惧；但如果处理不恰当，例如大人试图强迫孩子去做他们感到非常恐惧的事情，那很有可能会使这种恐惧变成永久性的恐惧症，或者导致严重的紧张综合征。

第七章　恐惧和焦虑

我建议两位母亲都去询问一下有这方面经验的美发师，看看有没有适合孩子使用的干洗洗发水，确保洗发水不含任何对孩子的头皮和头发有害的成分。如果能找到这样的洗发水，那就让孩子干洗一段时间，之后就应该可以毫无困难地接受正常的洗头了。

管教的常识：直面孩子成长的88个问题

对火车的恐惧

> **问题**

我的儿子罗兰德马上就三岁了，他是一个在大多数方面都很正常和普通的孩子。但最近他经历了逆反和暴躁易怒的阶段，我想大多数他这个年龄的孩子或多或少都会有这样一段痛苦的经历。

很不巧的是，我丈夫的工作性质需要我们全家经常和他一起出差。我们的旅行主要是乘坐火车，然而罗兰德特别害怕坐火车，主要是害怕火车站。他对噪声非常敏感，我可以确定这就是他害怕坐火车的根本原因，因为只要登上火车，他就完全没事了。

大概十天以前，我们又要旅行，我丈夫和保姆带着罗兰德去火车站乘坐火车。我当时有点儿别的事情，没有在身边陪着他，后来保姆告诉我，当时他哭得非常伤心，一直大声尖叫，从来没有看见过他这么大的反应，直到上车以后才好了起来。然而再过五个星期，我们又要乘坐火车了。您认为我应该怎么帮助他面对乘坐火车这件事呢？

第七章 恐惧和焦虑

他也知道五个星期以后我们又要坐火车了，这次我们是去他爷爷家。他对这次旅行充满期待，但他坚决地告诉我们他必须乘坐有轨电车或者公共汽车去爷爷家，但这肯定是不可能的事情！

我认为他太容易紧张了。在圣诞节之后的几个星期里，由于一直很兴奋，他养成了不停眨眼睛的习惯。还好他现在自己差不多已经克服了这个毛病。如果他又开始这样，您认为我应该怎么做呢？我自己的办法是不去理会他眨眼睛。

我认为您儿子现在确实面临一个非常困难的问题，因为您家里的实际情况导致他不可避免地要经常乘坐火车。您认为他对火车和火车站恐惧的根源在于害怕噪声，我想这可能是对的，但也不仅仅是这个原因，毕竟他在火车里面还是会听到很大的噪声。

当然，站在罗兰德的角度来看，火车肯定比我们看来的要大得多，给他的感觉也要震撼得多。您家里有火车头和火车的玩具可以让他玩吗？让他玩这些玩具可能会有所帮助。我建议您在下次乘坐火车前，和他一起玩一个火车旅行的游戏，可以用玩具火车头，最好还有车厢、铁轨和小人偶，也可以把家里的椅子摆成一排装作火车，假装您和他一起乘坐火车去旅行。您还可以模拟火车头发出的噪声，当然不需要太大的声音，这样应该对他有帮助。

我建议您让他知道您很清楚他多么害怕乘坐火车，同时告诉他，火车头在小孩子看来当然是个庞然大物，可能比实际要大得多。您不妨和他详细描述他将要开始的旅行，向他介绍坐在火车上沿途可能看到的风景，以及当他到达目的地时又会看到什么。

　　总之，您不必太过担心，随着他的成长，现在的困难肯定会过去的。尽管是不得已，但您现在的生活发生的变化确实过于频繁了，不到三岁的罗兰德太小了，不可能很好地适应这种情况。如果他又开始不停地眨眼，恐怕您无法采取任何直接措施。您用毫不在意的态度对待他这个小毛病是非常明智的。如果您去说这件事，那这种暂时的紧张表现更有可能变成一种难以摆脱的坏习惯。一直眨眼睛只是他紧张情绪的一种外在表达，如果您能帮他解决现在的主要问题，我相信这种现象不会再出现。

　　当火车到达终点，您带他下车走到车站时，我建议您告诉他现在大家都要下车离开车站了，您可以这样对他说："也许你一开始确实很不喜欢火车站，但你会发现这里确实没有什么好害怕的。"这个时候，您应该竭尽全力去帮助他，分散他的注意力，比方说，引导他去看看火车司机和司炉工，甚至可以让他主动和他们说话。这些方法都能让罗兰德更熟悉火车和火车站，然后多陪他一起玩火车旅行的游戏，我相信这样一定能逐渐减轻他对火车和火车站的恐惧。

第七章　恐惧和焦虑

对马的恐惧

> **问题**

我是一名保姆，现在的工作是照顾一个四岁的小女孩莫莉，她最近突然变得非常害怕马。

莫莉是个很聪明的好孩子，身体也很健壮。大约六个月前，她开始对马产生莫大的恐惧。我们住在远郊，旁边就有几所骑术学校，离我们家非常近，所以莫莉很自然地就习惯了每天看到许多骑马的人，她以前一直很喜欢看他们骑马，每当马飞驰而过的时候，她总是会特别兴奋。我敢说没有哪个孩子比莫莉更喜欢马了，但是她对这种动物的喜爱怎么突然间就变成了恐惧呢？我完全不明白这到底是怎么回事。

现在我每天带她出去的时候，她都特别害怕，因为她只要一见到马在跑就会吓得尖叫起来，几乎是歇斯底里地，无论我怎样安慰她、哄她都没有用，除非我马上把她带到某个邻居家的花园里去，或者让她回家，否则她就会一直尖叫。而且她的这种恐惧变得越来越糟糕，我真是很难过。前一段时间她看到奔跑的马就会吓得尖叫，而现在就算她看到一匹拉车的马站在路边，她都会尖叫起来，无论我怎么劝她都没办法让她从旁边通过，所以我们不得不往回走或者到路的另一边，她才会停止尖叫。

现在带莫莉出门散步简直就是一场噩梦，因为我必须不停地转弯绕路来避开任何一匹马，要么就是一出去她就跑到一个花园里不出来了，直到我们回家。很显然，她现在变得非常敏感，而且总是一副很不高兴的样子。

我知道她妈妈不喜欢马，但是她以前那么喜欢马，肯定不可能因为妈妈不喜欢就变成现在这个样子。希望您能给我一些建议。

根据您的描述，我认为莫莉现在应该是患上了一种急性恐惧症，而她对马的恐惧到了这么严重的程度，这个问题确实很难处理。

我想是不是发生了什么特别的事情，对莫莉产生了重大影响，从而改变了她对马的态度，但这件事在成年人看来很可能并没有什么可怕的，所以忽视了莫莉的感受。她也可能是受到了母亲不喜欢马的态度的影响，因为孩子对成年人的感受其实非常敏感。

不过您不需要太担心，我相信这个问题会随着时间的推移而自然消失，就像小孩子身上大多数很严重的恐惧症都会自愈一样。两岁到

第七章 恐惧和焦虑

五岁之间是这些特别的恐惧症最强烈,也是发生最频繁的年龄,而且即使是这方面的专业人士也很难说清楚应该如何处理。

在我看来,您可以采取比之前更强硬一些的态度来对待她。也就是说,您是应该避开那些您知道一定会碰到马的路线,但当您还是碰到马的时候,例如就在大街上碰到了一匹马,您不必刻意转弯绕路来避开它,直接带着莫莉正常通过,要是她尖叫起来就暂时不理她。当然,我肯定希望您平静地安慰她,既不责备她,也不说她这样有点儿傻,只是向她表明,这没什么值得害怕的,您相信她会在您的帮助下克服这种恐惧。

如果您继续试图完全避开它们,而且每次只要她看见一匹马就必须马上回家,那生活必然会变得糟糕透顶,让人完全无法忍受;同时,这样做似乎在暗示您也很害怕马。这种恐惧来源于孩子的内心最深处,但如果您真的表现出一点都不害怕的样子,就会给她信心,让她也能学会用这种态度来看待马,同时让她知道您完全理解她的恐惧并且不会责备她,这就是您可以给她的最好的帮助。

如果这样仍然毫无效果的话,那么我建议让莫莉的母亲带她去见一下了解这方面心理问题的专业心理医生,听听医生的意见。一位经验丰富的心理医生应该能找到导致这种恐惧的具体原因,并帮助孩子克服心理障碍。如果她母亲愿意的话,我可以推荐一位在这方面很可靠的专业心理医生,我知道这位医生已经帮助许多有类似问题的孩子摆脱了恐惧。

管教的常识：直面孩子成长的88个问题

对气球和爆竹的恐惧

问题

我有一个小外甥阿尔伯特，他现在变得特别害怕气球和爆竹，希望您能给一些建议来帮助他。

他今年四岁，是家里的独子。大概在一年半以前，有一个气球在他身边炸了，他被吓坏了。从那以后，他就一直特别害怕任何可能会发出爆炸声的东西，例如烟花、爆竹、气球等，只要一看见就会吓得大哭起来。

但我两岁的儿子非常喜欢这些东西，今年圣诞节的时候我让他带着一些烟花爆竹去找他的表哥一起玩，我希望这样能帮助阿尔伯特克服恐惧，结果阿尔伯特看到他的表弟玩烟花爆竹却变得更害怕了，吓得尖叫起来，一直大哭大闹，无论我怎么解释和安慰都没有用。

请问您觉得应该让他远离这些东西吗？阿尔伯特是个精神高度紧张的孩子，但他很聪明，个子在同龄人中间是比较高的，看到他对气球和烟花爆竹这么恐惧，让人心里很难受。

第七章 恐惧和焦虑

我当然认为最好让您的小外甥暂时远离那些他很害怕的东西，特别是烟花爆竹。

在他这个年龄，如果不强迫他去接近这些东西，他就会更容易地克服对它们的恐惧。年幼的孩子克服被气球或者爆竹的爆炸声吓到这种恐惧经历总是需要一段相当长的时间，但一般都会在四五岁以后逐渐摆脱这种恐惧，只要没有被迫继续面对这种恐惧的经历，通常都会比较快地变得不再害怕。您不用太担心，我相信在未来的一两年他就会慢慢适应这些东西。在这些方面，孩子们五岁以后通常都会有很大的变化。

就在前几天，我看到报纸上刊登了一幅非常引人注目的照片，上面是一群孩子围坐在一起观看木偶戏《庞奇和朱迪》，我们知道，这出戏的气氛有点儿暴力和惊悚。照片上的这群小观众碰巧包括了不同年龄段的孩子，从四岁到十岁的都有，令人惊讶的是不同年龄的孩子观看演出的表情似乎都不一样。我们可以看到，八岁到十岁的孩子看起来非常喜欢这个表演，六岁的孩子似乎也还比较喜欢，但明显有所保留，而四岁的孩子则完全表现出怀疑和害怕的神情。

阿尔伯特现在也是四岁，气球和烟花爆竹这种东西往往会让这个年龄的孩子感到非常不安，但稍大一些以后，他对这些东西的态度就会有很大的不同。

管教的常识：直面孩子成长的88个问题

失眠和兴奋

问题

我女儿珍妮现在三岁三个月大，她总是非常紧张焦虑，睡眠也很差。

大家都说她是个神经过敏、特别容易激动的孩子，但另一方面，她长得非常健壮，胃口很好，脸色也很不错，完全是个健康的孩子。在珍妮一岁到两岁那段时间，我夜里去看她时经常发现她在床上醒着，或者正在哭泣，我想应该是因为她在出牙，但是当她的牙齿都长出来以后，情况却变得越来越糟糕了。

最让人失望的是随着年龄的增长，她那种困惑和恐惧变得越来越严重。比方说，有一段时间只要我和他爸爸说话，不管说什么，她都要很认真地问我："妈妈，你到底和爸爸说什么了？"她会非常执拗，刨根问底，我只好向她简单解释一下，好让她放心。还有一段时间，她说话的时候变得又快又急，而且非要让别人听见不可，最后甚

第七章　恐惧和焦虑

至变得有点儿结巴了，还好后来没有一直这样了。

如果她说了一些很开心的事情，我们也表示同意时，她就会马上欢快地跳一两分钟的舞，表现得特别高兴。只要珍妮夜里需要我的时候，我就会马上过去找她，我也会一直保持足够的耐心，但我知道，她其实在克制自己，让自己夜里尽量不要喊我，这真的很可怜。最近一段时间，她夜里每隔三个小时左右就会醒一次，一般在早上五点到八点睡着，但这时候她本来应该起床了。她有自己的房间，而且似乎从来没有表现出希望到我床上和我一起睡的想法。

我给她服用过一些补药，但这个可怜的孩子晚上总是精神紧张，八点以后才有可能睡着，所以我担心补药也没什么用，而事实证明确实如此。我鼓励她告诉我她心中的恐惧，她也告诉我了——怕黑、怕看见奇怪的光线等。我向她解释说这些都没关系，她慢慢就不会在意这些事情了。

还有个问题我很想向您请教，如果母亲在怀孕的时候就很紧张和恐惧，会让孩子以后也变得这样吗？在珍妮快出生的时候，我就总是为一些小事心烦意乱，还会歇斯底里地哭很久，不过后来我再也没有这样了。

另外，让精神紧张、经常失眠的孩子和一个性格安静、需要大量睡眠的孩子睡在一个房间合适吗？我还有个一岁一个月大的儿子，他的睡眠很好；不过他睡着的时候睡得不是很沉，我担心珍妮说话或者喊我的时候会把他吵醒，甚至让他也变得容易失眠。您觉得珍妮会摆脱现在这种紧张焦虑吗？我觉得就算她可以摆脱，恐怕也需要一段相

管教的常识：直面孩子成长的88个问题

当长的时间，而且她的状况一点儿都没有随着时间的推移有所改善。

您描述的您女儿这些精神紧张的症状应该属于失眠症和神经兴奋症，这种情况在她这个年龄的孩子中很常见，但其中绝大多数孩子后来的成长发育都是完全没有问题的。

事实上，儿童幼年时期的一些情感问题总会以这样或那样的形式表现出来，珍妮现在也是一样，我们都应该把这些外在表现视为非常自然和正常的事情。既然您女儿长得很健壮，胃口也不错，确实是个身体健康的孩子，我认为您就不需要担心她在情感方面的成长，因为只要孩子所处的生活环境和各方面的条件都没问题，那她在接下来的几年里肯定会变得更稳定，情绪控制能力也会更强。没有任何证据表明母亲在怀孕时出现神经紧张的症状会对孩子日后的情感生活产生什么直接影响。但是在孩子出生后的最初几年，母亲的紧张焦虑确实有可能影响到孩子，尤其是当母亲很担心孩子，并让孩子感受到这种情绪的时候。因此，如果您能坚持尽量用实事求是的态度来对待她，那就是对她最好的帮助。

关于睡眠困难的问题，我建议您可以试着让两个孩子睡在一个房间里。这样做有时候确实对失眠的孩子会有所帮助。另外，如果她想在早上再睡一会儿，您当然应该让她继续睡，因为她晚上有很长时间都处于失眠状态，如果她早上能多睡一会儿，就没必要把她叫醒。我

第七章 恐惧和焦虑

不建议让她跟您一起睡。睡觉前喝一杯热饮料对许多失眠的孩子常常会有些暂时性的帮助，不过很难有持久的效果，因为正如我所说的那样，大多数孩子失眠的原因其实是内心的一些情感问题。

您说珍妮的问题一直没有任何改善，这确实很令人失望，但即便如此，我认为从她的年龄来看，她目前的情况仍然属于很普遍的症状，并没有超出正常范围。认识到这个事实应该能帮助您继续保持足够的耐心，并且继续给予她所需要的帮助。如果她在夜里喊您过去，您应该去她身边陪她一会儿，温柔地安慰她几分钟。既然她并没有哭闹，您就不用陪她很长时间，因为您自己的休息也非常重要。

您说只要您和她爸爸说话，她就要问清楚您到底说了些什么，我认为她这种行为是出于好奇和忌妒。孩子很害怕被排除在外的感觉，尤其是害怕您和爸爸有什么她不能知道和分享的东西。这同样是非常自然的事情。如果您和她爸爸说话的时候她也在场，您不妨主动和她说："你想和我们说点儿什么吗？我们现在就可以和你一起聊聊。"这就表明她没有被排除在外。如果合适的话，您可以每次都和她简单解释一下，这样她就会感到自己也分享了爸爸妈妈谈论的事情。

我不知道珍妮现在有没有玩伴，因为您并没有提到这方面的情况。如果您能安排一些固定时间让她去和其他孩子自由地玩耍，例如每天早上或者一周两三次，这对她的全面发展应该是非常有帮助的，而且可以缓解导致她精神紧张的那些情感问题。您不妨多准备一些孩子们感兴趣的东西，引导他们发展绘画、建筑、造型、裁剪、跳跃、攀爬、跑步、音乐、舞蹈等各方面的技能，还可以准备一些乔装打扮的服装让他们玩表演的游戏，总之，尽可能为他们多提供可以自由发挥想象力的游戏机会。

如何应对不愉快经历引发的恐惧

问题

我非常希望您能帮我解决孩子的恐惧问题。许多读者写信给您询问孩子怕黑或者对一些想象中的事物的恐惧,我知道这些对小孩子来说都是真实的感受。但是对于经历了真正的恐惧的孩子,请问您有什么好的建议吗?我们应该怎样帮助一个幼小的心灵消除这种恐惧,同时注意不要让恐惧在他心中继续扩大呢?

我儿子史密斯经历过一次车祸,不过还好他伤得不算很重。他非常喜欢乘坐汽车,出车祸之前和之后都很喜欢,但就在几个月前,只要看到出了车祸的汽车被拖车拖走,甚至看到车胎被扎破或者挡泥板被损坏的汽车,他就会吓得脸色惨白而且头晕目眩。史密斯自己坐车的时候并不害怕,但看到受损的汽车时却会反应强烈,这对他来说简直是一种绝对的恐惧。

我还有一个孩子查尔斯,他一直都特别喜欢狗,就算是完全陌生的狗他也一点儿都不害怕，还会过去充满爱心地抚摸它们。后来有一次，他被一只大猎狗吓着了，那只狗比他大一倍，叫声就像打雷一样，还伸出舌头舔他的脸。查尔斯以为这只狗要吃他，被吓坏了，然后对狗的爱意和信任便荡然无存，再也不喜欢狗了。我们正努力让他重新建立对狗的信任，不过效果似乎极为缓慢，甚至都看不出他对狗的态度有什么变化。

许多孩子都经历过非常严重的撞车事故，见过伤者的鲜血流得遍地都是，或者现场目睹过什么可怕的意外事件。我们应该怎么做才能从他们的脑海中抹去这些可怕的记忆，免得他们始终被这样的阴影所折磨呢？我相信一个孩子不去说一件事不等于他已经忘记了，很可能只是放在心里不想对人说而已。

我到现在还记得自己小时候的一些可怕经历，我曾目睹过一个溺水而死的男子的尸体被海水冲上岸，还经历过一两次特别令人惊恐的事情，但我不能对任何人说起这些事，因为只要我用语言叙述这些事情，我就会像再次在现场经历一样清楚地感受到这些事情给我带来的惊骇和恐惧。一个敏感的孩子只要看到割破的手指可能就会害怕得浑身起鸡皮疙瘩，要是目睹受伤的人躺在血泊里，他的内心深处就很可能会产生一种可怕的恐惧，这种恐惧不可对人说，而且会让他背负一生。

为什么我们大多数人一看到血就会害怕呢？为什么车祸中的重伤员会让周围好几个精神正常、头脑清醒的人吓得晕倒或者陷入歇斯底里的惊恐之中呢？您认为这种心态和情绪有可能在儿童时期就能避免吗？如果可以的话，具体应该怎么帮助他呢？

第七章　恐惧和焦虑

您认为这是一个非常尖锐而且特别难以解决的问题,我完全同意您的看法。

在我看来,关于如何处理一个有过真正可怕经历的孩子心中的恐惧,并不存在任何容易的办法,也不存在任何短期内就能奏效的办法。我建议您随时做好准备,当史密斯愿意开口和您谈起心中的恐惧时,您就保持冷静的态度耐心倾听,同时让他知道您完全理解他的感受,这样就能帮助他修复精神创伤,逐渐找回平静的心态,我想这就是我们现在唯一能给他的帮助。

有两件事情我认为必须很小心地避免,首先是完全拒绝谈论这些事情,例如装作很轻松地对孩子说:"哦,别想这个了,你很快就会忘记的。"我知道许多人都犯过这样的错误。其次是与此相反,无论孩子是否愿意,都要强迫孩子开口说出来,这样的错误相对少见一些。前者是人们出于善意最常犯的错误,后者则是一些学过一点心理学知识并且知道过度压抑很不好的人有时候会犯的错误。我们都应该避免这两种做法。

我听说过一个很特别的例子:有一位本来很明事理而且充满母爱的母亲,她有两个女儿,不幸的是大女儿夭折了,后来她强迫自己的小女儿谈论永远失去姐姐这件事情,而这个可怜的小女孩根本不想提及这件伤心事,最后精神受到了很大的刺激。

或许很难判断这两个错误哪个对孩子的影响更糟糕,但我们至少知道这两个错误都是必须避免的。我建议您和史密斯交谈时一定要注意说话的语气和方式，要让孩子感觉到您会和他轻松地谈论任何他想谈论的事情或者他想问的问题，同时您绝不会害怕他其实有多么恐惧，更不会因此而感到震惊，当然也不会强迫他拿出那种肤浅、假装的勇气来掩盖他心中真实存在的恐惧。表面上的虚假勇敢实际上毫无价值，反而会影响我们的判断。您可以想象一下，如果史密斯看到一个可怕的场面，例如交通事故中倒在血泊中的伤者时，他却假装不害怕地说："这没什么可怕的！"我相信您也会认为这没有任何好处。

关于查尔斯被一只大狗吓到的事情，我们可以给他的帮助肯定是向他正确解释这件事情，那只狗并没有想要伤害他，舔他的脸其实是在向他表示友好，之所以会觉得它很危险，只是因为它的个头太大以及叫声太吵。

您在来信的后半部分问到为什么我们大多数人都对意外事故或者血腥场面感到非常不安，我认为这是一个非常复杂的心理学问题，恐怕需要极长的篇幅才有可能解释清楚。不过简单来说，意外事故和血腥场面在我们所有人心中激起的恐惧程度其实远远超过了实际的危险和伤害所能造成的正常范围，因为这种场景下产生的恐惧与我们童年时期最难以言状、最虚幻、影响最深的那些恐惧有着非常紧密的联系，而与眼前真实的意外事故和血腥场面却几乎没什么关系。

对于有过真正可怕的经历的孩子来说，原本只是他想象中的恐怖与他自己的真实经历建立了联系，也相当于在现实中得到了证实，这是最糟糕的事情。但如果他能摆脱可怕的幻想，那他就会更好地对待和处理现实生活中发生的问题。这也是为什么相同的经历在不同的人身上会产生不同影响的原因。

您还问到应该如何帮助儿童处理这个问题，我觉得也要因人而异。在一般情况下，您如果能保持理智而坚定的态度，让孩子知道你完全理解他的感受，您非常同情他的恐惧但您自己绝不会也像他一样感到害怕，我想这就是对孩子最好的帮助。然而，对于一个过于敏感，甚至已经患有某种程度的神经症的孩子来说，恐怕只有适当的专业心理治疗，才能帮助他。

管教的常识：直面孩子成长的88个问题

九个月大的婴儿对陌生人的恐惧

问题

我女儿温妮莎快九个月了，她长得很好，看起来总是很快乐，睡眠非常好，就是现在很讨厌陌生人抱她。

我最近一直在想，我在陪伴她的时候是不是有点儿太固执了，因为我一般都不倾向于让陌生人亲近她。请问您认为讨厌陌生人抱自己，对于九个月大的婴儿来说是正常的态度还是一种"坏习惯"的开始呢？如果这样确实不好，我应该用什么办法来纠正她吗？

我知道她一直都有拒绝陌生人的倾向，但在一个星期以前发生了一件真正糟糕的事情。温妮莎的奶奶带着两位朋友一起来看宝宝，她们都上了年纪，其中一位阿姨耳朵有问题，几乎完全听不见。这位耳聋的阿姨一边抱起温妮莎，一边用非常大的声音问我一些问题，我也只好用几乎是喊叫的声音回答她。我们俩说话的声音实在太大了，温妮莎马上尖叫起来，我从来没有见过她这么害怕的样子。

第七章 恐惧和焦虑

我想她一定是牙龈不舒服（她还没长牙）或者肚子痛，就让她奶奶把她接过来抱着，我自己去给客人倒水。温妮莎一直和奶奶很亲，几乎像跟妈妈一样亲，但这次奶奶抱着她却没能让她平静下来，一直不停地尖叫，直到我亲自把她抱过来才开始好起来。一到我怀里她就立刻停止了尖叫，只是哽咽地抽泣了几下，过了几分钟她就对着每个人很开心地笑了起来。

然而麻烦并没有结束，在这一整天里，只要奶奶的两位朋友要抱她，她就会像第一次那样发出可怕的尖叫声，然后一直不停，除非我去抱她才能平静下来。我不知道自己应不应该让陌生人抱她，不去理会她的尖叫，直到她熟悉她们为止，您认为我应该这样做吗？当时我没有这么做，因为我觉得很可能是我和那位耳朵有问题的阿姨说话的声音太大才使温妮莎变得焦躁不安。

但是她奶奶非常生气，她对我说如果按规矩来带孩子，我就应该多让别人抱她、亲近她，多带她出门四处走走。其实我自己也没有抱她太多，因为她几乎每时每刻都非常开心，坐在婴儿车里的时候总是一边咯咯笑一边踢着脚，我觉得没必要非抱着她不可，而且我照顾她的同时还必须安排好家里的事情，也没有任何人帮忙，所以她这么乖真是让我很高兴。我从来没有让温妮莎和别人过多地亲近，因为我觉得除非是那些真正喜欢小宝宝的人，否则突然抱着一个别人家的宝宝只会让人感到尴尬和窘迫。

现在我还是尽可能让她去见更多的人，但不是为了帮助她适应和陌生人接触，因为她在陌生人面前一点儿都不害羞。当我们出门的时候，邻居们都会来到婴儿车跟前弯下腰和她说话，她通常都会非常高兴地报以微笑。我不知道要不要现在就开始带她去旅行，让她更习惯同时见到好几个陌生人的场合，您认为这样合适吗？

另外，我认为年长的亲戚对一位年轻母亲的帮助恐怕不会太大，因为他们好像已经完全忘记了自己的孩子在婴儿时期到底是什么样子。

在我看来，您的问题不在于您平时照顾孩子的时候太固执，而在于您没有理解对于一个只有九个月大的婴儿来说，被陌生人抱着以及有人在耳边大喊大叫是一种极其痛苦和艰难的体验。

我认为温妮莎的行为不存在任何异常，作为一个小婴儿，她的反应非常自然。所有的幼儿对突如其来而且声音非常大或者非常难听的噪声都会特别厌恶，他们对这种噪声的敏感程度比对任何其他让人难受的刺激都要高得多。这是婴儿期的一种普遍、正常的特征。许多孩子甚至到了三四岁的时候还保持着这种高度的敏感性。对于您女儿来说，她当时突然听到了非常吵闹的喧哗声在她的耳朵旁边响起，她不仅受到了这种猛烈的噪声刺激，而且还有一个不能忽略的事实，那就是她同时还被一个陌生人抱着，所以她实际上在经受双重的痛苦，这是绝对不应该发生的事情。

九个月大的婴儿已经完全能意识到谁是陌生人，而且如果我们设

第七章　恐惧和焦虑

身处地地想象一下，当我们自己突然遭受一些从未见过的人的粗暴对待，而且让我们陷入完全无助的境地时，或许能让我们接近温妮莎当时的体验。我想我必须坦率地说，对于您竟然不了解您女儿当时的处境有多么痛苦，我实在是感到震惊。我完全不能理解为什么您当时认为她发出尖叫是因为牙龈不舒服或者肚子痛。事实其实很简单，就是一个小婴儿被陌生人抱着，同时耳边响起了很大的噪声。如果这样都没有把一个九个月大的婴儿吓得尖叫，那才是令人感到十分诧异的事情。

我想温妮莎肯定还会继续对有陌生人来抱她心怀恐惧，因为她当然会害怕同样的痛苦经历再次发生在自己身上。不管怎么说，我们都不应该期望这个年龄的婴儿会欣然接受身边陌生人的随意摆布。真正喜欢孩子的人绝不会用这种方式来对待一个婴儿。如果一个陌生人愿意安静地坐在孩子旁边，不做出任何大幅度的剧烈动作，保持温柔友好的态度，通常都能赢得孩子的好感，哪怕是九个月大的婴儿。

其实对待婴儿就像对待动物一样，我们首先要证明自己没有恶意，不会有任何伤害，而且值得信任。不管是两岁或者三岁的孩子，还是家里唯一的孩子或者幼儿园里的一群孩子，在这方面完全一样。设想一下，有一位女士很喜欢大惊小怪，碰到一个孩子就要求孩子和她说话或者和她交朋友，那么当她走进幼儿园的时候，孩子们肯定很快就会躲着她。还有一位安静、温和的女士，她总是对孩子表现得很友善，温柔又有礼貌，从来不会强迫孩子做什么，她也来到了幼儿园，坐在一群孩子中间很开心地看着他们玩耍，那么最多十分钟到十五分钟以后，就会有几个孩子悄悄走过来坐在她身边，要么拿出一个玩具在她面前玩并暗示她也可以一起来玩，要么开始观察她的衣服和挎包并谈论衣服上漂亮的纽扣和挎包上装饰的珠子。

我可以告诉您，我让您想象的这两种场景都是我观察了一遍又一遍真实发生过的事情，同时我也一遍又一遍地为这种确定性感到深深的震撼，因为我们确实可以准确地预测孩子们面对一个喜欢大惊小怪、焦躁急切的来访者和一个安静温和、从不主动打扰的来访者的时候所表现出的完全不同的反应，而且这种准确性在各个年龄段的小孩子身上都没有出现过偏差。

对一岁以下的婴儿来说，这种规律性的现象更不会改变。我个人非常尊重祖母们的智慧，而且我经常强调，上一代的母亲们其实在许多方面都非常了解小孩子，而其中有不少正是我们这一代母亲所忽略的事情。但我必须说明，在温妮莎的这件事情上，她奶奶完全错了。

如果您让温妮莎去见更多的陌生人，然后让她逐渐接受这种情况也不是完全没有可能，但我认为，被一位上了年纪、耳朵有问题的陌生女士抱在怀里，同时还被她对着耳朵大喊大叫，这对绝大多数孩子来说肯定是一种极其可怕和痛苦的经历，哪怕孩子已经习惯被陌生人抱着。然而您的女儿见过的陌生人很少，并不习惯被陌生人抱着，她习惯的是在婴儿车里自娱自乐，那么这样的经历对她来说当然是一种更严峻的考验。

在我看来，您自身其实也有一定的问题，您对来访客人的感受过于敏感了，太在意别人会不会感到不高兴了。您可以想象一个不那么

第七章　恐惧和焦虑

喜欢孩子的人突然接过别人的孩子抱在怀里会产生尴尬和窘迫的感觉，但对于突然被一个陌生人抱在怀里的婴儿会产生的感受，您却缺乏足够的想象力。我找不到任何理由阻止您偶尔带温妮莎出去旅行并让她见到更多的陌生人，但您必须坚决拒绝任何陌生人强迫温妮莎做任何事情，更不能允许她在那位耳朵有问题的陌生女士身上遭受的可怕经历再次发生。

您说年长的亲戚常常忘了他们自己孩子婴儿期的样子，这个说法我完全同意；但同时有一点我也要提醒您，一个好母亲真正的职责不仅包括自己要关心和理解孩子，还包括保护孩子，使孩子避免受到那些缺乏同理心，甚至有点儿愚蠢的人的伤害，因为婴儿身边总是会有太多成年人出现，难免碰到一些意想不到的状况，而且这的确也是难以避免的事情。

管教的常识：直面孩子成长的88个问题

对医生或牙医的恐惧

问题

我女儿艾琳现在刚满四岁。在她一岁三个月的时候，有一次她重重地摔倒在地上，一只手指的指甲完全翻了起来，还嵌进去了许多泥土。医生在她受伤的指甲上涂了药，但那个指甲最终还是脱落了。虽然后来指甲又慢慢长出来了，但这件事似乎还是在艾琳心里留下了十分可怕的印象。整整一年后，她还记得这件事，她经常指着那只"可怜的手指"，看起来很伤心的样子。

不幸的是，在她两岁半的时候，她的手被门重重地夹了一下，恰恰又是那个指甲受伤最严重（最后指甲完全变黑，再一次脱落了）。这一次脱落的时候她发出了歇斯底里的尖叫，直到喉咙都嘶哑了，几乎变得有点神经错乱，根本无法控制自己。最后我实在是没办法，不得不狠狠地扇了她一巴掌（我觉得自己就是个残忍的暴君）。这一巴掌让她很快清醒过来，然后她很顺从地上床睡觉了。

第七章　恐惧和焦虑

艾琳三岁的时候得过流感，我们的家庭医生到家里来看过她一次。当时她一见到医生就变得十分激动，紧张得浑身发抖，医生在旁边的时候她几乎一直都在尖叫。她三岁半的时候我带她去看牙医，但她见到牙医之后拒绝张嘴，而且在那里大吵大闹，又到了歇斯底里的程度，我和牙医都没有任何办法，最后只好带她回家。半年以后，我又带她去看牙医，她的表现和上次如出一辙，要说有什么不一样的地方，那就是比上次还要更糟糕。

她现在最大的问题就是对医生的恐惧，不管是医生还是牙医，只要在她旁边，她就会歇斯底里地大闹一场，每次都真的害怕得浑身发抖。所幸到目前为止，这个问题还不算极其严重，因为她一直没有生病，但我完全不敢想象她要是真的生病了，必须去见医生的时候，会发生怎样可怕的状况。

我们的家庭医生有两个女儿，年龄都和艾琳差不多，他们都是我们特别亲密的朋友，而且艾琳经常在一些社交场合上见到我们的家庭医生，这些时候她并不紧张，看不出她有一丝一毫的不安。

然后还有一个问题，艾琳似乎对血产生了一种极度的恐惧，不过只对自己的血恐惧，见到别人流血并不会害怕。她可以非常平静地看着她弟弟胳膊上摔破的伤口往外流血，但是她自己身上哪怕只是挠破了一个小口子，有点儿往外渗血，她就会特别恐惧，一直发出刺耳的尖叫，紧张的情绪需要几个小时才能平复下来。幸亏到目前为止她都没有受过什么严重的伤害导致流血，最多只是轻微的皮肤擦伤。

您认为她看到自己的血反应过度的时候我应该怎么做，还有我怎

管教的常识：直面孩子成长的88个问题

样才能帮助她克服这种恐惧呢？她现在对自己的身体及其工作原理产生了非常浓厚的兴趣，我试着利用她在这方面的兴趣来帮助她用更正常的眼光来看待这些日常事物。

孩子们对身体受伤这种真实体验做出的歇斯底里的反应的确是难以解决的问题，往往找不到很好的办法来应对。当这种意外发生的时候，如果孩子还处于无法理解这些事情的年龄，也不知道这些事情对身体的实际影响其实并不重要甚至无足轻重，那么这些意外事件确实会在孩子的情感上留下相当深刻的印象。

艾琳在这么小的年龄肯定不具备判断指甲脱落这种事情的性质以及与之相对应的危害程度，这是因为她没有任何经验可以判定这件事是否会造成严重后果以及严重到什么程度，于是这种不确定性加上小孩子天生对身体受伤的恐惧使她无法获得安全感。但在接下来的一两年里，她应该能逐渐摆脱对这些事情过于强烈的反应。她正处于一个情感特别强烈而且难以控制的时期，大多数小孩子在这个年龄都会这样。但是当孩子们再大一点，度过这个时期以后，在情感方面会变得稳定得多，您很可能会发现艾琳对这些事情不再像现在这么在意了。

关于艾琳害怕牙医的问题，我认为在很大程度上取决于大人对待她的方式。我不知道您或者牙医有没有犯过向孩子保证"这一点儿都不疼"的错误。对孩子说出这种善意的谎言绝对是一个极为严重的错

第七章　恐惧和焦虑

误，即使是对那些没有经历过像您女儿指甲受伤这种痛苦事情的孩子也是一样。"这一点儿都不疼"这句话，不管是从医生、牙医甚至是母亲的口中说出，孩子都不会相信。但如果大人诚实坦率地对孩子说，"会有一点儿疼，但肯定不会疼很久，很快就没事了"，那孩子很可能就能控制住自己的情绪，至少不会歇斯底里，因为孩子明白这是真话，说真话的人自然值得信任。艾琳也是一样。如果您曾对她说过"这一点儿都不疼"，她肯定知道您是在骗她，这是毫无疑问的，而她的情绪之所以会变得如此难以控制，恰恰和这种不信任感有着莫大的关系。

　　许多明智的母亲以及我的许多儿科和儿童心理学专业的朋友都在实际经验中证实了我的这一观点。不少孩子在受了一点儿小伤需要包扎的时候会变得歇斯底里，我发现这时候如果大人不去关注孩子的这种恐惧，并保持平静而坚定的态度，孩子就会发现这是必须经历的事情，于是会逐渐平复下来，不再大惊小怪了。如果孩子发现自己的哭喊和抗拒能对大人产生影响，那么这对他来说就是证实了这种恐惧，他会认为接下来要发生的是他难以承受的事情。而且只要我们拿出行动，从容而坚决地继续坚持，孩子自然会明白疼痛不至于难以忍受，而且整个过程很快就会结束，这比我们只用语言劝说的效果要好得多。大人自己不能大惊小怪或者哄骗孩子，平静而坚决、从容而自信的处理方式是对孩子最好的帮助。

　　关于艾琳看到自己的血就会惊恐地尖叫这个问题，我想再次强调，大人首先要冷静下来，您应该心平气和地看待这种情况，让她在您的帮助下自己清洗伤口。让孩子自己处理伤口往往比口头上的安慰和保证更能使她尽快平静下来。另外，您说艾琳现在对自己的身体及其工作原理产生了非常浓厚的兴趣，您平时告诉她一些这方面的知识最终会对她很有帮助，但我认为这需要一定的时间才能看到效果。我必须提醒您注意，假如出现任何您必须带艾琳去看医生或者牙医的情况，您千万不要让她在没有被预先告知的情况下感觉到疼痛，这一点十分重要。被欺骗和不信任的感觉肯定是她的手指两次意外受伤的事件让她感到恐惧的主要因素。如果大人预先告知孩子接下来需要忍受一点儿疼痛，并且从容而坚决地继续坚持，用行动向孩子表明这种事情除了短暂而且并不严重的疼痛之外没什么值得害怕的，对孩子来说，这样做比哄骗孩子"这一点儿都不疼"的帮助要大得多。

第八章
破坏性和侵略性

管教的常识：直面孩子成长的88个问题

对人的突然攻击

> 问题

我儿子迈克尔刚满两岁，他最近突然变得很有攻击性，似乎有一种非常恶意的倾向。起初我以为是他最后几颗臼齿出牙给他带来的烦恼和痛苦导致了这种变化，但是这种倾向在他的牙齿全部顺利地长出来之后却丝毫没有减少。他会突然朝身边的人冲过去，咬牙切齿地拿起手里的玩具就砸；有时候会用指甲用力地又掐又挠。

有一次我抱着一个小宝宝坐在我膝盖上，他差点真的伤到了这个婴儿。我觉得这肯定不是因为忌妒，因为迈克尔当时正拿着一些晾衣服的夹子在旁边玩，一直都玩得很开心，但他突然咬牙切齿地跑过来，伸手就朝我怀里婴儿的头重重地打过来。幸亏我及时伸手把他推开了，否则小婴儿被他这么重打一下，必定会受伤。

我一直想尽量理智地处理这个问题，但每当我看到他咬牙切齿地在对他很好的奶奶和姑姑身上挠出一道道红印子的时候，我真的不可

第八章 破坏性和侵略性

能做到每次都不生气。当然，更多时候我会把他抱过来坐在我腿上，温柔而耐心地劝说："迈克尔，你要是这么淘气的话，奶奶就不会再爱你了——你不能打奶奶，因为这样奶奶会很疼。"但他总是会笑着说："迈克尔——就是这么淘气！"然后我要是再说什么，他连听都不听。他也会打我，有时候我会对他说："噢！迈克尔，你看你把妈妈弄得多疼！"而他却非常温柔地把脸贴在我脸上，微笑着说："爱妈妈。"

我不知道您是不是经常遇到这样的问题，请问您认为迈克尔现在这种状况属于孩子成长过程中比较正常的阶段，还是由于一些神经紧张之类的问题引起的？我现在找不到什么好办法来帮助他解决这个问题，希望您能给我一些建议。

您儿子突然攻击别人的行为在他这个年龄的孩子中间并不少见，甚至可以说是很平常的现象，但这并不意味着他长大后还会这样。

您说他在攻击坐在您膝盖上的小婴儿之前一直在玩夹子，而且玩得很开心，但我认为这并不能说明他没有忌妒。事实上，他突然冲过来要打小婴儿恰恰清楚地证明了他的忌妒，而且是非常强烈的忌妒。这种看起来好像毫无由来的突然袭击正是他对别人的忌妒、恐惧和怀疑的外在表现。我可以确定，这种行为是由于他内心不断累积的紧张情绪所导致的，当紧张程度突然冲破界限的时候，就变成了打人这种

管教的常识：直面孩子成长的88个问题

公开而直接的外在表达。

我建议您尽可能多地找机会让迈克尔和别的孩子在一起玩并互相做伴，因为这种同龄孩子之间的陪伴是帮助他学会控制自己以及培养对友谊的信心的最佳方式，缺少这种伙伴关系绝对是非常遗憾的事情。但另一方面，当他和别的孩子一起玩的时候，您一定要在旁边仔细看管，防止他突然攻击别的孩子。在我看来，这就是处理这个问题的最佳方式。如果他确实又要去打人，您不应该责备他，更不能一上来就惩罚他，指望这样而让他控制住自己的暴力冲动肯定是不现实的，因为他现在根本做不到；要是没有合适的引导和帮助，甚至在未来一到两年内他都很难做到，除非他能完全走出目前这种情感冲突最激烈的阶段。

您最好把注意力集中在预防上面，要阻止他真的伤到别人。您扮演的角色应该是他的引导者和控制者，同时还要特别注意避免发生任何会刺激到他的暴力倾向和忌妒的事情，例如您抱着别的孩子坐在您膝盖上，您必须意识到他会忌妒。您或许可以请迈克尔的奶奶和姑姑在这件事上与您合作，让她们也注意避免任何有可能引发他暴力行为的情况。

我认为您最好不要对他说"你要是这么淘气的话，奶奶就不会再爱你了"，因为失去亲人的爱正是他最害怕的事情之一，我们都不应该用失去亲人的爱这种威胁来吓唬一个只有两岁的孩子。不过您说"你不能打奶奶，因为这样奶奶会很疼"是完全正确的，这句话比威胁对他更有帮助。

第八章 破坏性和侵略性

我不知道迈克尔有没有许多进行大幅度运动的机会，例如跑步、攀爬、跳跃、投掷、敲击等。两岁到五岁的男孩子如果身体很健康，就必须进行大量的剧烈体育活动，否则他们在情感方面的问题就会变得更严重，也更难控制自己的情绪，所以您必须让迈克尔多运动，尽量让他把小男孩那种过剩的精力都释放出去。

如果您能接受我说的这些建议，我相信您会发现他这种突然打人的暴力倾向在接下来的一年里就会有所减弱；您要是能一直坚持，那等到他三岁或者三岁半的时候，就应该能够彻底解决这个问题。

管教的常识：直面孩子成长的88个问题

破坏玩具

> 问题

　　我女儿今年五岁半，关于玩具她有个让人头疼的问题。我总是教她玩完玩具之后要整理好，但是她几乎从来不会收拾玩具，所以，我不得不经常帮她整理，我想应该有许多小孩子都是这样。

　　她的玩具太多了，光是洋娃娃就有好多，但只要到她手上一个星期，几乎所有玩具都会被她弄坏。虽然不是故意损坏，但她总是会把洋娃娃的衣服脱下来，再把她能找到的破布或者旧报纸当成衣服给洋娃娃穿上，就这样，这些洋娃娃的胳膊和腿都会被折断。

　　她把一盒盒拼图和积木都混在一起，然后还把原本的包装盒都拆坏了。我认为她有一种狂热的癖好，她把所有的玩具都打包，所以家里各种包着玩具的包裹不知道有多少个。

　　她玩玩具的方式似乎有点不正常，有一种她自己的"特殊"玩法，但她的所有玩具都不会完好无损地保存很长时间，不是被掰成零

第八章　破坏性和侵略性

件就是破碎了，她那无数个包裹里面都是被损坏的玩具，可以说她其实是攒了无数包垃圾。我手把手地教过她怎么整理她的玩具柜，极偶尔的时候她也会收拾一下，但就算收拾了，第二天还是会变得乱七八糟，然后她对我说："妈妈，我根本找不到可以玩的东西啊！"她还会把书页都弄散，把橡皮泥、积木和泥巴混在一起，再用旧报纸包起来！

她其实是个非常聪明的孩子，就她这个年龄来说也算很懂事了，但我真的不能理解她为什么会这样。我丈夫认为我们之前给她的玩具太多了，建议我从现在开始每次只给她一个玩具。这个建议在某种程度上回到了她在婴儿时期玩玩具的方式，因为那时候就是由我从玩具柜里拿出一个玩具"发"给她玩。现在她当然是自己拿玩具玩，而且她经常一个人在花园或者房间里玩很长时间，所以我不知道她为什么要把所有玩具混在一起，还要把它们都弄坏，不过我可以肯定她不是故意要弄坏的。

您女儿对待她的玩具的行为显然是一种心理问题的外在表达。这毫无疑问不应该被视为单纯的顽皮或者任性，而是一种神经过敏类型的情感问题。

我认为不能把她这种行为仅仅归因于玩具太多，当然，玩具太多对她来说确实不是一件好事。在我看来，真正的原因很可能是她觉得自己拥有的玩具比其他孩子都要多，为此感到内疚，或者这就是她压制伤害别人的念头、避免攻击别人的行为的特有方式。

您在信中没有提到她是否有同年龄段的兄弟姐妹或者玩伴，我知道一种方法很可能可以帮助她更爱惜自己拥有的东西，那就是建议她把一些玩具送给那些玩具比较少或者根本没有玩具的孩子，帮她一起修复损坏的玩具。我希望您能设法找到这样的机会，不过不是以严肃或者说教的方式去让她这么做。如果您知道您的朋友家或者周围的孩子有谁缺少玩具，您可以找机会向您女儿随口提一提，然后过一两天再建议她把一些有可能修好的玩具送给他们，我想这应该会对她有所帮助。

但这件事不能太着急，必须慢慢来，解决您女儿的问题肯定不是一蹴而就的。否则您最好还是让她自己去解决这个问题，因为这显然是她内心中某种深层次的情感冲突所导致的，绝不仅仅是习惯问题，她的行为只是一种表达方式，而不是真正的问题根源。只要没有以同样的方式损坏别人的东西，就算她把自己的玩具弄得一团糟，其他人也没什么可抱怨的，不过我们当然希望能帮助她克服导致这种行为的情感问题。

仅仅去责备她损坏玩具没有任何好处，最好试着培养她修复玩具的兴趣。比方说，如果您能教给她用不干胶或者胶水修复包装盒的方法，帮助她培养自己用布料和花边给洋娃娃做衣服的兴趣，而不是继续给她现成的东西，也是一种很好的帮助。您也可以让她在家里帮忙洗餐具或者打扫房间，让她自己收拾整理自己的衣服，并且在这些事情上多给她机会和鼓励，而不是要求和命令，那她也可以通过这些方式来缓解情绪，进而解决自己的问题。

撕破墙纸和剪掉姐妹的头发

> 问题

我儿子史蒂夫四岁半了,现在变得特别难相处,而且有时候非常任性。

最近他用剪刀把妹妹的头发剪了,而且剪了两次,尽管我非常严肃地告诉他这样做有多么危险,但他似乎一点都没有听进去。事实上,只要有人纠正他的错误,他要么敷衍,要么根本不听。

另外,有一天他还把墙纸都撕坏了。因为这件事,我把他放到他的床上让他在上面待了几个小时,这个方法一段时间内似乎非常有效,但有人告诉我这么做是错误的。一开始我问史蒂夫有没有剪妹妹的头发以及撕坏墙纸的时候,他坚决否认了,然后我用好话套了他半天,他终于承认了。

我以前也会揍他,但最近已经有一段时间没这样了,因为我觉得体罚孩子确实是不对的。我试过让他在角落里罚站,但他只能坚持一

管教的常识：直面孩子成长的88个问题

两分钟，然后就会哭闹起来。

他是个精神高度紧张的孩子，我总是避免和他发生冲突。

很明显，您儿子正在经历一个非常困难的成长阶段，我很希望能帮助他。

如果您不介意的话，我希望先和您坦率地谈一谈。我认为您目前的困难在很大程度上是由您自己不确定应该怎么对待史蒂夫而引起的。从您的来信可以看出，您现在急于把他教育好，同时您觉得体罚孩子是不对的，但您也不知道应该用怎样的惩罚方式来替代体罚。事实上，现在有许多父母都处于这种境地。

尽管随着时代的发展，我们对孩子的态度越来越宽容，并且都认为体罚孩子、强迫孩子等惩罚手段确实不对，但我们还是要找到一些方法来让孩子守规矩才行。今天，我们只能通过学习一些儿童心理学的常识，了解儿童情感方面的健康成长到底要以什么为基础，才能找到最好的方法。

如果掌握了这方面的必要知识，我们就可以更容易地找到更有效的方式来教导孩子。有些人很熟悉一些专门针对某些问题的特定解决方案，但他们不见得能为孩子提供真正的帮助，只有了解一些关于教导儿童的总体性原则和一般性原则才能让我们做出最明智的选择。如果我们对孩子的总体态度是正确的，那么孩子身上的某些问题往往会

第八章 破坏性和侵略性

自行解决，或者根本不会出现。

我建议您先了解导致您儿子这些行为的内在根源。史蒂夫剪妹妹的头发以及撕坏墙纸的行为，几乎可以肯定是因为他没有足够多的事情可做，他身上过剩的精力无法得到充分的释放，同时剪妹妹的头发和撕坏墙纸也是他表达自己破坏性能量的方式。

如果您发现他又在撕墙纸，最好这样对他说："我不希望你这么做，不过这里有一捆旧报纸——你可以随意去撕。"您可以教他如何用废纸做一个印第安人的头饰，用剪刀或者用手撕成一条条长刘海就行了，或者把报纸对折几次，然后在上面撕出一些小洞，展开以后就能看到各种有趣的中心对称图案。您还可以让他把报纸撕成小碎片，当成枕芯做成妹妹洋娃娃的小枕头，或者撕成纸条用彩笔涂上颜色，为圣诞节准备一些彩色的流苏和彩带。总之，您应该帮他找些事情做，一旦他可以做些事情来释放他过剩的精力，同时还能带来一些好的结果，那惩罚的问题自然就不会出现了。

管教的常识：直面孩子成长的88个问题

两岁孩子对狗的残忍行为

问题

我女儿南希现在两岁四个月。我们家住在郊区，家里养了一只狗，可是她对这只狗做的事情简直太可怕了。我真的非常希望她能对小动物友善一些。

这只小狗其实特别喜欢南希，就算南希对它这么不好也不会咬她，但南希真的是太喜欢欺负小狗了，总是骑着木马或小童车撞它，要么就是拿着可以发出"咔嗒咔嗒"响声的东西追它（这只小狗最害怕这种声音），或者用脚踩它的爪子，用棍子戳它的肚子。我想，如果她这些行为不是认真的，那还不算特别糟糕，然而她似乎真的是把折磨小狗当成一种极大的乐趣。

我很严肃地和她谈过，但一点儿用也没有。我曾经把小狗和她隔离开来，甚至用她对待小狗的方式来对待她，然而都没有任何效果。我不知道应该怎么解决南希虐待小动物的问题，希望您能给我一些建议。

第八章 破坏性和侵略性

事实上，小孩子虐待动物是一个相当普遍的问题，我记得在您之前好像还没有家长来信提到过这个问题，这未免有点儿让人惊讶。

大多数孩子在幼儿时期都会偶尔表现出残忍伤害动物的冲动，但不是每次都有给动物造成痛苦和伤害的主观意愿，所以也不能说孩子的这种行为一定就代表残忍。很多时候，尤其是两三岁的孩子这么做的原因仅仅是因为缺乏对某些行为会造成痛苦和伤害的理解。

当然这并不是绝对的，有些孩子在两岁以后仍然会有故意伤害小动物的行为。从您的描述来看，您女儿似乎真的想去伤害小狗。非常凑巧，我自己在观察二至七岁的儿童时就非常细致地研究过这个问题，我发现几乎没有一个孩子从来都不会表现出伤害小动物的冲动，虽然有些孩子极偶尔会这样，而另一些孩子则经常会表现出来。但同样令人感到惊讶的是，我没有发现我观察的孩子中有谁从来都不会表现出对小动物温柔和同情的冲动。孩子们的表现取决于他们当时的心情和情绪，心情好时他们就会对小动物温柔友善，情绪糟糕时他们就会对小动物变得不友好甚至怀有敌意。

既然我们现在已经了解到这种伤害小动物的冲动对孩子来说是如此的普遍，相信您不会再担心南希长大以后也会很残忍。事实上，她正处于情感冲动最强烈的时期，同时也正处于对自己施加在小狗身上的行为最缺乏认知和理解的时期。我发现教育孩子对动物友善和人道的最好方法就是鼓励孩子去了解动物，认识到动物都是拥有各自生活和历史的

管教的常识：直面孩子成长的88个问题

独立生物。虽然培养这种兴趣可能对年龄稍大一点的孩子更容易一些，但我觉得只要您正确引导，像您女儿这个年龄的孩子应该也能做到。

我当然认为必须禁止南希继续伤害小狗，您应该尽可能阻止她这么做，您可以直接阻拦她，把狗暂时关起来，或者拿走她的木马和婴儿车以防她撞击小狗。我建议您这么对她说："如果你要用这些东西伤害小狗，那我就不能让你再拿到它们了。"同时您也不需要用更严厉的手段来惩罚她，尤其是不能把她对待小狗的方式用在她自己身上，这样显然没有任何帮助，而且对孩子来说是很有害的。我们应该尽可能少用消极的办法，多用积极的方法来帮助她。

我建议您多给她读一些关于小动物的故事，最好是小动物妈妈和小动物宝宝的故事，只要适合她的年龄，越多越好。如果有条件的话，您不妨让南希在家里养更多的宠物。您说您住在郊区，所以我想再养几只宠物应该也比较容易。对于这个年龄的小女孩来说，兔子是一种非常可爱的宠物，它的皮毛摸起来很柔软、很舒服，孩子也可以帮助喂养兔子，而且兔子没有任何危险。如果您家附近有农场，也可以让她去了解一下牛、羊和马这类大型动物。养鸡也是很不错的选择，最好是一只母鸡和一些小鸡，您还可以告诉她如何从鸡蛋里孵出小鸡。

总之，通过建立一种对动物个性和动物生活自然史的生动认识，来帮助她摆脱对小动物的残忍行为应该是最好的方法。当然，你必须给孩子一些时间，让她逐渐摆脱这种伤害行为的倾向。如果她没有马上有所改变，您也不要太难过，相信随着您的引导，她一定会变得更友善一些。

第八章 破坏性和侵略性

把珠子扔到地上

问题

我女儿刚满四岁，现在很喜欢玩珠子。每当我给她一盒珠子的时候，她就会自己穿一两串，然后好像突然就厌烦了，故意把珠子都扔在地上，还要我把珠子穿起来。我也不知道怎么办才好，希望听听您的建议。

回复

大多数小孩子都会时不时地做这种事，还有一部分孩子会经历一个频繁这样做的阶段。这会让他们的妈妈或者保姆非常恼火。这种行为经常被当成一种惹人讨厌的故意捣乱，就算是偶尔发生，也很容易让大人生气发火。因为在大人看来，这纯粹是一种故意破坏、乖张任性的行为。

但是，假如我们能停止生气，看看孩子为什么要这么做的话，我认为还是非常值得的。虽然您女儿把珠子都扔在地上只是一个很简单的动作，但我相信对她来说却有许多意义。

当然，您女儿的行为里面存在一些破坏性因素，但我们应该认识到，即使是这样的破坏性因素，对孩子来说也有其意义。故意把珠子扔到地上很可能是一种直接的反抗和挑衅的行为，原因是孩子很不满意或者生气了。但是孩子的不满情绪总是以这种特定的形式来表现，大人就要来考虑孩子是不是缺乏体育运动，是不是在跑、跳、爬、扔球等活动过程中没有让肩部、臀部、手腕等部位得到足够的自由活动。

穿线串珠、缝纫、写字等活动都需要人体较小肌肉和关节与眼睛之间的良好协调能力，对于小孩子来说，这些活动会使他们的神经变得更加紧张。踢打、扔东西、摔东西这些爆发性的动作对紧张的神经无疑是一种缓解和帮助，当孩子被大人鼓励去做一些并不太适合自己年龄的事情时，孩子对这种缓解和帮助的需求就会达到最大。

或许是珠子太小了，对一个四岁的小孩子来说，用来穿成串的珠子应该大一点儿，上面的洞也应该大一点儿。同时小孩子可能视力有些问题，我建议您在这一点上仔细检查一下，有必要的话最好请专业的眼科医生看一看。如果珠子足够大，孩子的视力也不存在任何问题，那我认为只要让她多进行一些户外全身运动，让她的肌肉和关节更活跃一些，导致她把珠子扔在地上的急躁情绪应该就会逐渐消失。

另一方面，把珠子扔在地上并不一定只是一种不耐烦的行为，它

第八章　破坏性和侵略性

通常具有一定的真实乐趣和积极价值。我们都知道，对于一岁半或两岁的孩子，如果大人乐于帮他把地上的勺子或者洋娃娃捡起来，他们就会把这些东西一遍又一遍地扔下去。孩子的笑声和欢呼表明这绝不是一种反抗或者挑衅的行为。这是一种尝试——一部分是关于运动力量和动作的尝试，一部分是关于因果关系的尝试和对事物发生方式的探索。有时候，这种特殊的乐趣在一些孩子身上会一直持续到四岁（投掷在我们成人球类运动中所占的重要地位，实际上也表明了投掷行为本身的巨大乐趣）。孩子们似乎很喜欢看到珠子在地板上散落滚动的样子——就像我们喜欢在沙滩上用手洒落沙子一样。

相信您现在和我一样，都认为成年人没有理由禁止孩子的这种兴趣。事实上，这本身并不是一种不良现象，要是我们单纯地将其视为"调皮捣蛋"，这不免有些令人遗憾。当然，我们同时也要找到限制这种行为的方法，因为我们不可能容忍地板上总是洒落着一些珠子或者别的什么东西。

按照您的描述，您女儿确实会故意把珠子扔在地上，我感觉这更有可能是她的直接乐趣，她在扔珠子和看到珠子滚动然后停下来的过程中，就觉得很开心。我建议您偶尔可以允许她这么做，但条件是她必须自己把珠子捡起来，或者其他人帮她一起把珠子捡起来，总之她自己必须参与到捡珠子这件事中来。在要求她捡起珠子之前，您应该向她表明，您完全理解当她看到明晃晃、亮晶晶的珠子在地上滚动时所感受到的乐趣。

在我看来，成年人应该把孩子的这种行为完全视为真正的兴趣问

285

题，同时避免用不恰当的态度暗示孩子这是"调皮捣蛋"。当这样的事情再发生时，您不妨和孩子一起欢笑，然后和蔼地告诉她："这真有趣，现在我来帮你一起把珠子都捡起来吧。"这会让她感觉到她自己理所当然也要参与其中，最好能把捡珠子也变成一个有趣的游戏。

您可以让她清楚地了解到大人希望她把扔在地上的东西都收拾整齐，而且只要不是太忙，大人很愿意帮她一起收拾，因为她还是个四岁的小孩子。不过有时候大人确实会很忙，或许您可以自言自语地轻声说一下收拾东西需要花的时间可比扔东西多多了。我认为这种婉转的处理方式可以更有效地帮助孩子理解自己的行为造成的后果，同时也能更好地帮助孩子建立基于理解的自我控制和为他人考虑的思维，而单纯的责备肯定达不到这样的效果。

对有些人来说，您女儿这个特殊的例子或许只是一件微不足道的小事；但是，我们必须认识到，孩子的日常生活正是由一些小事组成的，而我们与孩子的关系最终取决于我们如何处理这些小事。

第八章　破坏性和侵略性

突然扔东西

问题

我的小儿子布莱恩两岁七个月了，现在有个坏习惯，他总是随时随地把各种东西都往地上扔，不管是玩具、装饰品、书，还是餐具，只要到他手上就会立刻扔到地上，而且在他要扔东西之前完全看不出任何征兆。可以想象，这样一来，只要是在布莱恩可以够得到的范围内就是一片狼藉。

他本来一直很喜欢他四岁七个月大的哥哥本杰明，但最近他似乎完全变了，只要有机会就要攻击哥哥，特别是在吃饭的时候。布莱恩会把他的勺子、盘子甚至水杯朝哥哥扔过去，也看不到什么明显的原因，似乎他就是很喜欢这样去伤害哥哥。我们吃饭时都会十分紧张，因为就算布莱恩没有真的用什么东西去砸本杰明，他也会拿着东西做出一副要砸过去的样子，本杰明自然会被吓到。他还经常无缘无故地用力去掐本杰明，或者对他拳打脚踢。

这一切太奇怪了，因为本杰明真的一直都很喜欢他的这个弟弟。他是一个很好的哥哥，所有的玩具都会和弟弟分享，总是很开心地和弟弟一起玩。从本杰明的年龄来看，他算得上一个非常懂事的好孩子，我已经告诉他不要去打布莱恩作为报复，因为布莱恩的行为并不意味着对他真的很不友好，只是因为布莱恩还不太明白这些行为的意义，等布莱恩大一点就会明白，再不会这样了。

我自己也不知道这样的做法算不算明智，也不知道应不应该大胆地建议本杰明偶尔可以向布莱恩表明他自己的立场甚至偶尔互相对抗，希望您能给我一些建议。但是"以牙还牙，以眼还眼"肯定不是我们的立场。

今天晚上，本杰明睡觉之前在床上对我说他再也不喜欢布莱恩这个弟弟了，因为布莱恩总是伤害他，他觉得必须让布莱恩离开这个家才行。我相信您应该可以理解本杰明的想法，是吗？

其实这两兄弟一直都很亲密，他们睡在一间卧室里，除了早上两个半小时，他们通常都在一起，互相陪伴。

我还应该补充一点，布莱恩晚上睡觉很不安分，有时一晚上会醒四五次。每次只要他醒了，我们就会去安慰他，但他总是在夜里频繁地从床上爬起来，跑到别的房间去，对我来说确实太累了。我敢肯定，布莱恩在晚上的这些糟糕状况都是因为他在白天情绪波动造成的。只要我们纠正他扔东西等行为的时候，他就会陷入非常可怕的境地，躺在地上打滚，一边尖叫一边踢打，还把自己的鞋子袜子都扯下来——然后哭喊着让我们再帮他穿上。

其实布莱恩平时是一个非常可爱、充满爱心的好孩子，说话很流

第八章 破坏性和侵略性

利，也很聪明，身体也很健壮。

这个问题可能并不是特别常见，但肯定是个非常麻烦的问题。

我建议您给布莱恩安排一个固定的时间和固定的场所，让他随便扔东西，但是这个时间之外就可以要求他不能这么做了。吃饭的时候，您不妨让他们兄弟俩分桌吃饭，或者让布莱恩暂时单独吃饭。我们应该尽量在吃饭的时候避免布莱恩在餐桌上伤害哥哥，而不是去责备他，但您可以直截了当地告诉他，您很不喜欢他在餐桌上扔勺子和盘子。或许用不了多久，布莱恩就能控制自己不再这么做了，而在此期间，我相信您会觉得让他自己在一张小餐桌上单独吃饭会更好一些。

您可以每天安排一段固定的时间，最好是在花园里，让他试着把扔东西变成一个有趣的游戏，和您及本杰明一起来分享。比方说，大家一起投掷积木，在确保安全的情况下可以互相投掷，不过您朝布莱恩投掷回去的时候要多加小心，不要让他觉得这是一种惩罚，而是一种游戏的乐趣。您可以尽快尝试把扔东西变成一个大家都能分享的有趣游戏。当然，扔小皮球会更合适一些。您不妨明天早上就试试这个方法，吃完早餐后给他十分钟或者十五分钟，让他在花园里尽情地扔东西，散步回来之后再玩一遍这个扔东西的游戏。但在其他时间，您必须仔细看管布莱恩，不要让他随意扔东西，更不能砸到别人。

关于您对哥哥本杰明的态度，您强调说您的立场肯定不是"以牙还牙,以眼还眼",这一点我完全同意,大人绝不能鼓励小孩子之间互相报复。但另一方面,我们当然不能指望一个四岁多的小男孩在面对自己弟弟的攻击时完全保持冷静和理解并且不进行任何自我保护,这肯定是不现实的事情。如果大人要求这个年龄的孩子必须这么做,无疑是在向他施加非常可怕的道德压力。我建议您允许他保护自己,但要通过一种不会伤害弟弟的方式来宣告和捍卫他自己的权利。

在我看来,让年幼的孩子认为他们可以攻击年长的哥哥姐姐而完全不会受到惩罚是不可取的。从您所说的例子来看,如此程度的自我牺牲带来的压力很容易让哥哥本杰明对弟弟布莱恩心生厌恶甚至恨意,事实上,您已经从他们身上看出了一些端倪。无论是小男孩还是更大一些的男孩子,其实都可以在激烈争斗甚至打架的同时保持某种就事论事的竞争方式,即使当时的矛盾很大,也不会在孩子心里引起真正的怨恨和仇视。然而,强迫哥哥为弟弟做出牺牲则很容易激起真正的怨恨和仇视,而且这种可怕的情感甚至会一直持续到他长大成人。

如果您不去过多地进行干涉,让哥哥自己在这件事情上找到平衡,应该对他们俩都更好一些。亲兄弟之间的敌意在幼儿时期可能会非常严重,但通常都不会破坏他们将来的手足之情。我知道许多这样的例子,有的男孩之间曾发生过极其激烈的竞争,然而当他们长大一些或者进入青少年时期后却成为彼此的挚友。

就您的两个儿子来说,如果他们能用一种更自然的方式来解决现在的问题,他们一定会更尊重和喜爱对方,而且哥哥本杰明的性格显然很友好,所以您不需要担心他会伤害弟弟布莱恩。

第八章 破坏性和侵略性

咬伤更小的孩子

问题

我的小侄子彼得现在两岁四个月了,他一直让他妈妈非常担心。大约在过去的半年里,彼得总是会去咬那些比他小的孩子。就在最近,他咬伤了五个月大的小宝宝帕特。

彼得其实是个很可爱的孩子,除了现在变得喜欢咬人之外都挺好的。但这件事让他妈妈十分焦虑,甚至因此生病了。我们完全想不出他为什么要咬人,要说有什么值得关注的地方,那就是彼得是在他父母结婚九年后的第一个孩子,他父亲一直非常宠爱他,还喜欢假装要吃他来逗他玩。

有一天,邻居家有个刚学会走路的婴儿站在门口玩耍,结果彼得咬了他的手。彼得因此被狠狠揍了一顿,还被禁止出门,但我觉得总不能一直把他关在家里,这样对孩子肯定非常不好,而且他会觉得这是莫大的耻辱。

管教的常识：直面孩子成长的88个问题

他妈妈曾试图通过用同样的方式咬他来帮助他理解咬人不对，但没有任何效果。我们一直希望随着年龄的增长他就能克服这个毛病，但是半年多过去了，他还是会咬人。

事实上，两三岁的小男孩通常都会有咬其他孩子的冲动，而且这种冲动往往会很强烈，不过您侄子如此强烈的咬人欲望似乎有点儿不同寻常。

我们常常可以从孩子咬人的行为中看出，这其实是孩子表达爱的一种形式。您提到他父亲就很喜欢装作要吃他来表示对他的宠爱，那么孩子其实很自然地会对他喜爱的人说："我太爱你了，爱你爱到可以吃了你。"只是彼得还小，可能还无法用语言来表达，同时也不明白只能假装咬人而不是真的咬伤别人。两岁四个月大的小男孩当然还不具备足够的自制力和理解力在咬伤别人之前及时停止自己咬人的行为。

在我看来，彼得身上所表现出的这么强烈的咬人冲动毫无疑问和他父亲有关，至少有一部分原因是父亲经常通过假装吃掉彼得来表达自己对彼得强烈的爱。当大人假装要吃掉小孩的时候，小孩总是会很害怕。彼得还分不清假装开玩笑和真实行为之间的区别，他是真的很害怕自己会被吃掉。他现在的表现应该就是一种表达爱意的方式，这当然是从他父亲那里学来的，不过由于彼得还是个小孩子，所以他咬

第八章 破坏性和侵略性

别人的时候和父亲对他的玩笑存在差异；另外，这在某种程度上也是在表达他自己的担忧——爸爸要吃掉他。

我知道不少父母都遇到过孩子咬人的问题，对于两三岁的小男孩来说，责备和体罚绝不是解决这个问题的有效方法，这样做只会适得其反，使孩子咬人的行为变得更严重、更频繁，而且他妈妈试图通过用同样的方式咬他来帮助他绝对是错误的。这些手段只会加重孩子咬人的倾向，因为大人的这些做法等于证实了他自己的观点，也就是成年人会对他做这些事情，所以他必须对那些比他小的小朋友做同样的事情。

如果孩子确实咬了别人，我们不要以任何方式去责备或者恐吓他，应该坚定而严肃地和他说清楚，告诉他我们不希望他咬别人，因为这样被咬的人会很疼；同时我们都很理解他不希望被别人咬，就算是爸爸妈妈来咬他也不行，因为我们知道他不喜欢被任何人咬，这样或许能让他对这种行为有所理解并减少咬人的冲动，不再去伤害更小一些的小朋友。

有一点您应该注意，您必须让他知道您很明白他咬人的时候并不都是出于愤怒，有时候也会为了表达爱意而咬人；同时您应该告诉他，如果他喜欢一个小朋友，那就应该去亲吻别人而不是用牙齿去咬，这时候您可以温柔地亲吻他，让他亲身体会到亲吻比咬人让人愉快得多。

我认识一个小男孩，他在三岁的时候特别喜欢咬人，当时就是我帮助他克服了这个毛病，他现在十二岁了，已经成长为一个非常阳光的大男孩，可以说是我见过的最让人喜欢的男孩子。我帮助他的方法就是让他用亲吻代替咬人来表达他的情感，我平静但坚决地告诉他："不要这样，谢谢你。我知道你是想表示你很喜欢我，但我不想被咬，也不想受伤，我不会让你来咬我的。"然后他就说："好吧，那我就吻你一下。"

我发现我自己的态度非常重要，千万不能去责备和恐吓孩子，应该通过平静而严肃的陈述来让孩子接受咬人并不是表达爱意的合适方式，这种行为其实非常粗鲁，甚至会伤害别人。当然，有这种咬人倾向的孩子在这一阶段需要我们认真看管，我建议暂时不要让彼得单独和其他孩子待在一起，他可能会因为无法控制自己而伤害别人。让其他孩子被彼得咬伤肯定是不公平的，而且让彼得经常处于伤害者的状态，对他自己也不会有任何好处，更不要说帮助他克服咬人的毛病了。

因此，至少在一段时间内，我们应该非常仔细地看管彼得，尽量避免他和别的孩子独处，同时坚持我所说的平静而坚决的态度，引导他用亲吻或者拥抱代替咬人来表达自己的爱意。在这个过程中，确保他在各方面都能获得足够的关爱以及有趣的娱乐活动十分重要。我还想再次强调，如果我们想要顺利解决这个问题，就必须完全放弃责备、体罚或者其他惩罚方式，否则，我可以肯定，只要我们继续以这种方式来对待他，那他就会继续咬人，甚至愈演愈烈。

第九章
各种问题的症状

管教的常识：直面孩子成长的88个问题

夜晚在床上蹦跳

> 问题

我有一对双胞胎儿子，哥哥叫安德鲁，弟弟叫乔治，他们现在一岁半了，都是健康的正常孩子。弟弟性格很安静，不管白天有什么兴奋的事情，晚上都能整夜安睡，甚至连睡觉的姿势都不会改变。哥哥虽然每天都会很高兴地在晚上六点上床睡觉，但夜里总是睡得很不安稳，往往在凌晨两点左右醒来，似乎已经休息好了。然后他就在床上上蹿下跳，弄出很大的噪声，直到凌晨四五点，吵得大家都睡不好。安德鲁在床上跳的时候还会一边唱歌一边咯咯笑，嘴里嘟哝着他会说的所有单词和句子。他自己蹦蹦跳跳累坏了之后就又睡着了，直到早上六点半左右弟弟醒了，他也跟着醒了。最近这几个星期，他一直都是这样。

我试过了不少方法，比方说：（a）让安德鲁和他最喜欢的兔子娃娃一起睡觉；（b）轻声告诉他睡觉的时候应该和弟弟一样乖；

（c）让他抱着别的动物娃娃一起睡觉；（d）把他从床上抱下来并安静地坐在他身边陪他一会儿。他爸爸也试过严厉地警告他："安德鲁，你不能在床上弄出这么大的噪声！"但这些似乎都没什么用，不管我们用什么方法，安德鲁总是一边微笑一边说"不，不，不！"，然后继续在床上一边蹦跳一边唱歌。

最近这几个月，我们一直都避免孩子们在睡觉之前玩得太兴奋，尽量让他们安静一些，尤其是不想让安德鲁太兴奋。他从小就喜欢和人交流，需要身边有一个人去倾听他，从他学说话开始，就总是喜欢重复我说的每一句话，还希望我不停地表扬他。因为他们是一对双胞胎，所以兄弟俩在散步的时候总是备受人们的喜爱，当安德鲁还是个婴儿时候，他就一直很期待路人对他微笑。

我觉得他这样在床上蹦跳对他的神经系统发育没有好处，而且晚上的噪声对周围的人来说是一种打扰。不过就算他夜里这样闹腾，弟弟乔治总是一直安睡整夜。

不少两岁的小孩子都有在婴儿床上蹦跳并弄出很大声响的习惯，甚至用自己的脑袋和身体四处去撞的情况也不少见，尤其是小男孩更喜欢这么做。

我记得很清楚，在过去的一年多时间里，我收到的许多来信中都提到了这个问题，事实上，这是小孩子非常自然的习惯。通过这些来信，我得出了一个非常清晰的结论，那就是只要孩子有这样的冲动，那么无论我们用什么样的方法，例如劝说、恳求、责备或者惩罚，都不可能阻止孩子的行为。

这种行为本质上源于孩子内心深处的某种本能冲动，会使孩子感到非常强烈的紧迫感而必须马上用实际行动释放这样的冲动，而且对外界想要阻止他的企图都不会有任何反应。另一方面，我们也没有任何证据表明这种行为对孩子本身造成过真正的伤害。对成年人来说，这确实是令人烦恼甚至愤怒的事情，对其他孩子来说，可能也是如此，但对孩子自己来说，这其实是一种缓解紧张、维持正常精神状态的手段。倘若我们用绑住安德鲁身体的方式来强迫他不要动弹，那他肯定会非常痛苦。

关于两岁左右的孩子做出这些动作和行为的含义，心理学家已经有了比较全面的理解，但由于本书的篇幅所限，我无法对这些专业解释进行非常清晰而且令人信服的阐述。不过我强烈建议您不要以任何直接的方式去干预安德鲁的行为，要让他通过自然成长来克服，他肯定可以做到，只要他在情感方面的正常需求都能得到满足，我相信在接下来的一年内安德鲁就会停止这些行为。

他晚上在床上蹦跳的时候，您应该让他穿上比较厚的衣服，以免着凉；另外，我建议您换一张床，这样他在蹦跳的时候就不会发出那么大的噪声了。您自己要试着在这种比较吵的情况下尽量安然入睡，避免安德鲁的吵闹影响自己，以至于对他发脾气。

在我看来，安德鲁的行为主要是小孩子正常发育的表现，同时也说明他对白天的日常生活感到很满足。等他稍大一点儿，通过玩耍掌握更多使用手的技能，学会说话和交朋友之后，这种特殊的夜间活动对他来说就会变得没那么必要，从而自然而然地消失。三四岁的小男孩通常都会这样。您在白天的时候不妨给安德鲁安排一些比弟弟乔治多的身体活动，例如跑步和攀爬这种运动都很合适，尽量让他少在婴儿车里待着；同时您可以毫不吝啬地公开表达对他的爱意。幸运的是弟弟乔治的性格安静温和，我们完全不必担心他的成长。很明显，兄弟俩的个性和发展方向迥然不同，但我相信弟弟乔治按照他自己的方式成长也会令人感到满意。

管教的常识：直面孩子成长的88个问题

一岁半的孩子咬指甲

问题

我是一名保姆，现在的工作是照顾一个一岁半的小男孩克里斯。他很健康，各方面的发育都很超前，身体格外健壮，而且绝不是那种神经紧张或者容易激动的孩子。

大约一个月之前，他开始变得喜欢咬指甲。他总是在累了的时候这么做，而且晚上上床睡觉以后，我每次去看他的时候都会发现他在咬指甲。要是有谁告诉他不要这么做，他就会立即把手指伸进喉咙，弄得自己反胃干呕。

当我纠正克里斯的一些错误时，他偶尔还会故意发出一些声响，然后狠狠地咬自己的指甲来吸引我的注意，就好像他很清楚这么做会让我非常生气一样。在这种情况下，我觉得他咬指甲可能只是为了吸引别人的注意，但如果他单独待着的时候还这么做（他总是上床睡觉的时候咬指甲），那我想这更可能就是一种坏习惯了。

第九章 各种问题的症状

我能阻止他的唯一办法就是待在他身边，轻轻握着他的手直到他睡着，但是我现在刚刚教会他自己单独睡觉，因此我不想又和以前一样一直陪着他睡着。

小孩子咬指甲是一种十分常见的行为，我认为您很快就会发现用间接方法来处理这个问题比直截了当的干预要有效得多。

尽管您说克里斯绝不是那种神经紧张或者容易激动的孩子，但是在我看来，他对您的直接禁令的反应可以说不同寻常，而且显然有点儿神经质。他这么做如果能让您很生气，他并不介意伤害自己，我认为这一点已经很明显了。在目前这样的状况下，除非您每时每刻都紧紧地盯着他，并一直坚持十分严厉的态度，否则您不可能通过责备或者命令来纠正他咬指甲的习惯。

许多人推荐把手指缠起来或者涂上苦芦荟汁来帮助孩子克服咬指甲的习惯，然而很遗憾，这些方法几乎总是不能奏效。这样的直接干预不仅不能帮助孩子，反而会在实施的时候让孩子感到更加紧张和急躁，甚至会阻碍孩子通过正常使用手和手指来促进各方面的发育。出于这些原因，我认为唯一可取的直接干预方式就是在孩子的指甲上涂些橄榄油，这样指甲就会变得更柔软，不会粗糙也不容易破，于是孩子咬指甲的诱惑就会减少。

除此之外，我建议您在克里斯能减少咬指甲次数的时候给予他积极的鼓励,您自己尽量不要把这件事放在心上,这应该是比各种直接干预手段更有效的方法。您可以为他安排各种他觉得很快乐的事情来做,让他有许多合适的玩具可以玩,也有许多在户外自由玩耍、跑步和蹦跳的机会,这些都是很好的间接方法。

至于他睡觉之前喜欢咬指甲的问题,我建议您试着给他一些他最喜欢的玩具,让他抱着入睡,或许会有所帮助。但如果您确实很担心他,非常希望他睡觉的时候不会咬指甲,那么我认为您除了与他在一起握着他的手之外,恐怕没有别的选择了。用绷带或任何方式把手指绑起来都是非常不明智的做法,您没有必要去尝试。

我必须强调最重要的一点,那就是您越是关注他咬指甲,越是对此大惊小怪,就越有可能促使他把这个习惯变成一个永久的坏习惯。

撞击身体

> **问题**

我的儿子亨德森现在两岁八个月,他睡觉的时候有个习惯,就是伏着身体用双手和膝盖在床上撑着来回剧烈摇晃,手脚并用前后乱撞,每次都会把头撞到婴儿床的床头架上。这种情况断断续续有一年多了,但最近他这么做的频率大大增加了。现在他几乎每天晚上都会这么做,而且有时候似乎是在梦中这么做。他如果醒了,也不会哭,也不会不高兴,相反他会变得非常激动,甚至兴奋得面红耳赤。

我总觉得应该在夜里去看看亨德森,因为不在他身边的话,我担心他会一直这么闹。我相信这种状况对他来说肯定是很有害的。我在他的小床上垫了软垫子,以免他真的撞伤头部。另外,我觉得他的牙齿是不是还有点什么问题,但就算有,也肯定不是什么大麻烦。

除此之外,亨德森都很正常,就是个完全健康的小男孩,而且他总是很开心。在白天的时候,无论哪个方面他都不存在任何问题。

管教的常识：直面孩子成长的88个问题

亨德森在床上摇晃乱撞甚至把头撞到床架上的习惯确实对他不好，但您暂时恐怕没有任何可取的方式可以帮助他。您在床上垫上垫子是非常明智的做法，当然这也是很合适的间接方式，这样他就不至于伤到自己。

根据您的描述，亨德森在其他方面的发展似乎都很不错，那么在我看来，只要他的日常生活总体是快乐的，我相信这个习惯在未来一年内就会自然消失，所以您不必太担心。您儿子目前这样的状况不算很常见，但也有孩子会有这种习惯，而且主要出现在小男孩身上。不过根据观察，这种现象很少在四岁以后的孩子身上持续发生。

另外，当孩子觉得需要做这样的一些事情时，大人的干预通常都会弊大于利。亨德森的行为其实是一种焦虑的表达，他通过这种方式来让自己在其他方面保持情绪的稳定和平衡。我建议您不用为这件事特别担心，除非亨德森这么做的频率和时长都有非常明显的增加或者到了明年仍然没有好转，如果出现这种情况，那您就需要咨询专业的儿童心理专家来诊断他潜在的问题了。

夜晚撞床

问题

我儿子彼得现在一岁九个月大,是个非常健康的小男孩,他每天都很快乐。然而,最近他让我们感到非常头疼。他上床睡觉的时候会用手和膝盖撑在床上用力蹦跳,撞得床嘭嘭响,动作还很有规律,有时候会连续闹腾好几个小时。他通常都会在傍晚6:45到7:00之间上床睡觉,但很少能在9:00之前睡着。他在夜里经常会醒来一两个小时,醒着的时候就会一直这样用力蹦跳。就算他完全精疲力竭,甚至已经迷迷糊糊就要睡着的时候,还是会继续这么做。

我们想尽了一切办法来阻止他,但无论是进行耐心的劝说、严肃的惩罚,还是把他绑在小床上,好像都毫无用处。这种情况已经持续了三个月。大约两周以前,我因为有事情不得不暂时离开他,让他独自睡在我的床上,希望换了一张床和卧室的环境能够让他有所改变,然而令人遗憾的是他没有任何改善。

管教的常识：直面孩子成长的88个问题

　　孩子这种行为的根源是他头脑中某些非常复杂的思想活动，要想解释清楚需要很长的篇幅来加以阐述，恐怕我们现在的篇幅不允许。

　　简单来说，这是彼得为了处理某些心理冲突而为自己找到的一种解决办法，这种行为本身其实并没有什么害处。真正影响他睡眠的并不是这种习惯，而是这种习惯背后隐藏的焦虑。蹦跳和乱撞本身就是彼得试图摆脱影响他睡眠的焦虑的表现。

　　您说您用耐心的劝说、严肃的惩罚或者把他绑在小床上好像都毫无用处，对此我完全不会感到惊讶，因为这些方法可以说都是错误的。要想用直接干预的方式强行阻止孩子的这些行为，只能通过类似于严厉体罚等一定会对孩子的情感方面造成巨大伤害的极端手段，当然，我们都很清楚这是绝对不可取的。

　　在我看来，您现在完全没有必要担心彼得晚上蹦跳乱撞的行为，因为这种情况通常都会随着孩子的正常发育而自然消失。这种习惯一般多见于两岁的孩子，有时候一些三岁的孩子也会这样，但再大一些的孩子就很少会出现这种情况了。

　　当然，如果孩子在这个过程中遭到了大人非常错误的对待，一直都很不开心，那这种情况很可能会继续存在，但只要我们不这么做，孩子就会在克服这种习惯背后隐藏的焦虑的同时停止这些行为，因为那时候内在的根源已经得到了解决，外在表现自然就没有存在的理由了。

我建议您首先建立正确的思路，您应该让他愉快地玩耍，保持和他友好的亲子关系，通过这样的方式来让他感到快乐，无论在白天还是晚上都要如此；同时，您不要对他的这些行为进行责备，更不能打骂惩罚，必须保持冷静的态度，这样才能帮他克服目前的困难。

管教的常识：直面孩子成长的88个问题

夜晚用头撞枕头

> **问题**

我的儿子霍华德一岁十个月大了，是个健康而壮实的小男孩，他每天都充满活力，也很快乐，但是就在大约四五个月前，他养成了一个很不寻常的习惯。只要晚上上床睡觉的时候，他就会翻个身趴在床上，然后用头在枕头上不停地撞，他会一直就这样撞十五到二十分钟，几乎一秒钟都不会停下。他这么做的时候会非常用力，所以我很担心。

有人建议我把他面朝上绑起来，不让他趴在床上，但在我看来，用这种方法来对待霍华德肯定是很不明智的。但我现在确实希望能有什么办法帮助他改善这种状况，哪怕稍微有所好转我都会很高兴。

霍华德差不多每天都会有大量的锻炼活动，如果下雨或者天气太冷，不能在花园里嬉闹，我就会陪他在室内踢足球，我想他的运动量应该是足够的。耐心的劝说和严厉的批评我都试过了，似乎都没什么

第九章　各种问题的症状

效果。一些朋友告诉我等他再长大一些就会没事了，但他的这个习惯已经持续了这么久，都快半年了，而且我觉得用头用力撞枕头肯定对他的大脑发育有害，所以我想向您咨询，希望能找到合适的方法帮他立即改掉这个习惯。

我已经收到了好几封来信，都是反映和霍华德同样的问题。虽然孩子这种撞击头部的行为不像吮吸手指和咬指甲那样普遍，但也是比较常见的现象。这种行为和吮吸手指以及咬指甲在本质上是一样的，都是源于孩子的心理问题，尽管这种行为看起来可能更激烈，也更痛苦，但实际上可能比吮吸手指和咬指甲这两种习惯对孩子造成的伤害要更小一些。

毫无疑问，把孩子面朝上绑起来，不让他趴在床上的想法是完全错误的，而且"错误"这个词甚至都不足以形容这种愚蠢的想法！您认为这种方法很不明智完全正确，我对此非常高兴。但从另一方面来说，我认为您对霍华德严厉的批评也是有害无益的。如果您通过责骂成功地阻止了他用力撞头的行为，那么您很可能会看到他不用多久就会出现咬指甲、口吃、夜惊等行为，或者出现他这个年龄的孩子因为神经紧张而引起的其他各种不良习惯。

既然霍华德除了晚上用头撞枕头之外没什么别的异常行为，而且您说他是个健康而壮实的小男孩，充满活力又很快乐，我建议您不用在意这件事，完全不必太担心。可以肯定，霍华德的这种行为在他的头脑里发挥着一定的心理作用，就像一个安全阀一样释放着他内心的某种压力，代表他想象中的愿望或者自我惩罚。

在我看来，没有任何理由认为他这个习惯一定会对他造成任何负面影响。只要他的日常生活快乐满足、身体健康，并保持足够的运动量，我相信最多一两年内他就能彻底摆脱这种习惯。

第九章　各种问题的症状

紧张性抽鼻子

问题

我的女儿詹妮弗今年四岁，她现在出现了一些问题，我很希望您能给我一些建议。

她已经养成了一种可怕的习惯，经常会抽鼻子和做怪相，我可以肯定她的鼻子没有任何问题，既没有伤风感冒也没有鼻炎之类的毛病，所以这应该是由于精神紧张导致的不良习惯。詹妮弗确实是个非常敏感的孩子，她的精神总是高度紧张，这对她很不好。我觉得她应该是缺少别人的理解，但我不知道应该如何帮她摆脱这种习惯。

詹妮弗还有个两岁的弟弟，是个非常阳光的小男孩，待人友善，性格也非常开朗，所以大家都特别喜欢他，不过我认为詹妮弗一点儿都不忌妒弟弟，而且总是和弟弟一起玩得很开心。她也喜欢吮吸手指，但只是在上床睡觉的时候才会这样。

　　我建议您不要批评您女儿现在的习惯,也不要直接去关注。这些小习惯一般发生在三到五岁的孩子身上,属于很常见的现象,通常是孩子内心中情感冲突的一种外在表现。最好的缓解方法是通过间接的方式进行干预,也就是说,我们应该通过找出孩子情感冲突的主要根源,并确保孩子在玩耍、陪伴和安全的情感中获得正常的满足。

　　詹妮弗现在喜欢抽鼻子很可能是她对弟弟忌妒的一种表达。很显然,在詹妮弗与弟弟的直接关系中,她设法控制了自己的情感,完全压抑了忌妒,并表现得亲切而乐于助人。然而,情感问题确实会强行寻找一些发泄的出口和表达方式,就算詹妮弗不抽鼻子,她也会用其他方式来表达,总之会有某种形式的外在表现。不过您不必担心,只要能得到足够的关爱、玩耍和陪伴,她肯定会慢慢地摆脱现在的问题,而且如果您不直接去关注的话,这种习惯会更容易消失。

第九章 各种问题的症状

如何改掉一个九岁男孩吸吮拇指的习惯

问题

我儿子亨利已经九岁了,他以前总是喜欢吮吸大拇指,而且他的牙齿和口腔都因此被弄坏了,我和他妈妈都很担心。不过最近一年他几乎都没有这样做了。

当时我找到了一种方法,一个月左右就帮他克服了这个不良的习惯。那是在复活节假期,我让他去学骑马,这样他不仅可以在户外呼吸到新鲜空气,还能让他的双手不能闲着。然后在他每天晚上上床睡觉的时候,我就会婉转地对他说,吮吸拇指其实很不好,而且拇指的味道也很糟糕。到了早上,我就让他仔细观察自己的拇指,让他看看之前一直被吮吸的那只拇指在停止吮吸之后出现的变化(起初只是想象的)。

他为这种变化感到非常自豪,在大约四个星期后,他就彻底摆脱了这个习惯。他的健康状况也获得了全面改善,口腔现在已经没问题了,牙齿几乎完全恢复了正常。

管教的常识：直面孩子成长的88个问题

　　我非常钦佩您的做法，毫无疑问，您对这件事的关注以及处理方式在帮助亨利摆脱这个习惯上起到了很大的作用。当然，让他参加骑马课也是其中的一个重要措施。对一个男孩来说，这当然意味着他的父亲希望他能用自己的手去做正确的事情，希望他成为一个灵巧又聪明的孩子，并为自己的身手感到自豪。这在亨利的心目中，既是爸爸对他成长的许可，让他可以做爸爸做的事情，同时也是让他去积极参加适合他年龄的活动的直接激励。

　　我认为，如果没有您作为父亲给予的这些积极鼓励，仅仅只是用暗示的方式去帮助亨利，恐怕不会有什么理想的效果；而且我可以肯定，只要您积极地鼓励他，而没有暗示他吮吸拇指不好，也是对他非常好的帮助。

　　在我看来，这封信是一个很有价值的提示，告诉我们作为父亲能够给这个年龄的男孩多少帮助，并不取决于愤怒的态度和严厉的惩罚，而在于采取积极的教育方式以及鼓励男孩进行有男子汉气概的活动。

　　我非常感谢您和我们分享这些经历，相信有许多读者会从中得到启发。如果父亲能够采取积极的态度，并用行动证明他们愿意以一种积极鼓励的方式将自己好的知识和技能传承下去，在类似亨利吮吸拇指这些问题上，甚至在孩子还不到九岁的时候，父亲就能为孩子提供更大的帮助，这一点毋庸置疑。

读者对吮吸拇指和咬指甲问题的咨询与反驳

下面这三封来信都是关于吮吸拇指的问题，其中第三封可以说是对我之前一个建议的反对意见。

问题

🅐 我的儿子丹尼斯现在一岁八个月，非常健康，充满活力，但他养成了一个很坏的习惯：总是喜欢吮吸拇指，同时还会用另一只手拽耳朵。当他感到累的时候，就会更频繁地这样做，尽管我已经把他的拇指包起来了，但他总是设法把绷带扯下来，或者去吮吸另一根手指。

🅑 请问您有什么好办法帮我解决孩子吮吸拇指和咬指甲的毛病吗？我儿子奥斯卡四岁四个月大，是家里的独子，我觉得他吮吸拇指和咬指甲可能是因为缺少玩伴，所以我现在让他去上幼儿园了，而且是全天制的幼儿园。

管教的常识：直面孩子成长的88个问题

🄲 您好，我读到了您在另外一本出版物上关于孩子吮吸拇指问题的一个回复，您提出在晚上睡觉前让十五个月大的小孩子喝一些热水煮糖果之类的甜饮料并不会影响孩子的身心健康。

看到这里，我被吓了一跳。我相信您肯定很清楚蛀牙形成的原因，而且就目前的牙科医学所知，您提出的这个建议可能让蛀牙的问题变得更严重。什么时候人们才能摒弃这种有害的方法？这样做就是让孩子睡觉的时候嘴里含着糖，这算是一种哄骗孩子的方式吗？至少我知道晚上喝热水煮糖果肯定对口腔有害，绝不是适合小孩子的睡前缓和剂。另外，用热水煮的糖果一定非常滑，对于大人来说都很容易吞进喉咙，孩子当然更容易被噎着，所以这还是一件相当危险的事情。

我一岁半的女儿也喜欢吮吸手指，我想她通过这种方式获得了许多安慰，不过我在她晚上上床睡觉之前会把她的牙齿仔细清洗干净；而且就算她很频繁地吮吸手指，我也不可能用让她睡前喝热水煮糖果的方法来处理这种问题，我从来不会觉得这种习惯是什么"可怕"的事情。

如果第三个问题中那个小女孩通过吮吸手指获得安慰可以帮助她顺利入睡的话，那我当然赞同她母亲的观点。

我经常说，大多数家长对孩子吮吸手指这件事感到的担忧和苦恼都是没有根据的。就其本身而言，这没什么值得担心的，当然，这种习惯也不至于被称为"讨厌"，用"可怕"来形容则更谈不上。没有这种特殊的满足感，许多孩子似乎无法入睡，就像现在有不少人睡觉之前不抽一根香烟就难以入睡一样。而那些不吸烟的母亲们，通常都喜欢喝茶，当然，茶也很难说是一种真正的必需品，更像是一种嗜好。可以这么说，我们大多数人，无论男女老少，都需要一些这种单纯而并无大碍的快乐来保持情绪稳定，使我们自己处于平和、令人愉快的状态。

　　小孩子吮吸手指其实清楚地表明了他们的需要和我们成年人并无二致。但是一些家长和孩子会遇到两个问题：第一是大人担心孩子过于频繁地吮吸手指会损害牙龈，并改变口腔的形状，但即使在这种情况下，家长也不能用直接的方式强行干预，因为强制禁止孩子吮吸手指对其心理上造成的伤害很可能比假想中吮吸手指对孩子造成的生理伤害要严重和持久得多。然而，要让每个人都明白这一点却绝非易事。第二，除了对牙齿和口腔会造成损害之外，许多母亲和保姆对孩子吮吸手指的行为会有本能的强烈反感，于是忍不住要用一些方法来进行干预，就算有人说直接干预并不明智也没有用，即使这方面专家的意见也不听。

　　然后，关于我提出让孩子喝热水煮糖果的建议，我想再次说明一点，这个方法的主要目的是尽可能让家长意识到，如果他们对孩子吮吸手指的习惯如此反感，必须设法消除这种习惯，那么就必须明白孩子停止这么做的同时肯定需要一些替代的安慰和满足。强行让孩子失去一种安慰而不给他另一种安慰作为替代是不明智的，所以我们必须选择一种替代，同时还要保证副作用越小越好。

当我提出让孩子喝热水煮糖果的建议时，我理所当然地认为，没有人会这么不注意，在孩子躺下的时候给他吃糖，因为糖可能会从喉咙里滑下去噎住他。我完全同意第三个问题中那位母亲关于安全的提醒，但我想每个人应该都会理解我的意思，不会粗心到让孩子被糖果噎着。

正如我之前强调过的一样，当我们面对有着吮吸手指的顽固习惯的孩子时，这是一个处理起来非常困难的问题。关于这个问题，可以说并不存在真正完美的解决方案——因为这完全是一个平衡各种可能存在的弊端和害处的问题。

关于前面两封来信中提到的问题，我想再次强调，解决整个问题最明智的方法就是不要对其进行直接的干预。例如，我不会像问题A中的母亲那样把孩子的手指包起来，这样做只会适得其反。如果孩子很健康，只是在累了或者要睡觉的时候吮吸手指，通常不会有什么害处。即使孩子喜欢咬指甲，大人最好也不要直接去阻止，除非是接受过专业培训的人对孩子进行可靠的心理辅导和治疗。尽可能多地让孩子进行他感兴趣的活动，找到合适的玩伴和他一起玩耍，让他的双手做许多有趣的事情而不是闲着，只有这些间接的方式才能帮助孩子解决这些问题。

掏鼻孔与吸嘴唇的问题

> **问题**

我女儿温妮莎一岁半了,她是家里唯一的孩子,身体非常健康,各方面都很正常,性格快乐开朗,但是最近她养成了两个不良习惯,我觉得是因为她出牙导致的。

一个是温妮莎现在总是喜欢把手指伸到鼻孔里面。只要我看到她这么做,我就会装作玩一个小游戏,轻轻捏着她的鼻子,然后发出奶牛一样"哞"的声音。她喜欢这个游戏,这也会让她暂时忘记把手指伸到鼻孔里,但当她独自待着的时候,还是会故态复萌。她从来没有鼻炎之类的毛病,除了出牙给她带来的困扰,我也不知道她到底为什么会养成这个习惯。

另一个是她现在特别喜欢抱怨,总是一边抱怨一边吸着嘴唇,发出令人不快的声音。我可以肯定这个毛病就是由于出牙导致的,温妮莎因为牙齿不舒服所以变得暴躁易怒。

管教的常识：直面孩子成长的88个问题

  我相信您的判断是正确的，温妮莎在出牙过程中情绪变得糟糕以及精神紧张应该就是导致这种习惯产生的原因。

  不管是刚长牙还是换牙的孩子，出牙对他们来说几乎都是一种会引起焦虑和烦恼的不快经历。不过您不必太担心，最好不要去特别关注她掏鼻孔的行为，当她的手指活动能力变得更灵活，在日常生活中能感受到足够的安全感时，这个习惯就会自然消失。

  吸嘴唇或者弹舌头发出怪声的习惯通常要比吮吸手指或者掏鼻孔之类的习惯持续得更久一些，因为手的活动会随着孩子年龄的增长自然转移到别的事情上，所以吮吸手指或者掏鼻孔这些需要手来完成的动作就会自然减少。温妮莎喜欢一边抱怨一边吸着嘴唇发出令人不快的声音的习惯肯定也会自然消失，只要您继续平静而自信地对待她，相信她很快就能克服。

  总的来说，我觉得她各方面的成长发育都很好，目前这种小困难在每个孩子的发展过程中都会发生，我们不必太过在意。事实上，小孩子在成长过程中总会遇到许多危机——断奶、出牙、适应固体食物、面对陌生人、到陌生的地方、忍受不可避免的分别、对家里新添弟弟妹妹的忌妒——在这一系列过程中，孩子身上必然会出现一些困难、问题或者坏习惯，而这些困难、问题或者坏习惯本质上其实是孩子适应这些事情的外在表达形式。在大多数情况下，当孩子度过早年的这些主要危机时，只要能获得稳定的情感和关爱，有足够多的机会去玩耍和学习，这些困难、问题或者坏习惯都会自然消失。

第九章　各种问题的症状

吮吸毯子

> 问题

我女儿安吉拉快五岁了，大约从一岁的时候开始，她睡觉的时候就会吮吸自己的衣服或者床单、被子的边角。有一段时间，我专门给她一块干净的手帕让她吮吸，因为这样肯定比让她吮吸衣服和床单更卫生，我也会每天清洗手帕。她稍大一点之后，我试着让她放弃晚上吮吸手帕，但没有成功。如果我不给她手帕，她就会从床上起来找别的东西吮吸——任何她能找到的东西，例如床单，甚至是洋娃娃的衣服，等等。拿走她的手帕之后，她几乎每天晚上都会吮吸床单。

冬天的时候，安吉拉垫的盖的都是厚厚的毛毯，我曾以为随着她逐渐长大，不会把厚毯子塞进嘴里。然而，事情同样糟糕，甚至更糟糕了，我感到非常绝望。每天晚上她都会吮吸毛毯，我只能在她睡着后帮她从嘴里拿开，因为我觉得这样会使她的嘴巴变形，变得很难看。如果我晚上十点去把她嘴里的毛毯拿开，而她并没有完全醒来，

管教的常识：直面孩子成长的88个问题

那她就可以嘴里不含任何东西一直睡到早上八点；如果她醒了，而且不能马上入睡，就又会把毛毯或者任何手边的东西塞进嘴巴里。

我已经想尽了一切办法让安吉拉不要这么做，但似乎无济于事，尽管有时候我确实能感到她在试着停止这个习惯，然而这个习惯对她来说实在是太根深蒂固了。有朋友告诉我这不值得担心，等孩子大一些自然就会好的，但我并不确定会这样。

安吉拉是个非常健康的孩子，性格开朗快乐，不过她很容易兴奋，自我意识非常强烈，可以说有点固执。

我认为您不应该采取任何直接的方式来改变您女儿的这种习惯，事实上，我们恐怕也找不到任何明确而有效的方法来帮她在短时间内摆脱这种习惯。

很明显，安吉拉这种吮吸的需要和欲望如此强烈，以至于我可以肯定，如果任何直接的干预成功地阻止了她这么做的话，必然会导致她出现其他一些更令人烦恼和担忧的症状，例如咬指甲、口吃等。毕竟这是一个并无大碍的习惯，和吮吸手指的习惯比起来，它的危害要小得多，因为一块柔软的手帕或者床单并不会伤害孩子的牙齿和口腔。就像您那位朋友建议的一样，等安吉拉长大一些的时候，她很可能就不再这样了。

但这种习惯也有可能一直持续下去！我有一位女性朋友，现在已经是中年人了，她是一位非常聪明、为人极好的女士，在职场上十分出色，可以说拥有辉煌的事业，和周围所有人都保持着愉快的友谊。然而就是这样一位看起来几乎完美的人，直到今天还保持着小时候的习惯，她每天睡觉的时候手里都要捏着一小块法兰绒，而且还会吮吸手指，否则就无法入睡！但这样的习惯对她自己以及其他人都不会有任何伤害。

  我提到这位朋友是想告诉您，大多数孩子都会随着年龄的增长自己摆脱这种习惯，但也存在特殊现象，所以我希望您既不必完全否定您那位朋友的建议，也不必笃信无疑，顺其自然就好。您说您担心安吉拉把毯子塞进嘴里会使她的嘴巴变形，变得难看，这当然不无道理，厚毛毯显然比一块柔软的薄手帕更容易导致这种情况，因此我建议您还是给她一块手帕，就像以前一样，而且您也更容易保持手帕的清洁。

  另外我还想强调一点，批评和责骂只会适得其反，我们自己首先保持冷静和关爱的态度才是正确的选择。

拿到东西就放进嘴里

问题

我儿子弗雷德现在三岁,他现在有个习惯让我非常头疼,不管给他什么东西,他都会放进嘴里或者放在嘴唇上摩擦,尤其是纸巾或者报纸这种纸质的东西。每次我都会试着阻止他这么做,但批评和责骂都没有用,请问您能给我一些建议来帮助他改掉这个糟糕的习惯吗?

回复

弗雷德的情况确实是一个难以处理的问题。阻止一个喜欢把东西放进嘴里的三岁小孩这么做肯定不容易,大人的批评和责骂显然是没有用的。不过您不必对此太过担心,因为这个习惯并不会对孩子造成什么特别的伤害,除非孩子这么做可能会导致感染。当然,我的意思也不是完全放手不管,家长肯定要注意不能让孩子把脏东西放进嘴里，但我认为纸片之类的东西不至于对孩子的健康很有害。

这其实是一种类似吮吸手指的习惯，都属于口腔欲望。我建议您尽量让他在食物中获得足够多的乐趣。弗雷德的行为必然与他头脑中某些别的东西有联系，许多时候，这种行为都暗示孩子缺乏某种形式的口腔乐趣，比方说，需要更多的糖果（当然我们也要选择适合孩子的品种和数量）。

我建议您教他用手指来做一些小游戏，安排他做许多有趣的事情让他的手不闲着，同时也可以教他许多童谣和歌曲，来培养他说话的乐趣，这些都是能帮助他的方法。我相信，只要弗雷德在这些方面都能得到足够的满足，他肯定能改掉这个习惯。另外，我建议您不要试图通过批评甚至责骂这样的直接手段来改掉这个习惯，这样做只会适得其反。

吮吸舌头

我女儿伊丽莎白今年六岁了,现在刚刚上小学。尽管只上了两天学,但我很担心她吮吸舌头的习惯已经让她在校园里感到自卑了。

当她还是个婴儿时候,她就一直喜欢吮吸舌头,尤其是做一些需要努力的事情时,动脑筋或者累了要睡觉的时候也是这样。有许多次我都尽力让她转移注意力,试着用一些有趣的东西让她忘记这件事,但每次到最后她还是会吮吸舌头。希望您能给我一些有用的建议。伊丽莎白从小就是个开朗的女孩,也很聪明。

回复

伊丽莎白的这个习惯在她这个年龄的孩子身上并不罕见,但目前可以说找不到任何明确的方法可以帮助您女儿在短时间内改掉吮吸舌头的习惯。您担心她在学校里的状况不无道理，我也认为她的一些同学很可能已经表现出他们注意到了她的这个习惯。但您无须太在意，尽管她在学校有可能会遭遇一个短暂的痛苦时期，但从另一方面来说，这可能也是对她克服这种习惯的最好帮助。

我建议您保持平静温和的态度，就事论事地对她说："你知道你在做某某事情的时候会吮吸舌头吗？我敢说你肯定不知道，因为你现在已经是一个大女孩，已经是一个小学生了，如果你知道自己有这样的行为肯定就不会这么做了。但就算你不能马上完全改掉这个习惯，你也不用太担心，妈妈非常确定地告诉你，随着年龄的增长，你的这个习惯会自然消失。"当然，您自己首先要确信这一点，同时保持耐心，让时间和自然成长来帮助她克服现在的困难。

管教的常识：直面孩子成长的88个问题

五岁的孩子扯断自己的指甲

问题

我儿子詹姆斯五岁了，他现在有个非常可怕的习惯，总是喜欢撕扯自己的指甲，直到把指甲扯断为止。我非常希望您能给我一些建议，告诉我应该怎么阻止他这么做。就算我当面批评或者责骂他的时候，他似乎都不会停下来，他会把手藏在背后，继续揪指甲，直到把一块指甲揪下来为止。

我不知道您有没有试过在詹姆斯的指甲上涂一些橄榄油，这可以说是我目前发现的阻止孩子咬指甲最成功的一种方法，我想对您儿子喜欢撕扯指甲的习惯来说也应该一样有用。同时我建议您非常仔细地帮他剪指甲，保证指甲边缘没有破损和缺口，然后经常涂一些橄榄油，保持指甲光滑和软化。您不妨试一试这个方法，我相信会很有用处的。

第十章

性教育和"婴儿是从哪里来的?"

管教的常识：直面孩子成长的88个问题

如何向孩子解释新生婴儿的到来？

> **问题**

🅐 再过几个月，我们的二胎就要出生了，我有点担心现在快三岁半的儿子威廉，因为几年来我都一直全心全意地陪伴着他，所以我觉得第二个孩子的到来可能会让他感到家庭生活发生了巨变。我丈夫的工作很忙，整天都不在家，直到最近我们家才请了一名女仆，而且她只在早上过来帮忙，中午就走了，所以威廉可以说是一个"妈宝"。

不过威廉一直都很喜欢小婴儿，他觉得小婴儿都非常可爱，对我们家也将迎来第二个孩子也非常高兴。他还对我说他打算帮我给小婴儿洗澡和穿衣服。他问了我许多关于婴儿是从哪里来的问题，我向他做了大量的解释和回答。

我真正担心的是不久后我就必须去产科医院住院待产，而威廉会对我离开他感到不安和苦恼。我请他的奶奶过来和那名女仆在我待产

第十章 性教育和"婴儿是从哪里来的？"

的时间里一起照顾他，这两个人他都非常喜欢。一直以来，他差不多每个星期都会和奶奶待上一个下午，也很愉快，但只要他知道我晚上不能回家，他就会非常不开心。请问您认为在这种情况下，不告诉他我晚上不能回家，让他自己逐渐适应好吗？

我想过给他留下一个包裹，里面装着一封信和一个新玩具，等他担心我不在身边的时候就用这个玩具来分散他的注意力。如果他一直要找妈妈，请问您觉得奶奶和爸爸应该用什么态度来对待他最好呢？

我想这么对他说，告诉他我必须去产科医院住院待产，因为初生的婴儿太小太娇弱了，必须由医生和护士来照顾，但很快就会变得强壮一些，我们就能带回家自己照顾了，那时候妈妈就可以回家了。我想到时候给他一些我在医院里拍的照片，并且经常给他写一些明信片，您觉得这个做法好吗？

我打算尽快出院回家，希望生产完两星期以后就出院，然后请护士在我们家里照顾一两个星期。我觉得肯定不能让威廉认为这个新出生的婴儿让他的妈妈生病了。不过我回家以后最初的一两个星期恐怕还是得卧床休息，我准备告诉威廉所有的妈妈生完孩子以后都会非常累，所以需要卧床休息一段时间，您觉得我这样对他解释可以吗？

B 我女儿戴安娜三岁了，她很快就要迎来自己小弟弟或者小妹妹的出生，我很担心她能不能适应这样的家庭变化，希望您能给我一些建议来帮她减少这种不可避免的尴尬和不安。

大约一个月前，戴安娜已经表现出精神紧张了，我想其中有一部分原因是她患上了麻疹，尽管程度很轻，但对她来说肯定也是非常糟糕的事情,她以前从来没有患病需要卧床休息的经历。

戴安娜个性很要强,喜欢和别的孩子争吵,总是坚持己见,可以说有些固执。最近她变得很害怕噪声,每当有摩托车或者火车经过的时候就会害怕,另外她还害怕体型较大的动物,例如牛、马、又高又大的狗等。

我们和她讨论过新生婴儿的事情,希望她不会对小婴儿的到来感到失望和沮丧,因为这肯定会分散我们许多时间和精力,而且小婴儿有相当长一段时间不能当她的玩伴。戴安娜现在对她自己刚出生时候的事情特别感兴趣,总是喜欢问我们护士给还是初生婴儿的她洗澡时是什么样子,我们怎么给她穿衣服等。

我不知道她的潜意识里是不是已经开始对将要到来的小弟弟或者小妹妹产生忌妒。请问是不是所有的孩子都会对家里将迎来新生婴儿感到不安和尴尬呢,有什么措施可以避免这个问题吗?

据我所知,没有什么方法可以完全阻止年长的孩子对弟弟妹妹的忌妒感。忌妒是一种在人的本性中根深蒂固的情感,像新生儿出生这种典型而且至关重要的事件,不可能不引起忌妒。许多父母对这件事情的处理并不恰当,往往会使孩子变得更加难以忍受对弟弟妹妹的忌妒,其实我们可以预先告知孩子,让他提前有所准备,并在他产生忌妒之后用合适的态度和方式来帮助他,这样就会好得多。

第十章 性教育和"婴儿是从哪里来的？"

告诉孩子家里即将迎来一个新生的婴儿肯定是很有必要的，而且意义重大，因为这样可以使他觉得自己并没有被排除在父母的关爱之外。提前告知大大减轻了孩子对他不能参与的神秘事件的恐惧感，同时也会增加他对父母的爱和信任。同样，对孩子在这方面可能提出的任何问题，例如婴儿是从哪里来的，又是如何生长的等问题，我们都应该去积极回答。

然而，即使我们很希望向孩子解释清楚，但他们对这些事情是否能真正理解还是很值得怀疑。我们常常发现，有许多在小时候被完整告知关于婴儿出生的事实的孩子，到了十岁或者十二岁的时候仍然对这件事一无所知，他们和那些从小被灌输婴儿是从树丛里捡来的或者是被鹳叼来的孩子们一样，根本不知道关于婴儿的真实情况。但这并不是我们现在讨论的重点，那些被告知关于婴儿出生的事实的孩子受益的不只是知识方面，更重要的是父母的分享和互相信任的感觉，这才是核心所在。

父母对这件事上的保密和逃避正是导致孩子感到自己被排斥甚至不再被爱的原因，往往使孩子在忌妒中变得更加糟糕。当然，告知关于婴儿出生的事实也不是万能的灵丹妙药，不见得能解决所有孩子在面对这件事情时可能会出现的困难。就像对待孩子的其他事情一样，我们必须在这个问题上把握好分寸、因势利导才行。

如果孩子自己不愿意问这方面的问题或者不愿意谈论这件事，那么最好不要强行向他解释。不过年幼的儿童很少会这样，一般到了六七岁以后，一些孩子会直接表现出对这个问题的排斥。年幼的儿童通常都与母亲保持着十分亲密的关系，当他们被告知这些事情的时候，肯定会感到很高兴，因为他们会认为自己拥有一些特权，而且无论如何，他们都会从母亲的身体以及母亲的日常活动和计划中看到许多变化，并产生疑惑和猜测，所以向他们解释婴儿出生的事情当然是很有必要的。

关于如何具体安排分娩的事宜，我认为问题A中的母亲的想法非常正确，她提到想尽快出院，并请护士在家照顾一两个星期，这都是非常明智的做法。根据这位母亲的描述，我可以明显感觉到，当母亲因为分娩而不得不离开家一段时间的时候，年幼的儿子威廉将感到多么失落和不安。而且在这种情况下，母亲能不断地、确凿地证明对威廉的爱意和关注一如既往，对他来说将是非常大的帮助。在包裹里放上一封信和新玩具，给他一些新拍的照片，给他寄明信片，这些计划都很好。毫无疑问，这样做比不告诉他就离开要好太多。

当然，我们也没有理由不告诉孩子，这是一件绝不轻松的事情，母亲在生完孩子后需要一些额外的休息，也需要医生和护士的帮助才能完成这么重要的事情。至于实际需要离开多久，我建议最好不要事先告诉威廉，因为他还不到三岁半，太小了，留下便条和玩具就可以了。

关于问题B，我想同样的方法也能帮助三岁的戴安娜。根据那位母亲的描述，我可以肯定戴安娜已经感觉到家里即将发生一些巨大的变化，不过她对这件事的感觉和想法隐藏得很深，所以不容易令人察觉。通常来说，比戴安娜更小的孩子也会注意到母亲身材的变化，他

第十章 性教育和"婴儿是从哪里来的？"

们常常会担心这意味着母亲身上正在发生什么有害的事情，不仅对母亲很有妨碍，对他们自己也一样（他们不能像以前一样很舒服地坐在怀孕的母亲的膝盖上）。如果能使戴安娜确信母亲对她的爱意和关注不会改变，那她很有可能就会按照父母建议的方式来考虑和对待家里即将迎来新生婴儿的这件事，并顺利渡过目前的困难期。

如何让一个一岁半的孩子准备好接受即将出生的弟弟或妹妹？

问题

我女儿珍妮现在一岁七个月，她现在让我感到非常苦恼。下个月我的二胎宝宝就要出生了，我很想提前就让珍妮对这件事有所准备，不要受到太大影响。

我从珍妮出生一直给她哺乳到六个月大，直到我们搬家，她遭遇了一次痛苦的断奶经历。我们搬到了新的城市，天气十分糟糕，我的情绪和精神状态都开始变得非常不好，奶水也变少了，不能完全保证她吃饱。我的医生不同意完全断奶，建议一边继续哺乳一边给珍妮补充一些牛奶和辅食。但这个计划从一开始就不成功。珍妮完全抗拒喝牛奶、吃辅食，一口都不吃，她的精神很快就变得萎靡不振，没有活力，体重也急剧下降，甚至到了让人担心害怕的程度。当时她九个月大，体重却比其他六七个月大的宝宝还轻，我一度觉得她要夭折了，

第十章　性教育和"婴儿是从哪里来的？"

最后医生建议我带她去新生儿医院接受治疗。她在那里住了一个星期的院，医生想尽了办法试图让她喝一些牛奶，但同样没有成功，只能让她喝一点点肉汤和蔬菜羹，这实在是一段令人难过的经历，而且对于珍妮来说肯定更加痛苦。

好在她最后熬过来了，现在是个健康的孩子，但还是不喜欢喝牛奶，而且非常抗拒。她的脸色很好，精力旺盛，时刻都充满活力，睡眠也很好，很少给我添麻烦，只是有一点，她现在变得喜欢发脾气，尤其是吃饭的时候。两个月前，我请十六岁的外甥女芭芭拉来家里和我一起住，照顾我待产。芭芭拉是个非常不错的姑娘，特别喜欢小孩子，珍妮也非常喜爱她。我去医院生宝宝的时候，珍妮的奶奶也会到家里来，珍妮和奶奶的感情非常好，我希望到时候有奶奶和芭芭拉的照顾，珍妮会感觉好一些，不会因为我离开她而感到太失落和不安。

我现在还是会花不少时间陪伴珍妮，但她和芭芭拉在一起的时间已经比我更多了，请问您觉得这样做合适吗？同时您认为这是导致她现在经常突然发脾气的原因吗？

吃饭的时候，她经常会大叫着说"不！不！我不吃！"，不管让她吃什么都一样。如果谁要是纠正她或者强迫她吃东西，她就会突然变得非常暴躁，还会故意把杯子和盘子扔到地上。她有时候会突然到处乱扔玩具。我想我已经为她提供了足够多的释放精力和压力的方式，但不知道她为什么还会经常情绪失控。她几乎每天都会去花园里玩耍，以前总是可以一个人在花园玩很久，但最近她变得不能离开大人了，如果我们都不在她身边，她很快就会大喊"救命！"。

管教的常识：直面孩子成长的88个问题

在一岁半多一点这个年龄来说，珍妮真的是非常聪明，她说话已经非常流利，我们完全能听懂她说的话，当然，她也能完全听懂别人说的话。她的性格很合群，和别的小朋友都相处得很好，面对陌生的大人也毫不紧张。希望您能给我一些建议来处理她现在经常发脾气的状况。

我怀疑我自己是不是把她当成小婴儿的时间太长了，是不是应该把她当成已经长大一些的小孩子来看待才对。她现在太好动了，吃饭的时候我甚至不得不把她绑在她自己的高餐椅上。您认为她现在的年龄可以坐在普通椅子上吃饭吗？另外，您觉得我现在让她从婴儿床上换到普通的单人床上睡觉合适吗？我认为她有时候可能觉得束手束脚，觉得我们妨碍了她。最重要的是我相信现在必须帮助她做好迎接家里新添一个小宝宝的准备，但又不知道应该怎么做才好，我很想听听您的意见。

 回复

下个月您就不得不去医院分娩，对于一岁半多一点儿的珍妮来说，她还太小了，肯定无法理解这件事的具体原因以及您离开家去医院的必要性。我建议您在去医院和珍妮分别的时候，不妨这样对她说："妈妈要离开一小段时间，但很快就会回来的。"同时告诉她，当您不在家的时候，奶奶和芭芭拉会照顾她，然后您很快就会回家，您可以向她描述当您再次回到她身边的时候，重逢的场景将是一幅多

第十章 性教育和"婴儿是从哪里来的？"

么美好的画面。这对孩子应该会有帮助，因为她会提前对这件事有些心理准备，而且她以前就很喜欢芭芭拉和奶奶。

另外，我建议您可以效仿另一封来信里的母亲，她在离开家去医院分娩前给孩子留下了一个包裹，里面有一封信和一个新玩具，您也可以在离开前给珍妮一个洋娃娃，或者漂亮的童车。然后您可以给珍妮看看为新生婴儿准备的小衣服和婴儿床（最好给珍妮的洋娃娃也买一些类似的小衣服），并对她说："等妈妈回来的时候，会带个小婴儿回家和你一起玩。"

还有一个建议，我之前向其他面临同样问题的母亲提到过，而且她们普遍反映对孩子很有帮助，那就是当您从医院回来第一次再见到珍妮的时候，最好不要让她第一眼就看见您抱着小宝宝，而是充满温情和爱意地先和珍妮打招呼，用一些时间和她独处一会儿，这样她就不会怀疑您对她的爱有所改变。珍妮第一次看到小宝宝的时候最好让别人抱着，或者让小宝宝躺在婴儿床里。作为家里年长的孩子，如果珍妮第一眼看见妈妈回来的时候怀里抱着另一个小婴儿，那她很有可能会觉得这个婴儿已经取代了她在母亲那里的位置，这无疑是她非常难以面对的状况。

关于她现在变得喜欢发脾气，我认为不值得太过担心。考虑到珍妮肯定还处于难受的出牙期，加上她半岁的时候就经历了痛苦的断奶和进食困难，以及现在家里要新添一个婴儿带来的变化，她变得有些暴躁易怒完全可以理解，我们不仅要理解和包容她，还要格外关爱和呵护她。芭芭拉现在陪她的时间比您更多，而且她肯定已经注意到了您怀孕后身体出现的变化。只要您对她保持和以前一样的爱意和耐心，随着时间的推移，她经常发脾气的问题自然会逐渐消失。

但您也要做好心理准备，您接下来很可能会有一段和她相处很困难的时间，尤其是因为她马上就要面对家里新添的小宝宝，无论您多么注意和小心，她还是会产生一些忌妒心理以及不安和烦躁。出院回家之后，您应该抽出一部分时间和精力继续和芭芭拉一起照顾珍妮，如果到时候您不能像现在一样照顾她，就要采取一些其他的方式来表达您对她的爱意并没有改变。

关于进食困难的问题，您最好不要表现得过于关注，把食物放在她面前的时候如果她拒绝，不要催促，更不要生气。尽量准备她最喜欢的食物，让她用自己的方式吃。如果她不吃，不要去批评或者责备她，给她足够的时间，如果她一开始就拒绝，就过一会儿再拿给她吃。我们应该让她在吃饭这件事上更独立一些，这样可能会增加她对吃饭的兴趣，同时用积极的态度去鼓励她自己吃饭，除非她确实需要帮助的时候再去帮她。

商场里现在有一种低一些的儿童餐椅应该比您现在用的高餐椅更合适，孩子不用大人抱上去，自己就能上下。这种椅子前面还设有一个能移动的食物托盘，您可以根据珍妮的需要调整高度和距离。新餐椅带来的新奇感，加上她可以自己上下餐椅，都可能对她克服进食困难有所帮助。但普通的单人床应该还不适合她，毕竟她还太小，最好还是睡在婴儿床上。

第十章 性教育和"婴儿是从哪里来的?"

给一个七岁孩子读一本解释婴儿从哪儿来的书有用吗?

问题

请问您认为我们作为父母,是否应该尽量让孩子对婴儿的出生这个问题或多或少有些了解呢?

我女儿杰西卡在三岁的时候迎来了一个小弟弟,尽管我一直都很耐心地解释她提出的关于婴儿出生的问题,但我认为她其实并没有听懂多少。虽然她也接触过不少朋友家新添的婴儿,但似乎只有这种令人兴奋的事情发生在自己家里的时候,她才会源源不断地提出关于婴儿出生的问题。

杰西卡现在七岁了,请问您觉得我们现在让她读类似《婴儿是如何出生的?》(How a Baby is Born)这样的书合适吗?我自己的态度是宁愿亲自告诉她关于这件事情的事实,也不想让她从别的孩子那里听到诸如婴儿是从灌木丛里捡来的这种谎话。

管教的常识：直面孩子成长的88个问题

  关于这个问题，我的经验是最好在孩子提出有关婴儿出生的问题时立即回答，就像您会耐心地向杰西卡解释一样。

  通常来说，三到五岁的孩子一般都会自发地提出这些问题，而到了七八岁或者更大一点的时候，孩子往往会对婴儿从何而来的问题比较害羞，很少会公开表达对这个问题的兴趣。事实上，许多五岁以后的孩子，无论是男孩还是女孩，在谈到这个问题的时候都会感到尴尬和难为情。

  我认为杰西卡对婴儿从何而来这件事情的了解很可能比您想象的要多得多，因为她已经经历了小弟弟的到来，而且您一直都没有对她提出的问题避而不谈，而是耐心地向她解释。孩子们确实会思考这个问题，他们似乎对这个问题原本就有一种自发性的认识，尽管这种认识可能是懵懵懂懂的，不是太明确，但他们肯定有自己的概念。家里迎来一个新生婴儿对年长的孩子来说毫无疑问是一个非常重要、意义重大的事件，如果孩子没有对这件事情充满好奇，没有私下思考和公开询问，那才是非常奇怪的事情，所以完全可以理解孩子对这个问题的兴趣。

  我完全赞成您现在让七岁的杰西卡读一些这方面的书，您可以把《婴儿是如何出生的？》这本书作为礼物送给她。我读过这本书，书中有许多很可爱的插图，杰西卡看到的时候肯定会提出许多问题，然后您可以用自己的语言和方式来向她解答，也可以给她读这本书里她

第十章 性教育和"婴儿是从哪里来的？"

感兴趣的内容。如果她的识字水平已经不错的话，不妨引导她自己阅读，当然，最好是陪在旁边为她解释她不明白的地方。

您说您宁愿亲自告诉她婴儿从何而来的事实，也不希望让她从别人那里听到一些神秘或者可怕的谎话，我非常赞同这个态度；但我同时建议您注意和她谈论这件事情的方式，无论是您自己说还是读书给她听，都不要用严肃或者说教的方式，要保持轻松愉快的交流。

您可以送给她这本书，让她按照自己的兴趣去探索，用简单而坦率的方式明确说明她想知道的事情，并告诉她您很愿意回答她提出的任何问题。

管教的常识：直面孩子成长的88个问题

应当提前多久告诉孩子家里即将迎来一名新生儿？

问题

我有一个女儿和一个儿子，姐姐凯瑟琳现在五岁，弟弟托马斯现在三岁。我们还想要一个孩子，但不知道如何才能帮凯瑟琳和托马斯做好迎接新生婴儿的准备。

几个月前，凯瑟琳问我她是怎么来的，我告诉她，最开始的时候她就像一颗小小的种子，然后长到鸡蛋那么大，长啊长啊，就长成了一个小婴儿。她对我的回答很满意。请问您认为我最好提前多久告诉孩子们家里将迎来新生婴儿的事情呢？

另外，托马斯只有三岁，会不会不适合告诉他这件事呢？托马斯现在很讨厌有人把小婴儿带到家里来，但凯瑟琳非常喜欢小婴儿，还总是说她要一个"她自己的"婴儿。凯瑟琳不是一个对秘密守口如瓶的孩子，经常会和别人分享她知道的秘密和有趣的事情，我想她很可能会把我对她的解释告诉所有人，也许还会在幼儿园里向那些以为婴

第十章 性教育和"婴儿是从哪里来的？"

儿是鹳叼来的孩子们说明这件事情。

我有一本书，书名是《婴儿是如何出生的？》（How a baby is Born），这本书非常不错，我打算让凯瑟琳看看书里的一些图片，您觉得这样做合适吗？

您提到的《婴儿是如何出生的？》这本书是卡尔·德·施韦尼茨（K. de Schweinitz）的作品，我知道许多母亲都希望以智慧而且愉快的方式来处理孩子询问婴儿从何而来这个问题，在我看来，这本书对她们来说就是最好的帮助之一。书中的插图轻松愉快，画风非常有趣，大人小孩看了都会很喜欢，同时行文深入浅出，绝不会艰涩难懂，甚至适合读给很小的孩子听。

关于应该提前多久告诉孩子们家里要迎来一个新生婴儿，我建议您提前两三个月告诉他们这件值得期待的喜事。您应该把这件事当作一件私密的事情来告诉他们，但一定是一件好事，作为一种特殊的家庭幸福，由全家来一起分享，不要采取严肃的态度和方式，更不要把这件事当作一种"不该"谈论的羞愧、羞耻的事情说出来。您应该对他们说爸爸妈妈有多么想再要一个孩子，这是因为你们很爱他们姐弟俩，从他们那里得到了这么多为人父母的幸福，所以希望这样的幸福更多一些。您可以告诉他们，您相信他们也会很高兴能有一个小弟弟或者小妹妹一起玩。

虽然刚开始的时候可能会有一段需要大家都去适应的时期，当他们看到爸爸妈妈为新出生的小宝宝付出那么多的时候，可能会误以为爸爸妈妈不再像以前那样爱他们了，但这绝不是事实。您应该让他们知道，您非常希望他们能帮助您一起照顾小宝宝，一起分享小宝宝带来的欢乐。等小宝宝长大一些以后，就能和他们一起玩耍，一起唱歌，一起欢笑，一起度过快乐的时光。但是当小宝宝还很小的时候，就像他们曾经一样，必须得到父母悉心的照料，需要母亲亲自帮他洗澡，需要用特殊的方式喂养——就像小猫和小羊羔一样。

有的家长会让年长的孩子完全回避关于母乳喂养的事情，但事实证明这种做法通常有害无益，我认为让孩子看到母亲哺乳，并试着去理解这件事，对孩子来说是一种非常大的帮助。您可以告诉孩子为什么母乳喂养对小婴儿来说是最好的，以及当他们是小婴儿的时候母亲也是这样哺乳的。这样的教育对凯瑟琳来说尤其有意义，等她将来成为母亲的时候，她会享受到为孩子哺乳这种特殊的幸福。

另外，我还建议您这样对他们说，爸爸妈妈一起带来了这个小宝宝，他们都很爱这个新的家庭成员，就像他们很爱凯瑟琳和托马斯一样。小宝宝会在妈妈体内一个特殊的地方生活九个月，那里既安全又温暖，直到小宝宝长大到应该从妈妈身体里出来的时候，小宝宝会吃妈妈的奶，会睁开眼睛观察这个世界，会认识爸爸、妈妈、哥哥、姐姐。生小宝宝是一件十分重要的事情，而且很不容易，妈妈和小宝宝都需要在医院里由医生和护士专门照顾一段时间，他们会提供许多帮

第十章 性教育和"婴儿是从哪里来的?"

助,因为他们的工作就是照顾许多妈妈和小宝宝,所以很清楚应该怎么做最好。生完小宝宝的妈妈们一般不会生病,但都很疲惫,需要一段特殊的休息时间。您可以着重向孩子们描绘您和小宝宝回到家里一家人团聚的幸福场景,那时候家里有个新添的小婴儿正在露出可爱的笑容,将是多么令人高兴的事情。

管教的常识：直面孩子成长的88个问题

该如何告诉较大的孩子"生命的真相"？

问题

Ⓐ 我儿子坎贝尔已经十三岁了，下学期就要升入一所公立中学上学，我丈夫希望在他去新的中学之前告诉他关于婴儿从何而来的事实。请问您认为关于这方面问题的解释，哪本书最适合坎贝尔这个年龄的男孩呢？

三年前，也就是坎贝尔十岁的时候，我们添了一个女儿，他对这个小妹妹的到来非常感兴趣，问了我们不少问题，我们都很坦率地回答了他提出的所有问题。不过我们当时只是一些浅谈，算是触及了这个主题的边缘，而且从那以后，他就再也没有问过这方面的问题了，因此我们有点困惑，不知道应该如何向他再次谈及这个问题，希望您能给我一些宝贵的建议。

Ⓑ 我的大女儿朱莉十岁了，我不知道应该什么时候告诉她关于月经的事情，这个问题已经困扰我一段时间了，我很想听听您的意见

第十章 性教育和"婴儿是从哪里来的？"

和建议。

我注意到，在大多数关于婴儿从何而来的书里面都没有提到这个问题。我想朱莉应该再过一两年才会出现月经初潮，她是个非常聪明的孩子，但非常敏感，而且总是精神紧张，所以我不希望她现在为一两年后才会发生的事情担心。但另一方面，我也不希望她像我一样，是在学校里了解这件事情而不是被母亲告知，我知道这绝不是正确的方式。请问您认为我现在应该告诉她这方面的知识吗？

我想向这两位母亲推荐两本书，不过那不是给孩子自己看的，而是作为向他们解释这方面问题时首选的参考和说明资料。

第一本是海伦娜·赖特博士（Dr. Helena Wright）所著的《什么是性》（What is Sex?）。这是一本对孩子特别有帮助的书，书中讨论了关于孩子生理发育的所有问题，并对许多青春期问题提出了最佳的解决办法。这本书的信息来源真实可靠，讨论问题的方式也非常明智和直接。

第二本是玛丽·斯托普斯博士（Dr. Marie Stopes）所著的《人体》（The Human Body），这本书可以给十三岁的坎贝尔和十岁的朱莉自己去读。玛丽·斯托普斯博士的许多著作中都讨论过关于节育和避孕的问题，但这本书中没有涉及任何这方面的内容，因此父母让十多岁的孩子读的时候不必有任何顾虑和担心。这本书对整个人体的解剖学和生理学方面（包括生殖过程）进行了全面而直接的描述，非常精细和专业，书中内容仅限于对简单事实的清晰陈述，作者没有任何形式的主观增减，也没有把情感和道德方面（也就是性教育）的教育指导工作留给父母。

我们必须认识到，关于孩子的性教育问题，当然不可能仅仅通过给孩子一本书让他们自己去读就能解决，这方面的教育和指导从本质上来讲是父母自身不可推卸的责任，而父母所教的东西必然是他们自己在这些事情上的个人态度和基本信念的结果。然而很明显，这两位母亲只是把这些问题视为最基本的生理事实，并没有意识到这些其实也是性教育中非常重要的一个方面，但无论是生殖过程本身，还是与青春期生长发育相关的基本生理变化，我们都应该以一种科学易懂的方式作为性教育的一部分告诉这个年龄段的孩子。

坎贝尔很可能对谈论这些问题很敏感，甚至会害羞和逃避，许多他这个年龄的孩子都会这样，我建议您最好直接把《人体》这本书递到他手里，等他读了以后让他自己决定要不要问一些问题，您只需要让他觉得您随时愿意和他讨论这些事情就可以了。

至于什么时候告诉朱莉关于月经的事情，在一定程度上取决于孩子的具体情况。如果朱莉身边有许多比她大的女性朋友，或者在寄宿学校上学，那现在和她说这些事情肯定不算早了，因为她很可能已经被告知了一些神秘的暗示，从而会感到困惑和害怕。当女孩子经历月经初潮的时候，如果能得到关于经期生理变化的正确信息，那对她们来说将是巨大的帮助。大多数女孩子在这个关键时期都会非常害怕，

第十章 性教育和"婴儿是从哪里来的？"

这时候的家长，尤其是母亲，给予她们帮助是十分必要的，她们需要亲人的支持来对抗情绪上的压力。

母亲应该让女儿知道月经是她的生命在这个时期正常发展的一部分，这个过程本身没有丝毫不正常，而且绝不是生病。月经和疾病一点儿关系也没有。《人体》这本书里非常简单而清晰地解释了关于月经的一些问题，相信对朱莉来说应该很有帮助。

如果孩子还没有准备好，那就不要强行向他们灌输这方面的知识，这一点我们必须非常注意，但同时也要保证让孩子感觉到我们没有对此讳莫如深，最好是让孩子相信只要他们想知道这方面信息的时候，父母都会非常轻松和坦率地告诉他们。